歴史文化ライブラリー

522

# アクセサリーの考古学

## 倭と古代朝鮮の交渉史

高田貫太

JN101408

吉川弘文館

# 目　次

第四章　緊迫した情勢の中で　六世紀

六世紀前半の情勢

# アクセサリーから読み解く——プロローグ

古墳時代のさなか、五、六世紀の日本列島と朝鮮半島のひろい範囲で、貴金属のアクセサリーが流行した。その製作や入手、贈与、交換、着装、そして死者への副葬をめぐって、当時の社会、集団、個人はたがいにつながっていた。そのつながりを考古学の手法を通して描きだしてみたい。なぜそのように考えたのか。

## アクセサリーを着ける人びと

アクセサリーを「身体を着飾るための工芸品」としてひろくとらえると、現代のアクセサリーには、髪飾り、指輪、ネックレス（ペンダント）、イヤリング（ピアス）、ブローチ、バッジ、ブレスレット、ベルト、腕時計、（伊達）メガネ……などがある。足首に着けるアンクレットを、はじめて知った。本書を書こうと決めてから、家から自転車で七、八分のショッピングセンター、「ららぽーと　TOKYO‐BAY」で、行き交う人びとをながめた。

衣服とあわせてさりげなくアクセサリーを身に着けた人、原色のきらびやかな衣服とアクセサリーが映える人、殴られたら痛いだろうな、と思うようなトゲトゲの指輪やブレスレットをはめたカップル、真珠のネックレスを着けた黒服の女性、ネクタイピンやカフスボタン、腕時計がピシッと決まっているスーツ姿の男性、まったく着けていなさそうにみえつつさりげなく指輪をはめている人など、小一時間ぶらつくだけでも、アクセサリーで装うさまざまな人びとを見かけることができた。

アクセサリーにはとんと関心がない筆者でも、愛用の腕時計をはめていないと何となく落ち着かない。同僚の中には、二〇年来、お気に入りのネクタイピンひとつだけを使いつづける人もいた。

### アクセサリーを贈る

アクセサリーを贈りあうことも、常日ごろおこなわれている、ようだ。職場でちょっと聞きまわってみたところ、成人のお祝いに父から贈られた腕時計をそっと見せてくれた女性がいた。「結婚指輪を特注して贈ったことを思い出したよ」と、なつかしそうに語ってくれた年配の男性がいた。

婚約指輪や結婚指輪はむろんのこと、赤ちゃんへのベビーリング、母から娘（あるいは祖母から孫娘）への真珠のネックレス、誕生日には誕生石入りのアクセサリー、就職祝いのネクタイピンやカフスボタン、恋人同士のペアリング、結婚記念日や長寿祝いのプレゼントなど、さまざまな機会にアクセサリーを贈りあっている……ようだ。

奥歯にものがはさまったような言い方になるのは、私にはアクセサリーをもらったり人にあげたりした経験がほとんどないからだ。誕生石がアクアマリンという宝石らしいことも、知らなかった。

けれども一度だけ、恋する人にアクセサリーを贈ったことがある。

## 一度だけの経験

韓国に留学していたとき、確か二〇〇一年の冬だった。大邱《テグ》広域市の中央路にある大邱百貨店のアクセサリーショップに、ひとりではいった。

たどたどしい韓国語で、「ネックレスを買いたいんですけど、今はやっているのは何ですか」とおそるおそる聞いた。いきなりはいってきた日本人（しかも男性）をいぶかりながらも、店員さんは親切にいくつか選んでくれた。「贈りものですか」、「ええそんな感じです」、「あら、いいですね」と、二、三言葉を交わした。

どぎまぎしながら、ピンク色でハート形の飾りがついたものを買った。「ＡＧＡＴＡ」というブランドだった。親の仕送りと大学の博物館のアルバイト代で生活していたので、そんなに高いものではなかったはずだ。

そのネックレスは、当時つきあっていた妻に贈るためのものだった。誕生日のプレゼントだったか、どんな状況で手渡したか――妻に聞けばわかるかもしれないが――、すっかり忘れてしまった。でも、お店での緊張と気恥ずかしさ、恋する女性にプレゼントをする高揚感は今も鮮明だ。アクセサリーを贈ったのは、この一回きり（のはず）である。

後で知ったが、妻には金属アレルギーがあり、貴金属のアクセサリーは、あまり身に着けない。今は、どこかに大切にしまわれている……と思う。

## 「私的」なアクセサリー

話がずれた。アクセサリーを身に着けたり、誰かに贈ったりする行為は、すっかり定着している。ふだんのファッションや外出の身だしなみのほかにも、お守りや験かつぎのために、恋人や家族、親族とのつながりを確認するために、身に着ける人は多いのだろう。他人とくらべて優越感にひたろうと、きらびやかに着飾ることもあるのかもしれない。

アクセサリーを贈りあうのは、親子や親せき、恋人、友達、夫婦などの関係がよりよく、長くつづくことを祈ったり、相手の健康や長寿、日々のおだやかな生活を願うためだったりするのだろう。

これらは、社会の流行や慣習の中でも、自分や相手の好みにあわせて、選んだり、身に着けたり、贈りあったりできる、「私的」なアクセサリーである。

### 議員バッジ、勲章、女性皇族のティアラ

一方で、「私的」なアクセサリーとは、やや性格がちがうものもある。たとえば、国会や地方議会の議員が着けるバッジ、裁判官や弁護士が着けるバッジ、軍隊の階級章などがある。地位や資格をあらわすバッジは、枚挙にいとまがない。保育士にもバッジがあることを、はじめて知った。最たるものは、国家のために尽くした（とされる）個人をたたえる勲章だ。

興味深いものに、女性皇族が公式行事で着けるティアラがある。これは明治時代以降、代々受けつがれているそうで、新調する際には宮内庁が国有の財産として製作（宝飾品の製造会社に発注）するという。結婚などで皇室をはなれてしまうと、着けることはできないそうだ。

### 「公的」なアクセサリー

このようなアクセサリーは、身に着ける人の所属、資格、職位、功績などをあらわす。また、それに当てはまる人びとのまとまりを演出する。形や材質が、国や自治体、特定の団体によってあらかじめ決められている。個人が勝手に身に着けたり、形を変えたりすることはできない。いわば「公的」なアクセサリーだ。

アクセサリーかどうか微妙だが、筆者も職場では——よく忘れるが——名札をさげる。

## アクセサリーの機能

現代のアクセサリーには二つの機能がある。個人の好みや意図が反映される「私的」なものと、社会のある特定のまとまりをしめす「公的」なものだ。

両者のはざまにあたるもの――冠婚葬祭の場で着ける真珠のアクセサリーはどうか――もあるだろうし、ひとつのアクセサリーが両者をあわせもつこと――夫婦という社会関係をしめす結婚指輪は?――もありそうだ。一見「私的」なアクセサリーでも、それが性差や業種、参加する場の性格や雰囲気によって、種類や材質が決められていたり、着けることが制限されたり、あるいは求められたりすることも、多そうだ。

ここまで書いてきて、義父が着けている海兵隊の戦友会のバッジを思い出した。義父は一九七〇年代に韓国の海兵隊に所属していた。従軍したこともあるそうだ。今もその戦友会に所属し、会が主催するボランティア活動などに精を出している――最近お会いできていない――。無口な義父で、海兵隊の経験を話すことはないけれども、それが彼の誇りとなっていることは、肌身離さず身に着けているバッジが物語っている。

「私的」なものと「公的」なものの間に、実際にはさまざまなアクセサリーがある。その多様さが、個人のアイデンティティー、人と人のつながり、特定のまとまり、自他の区別、時には他者の排除などを演出している。

現代のアクセサリーの材質はさまざまだ。でも、その中心は、金銀の光彩を放つものだろう。種類もいろいろだが、指輪やイヤリング（ピアス）、ネックレス（ペンダント）、ブレスレットなどがおもなものだ。

## 装いの歴史をさかのぼる

装いの歴史をさかのぼると、このような貴金属のアクセサリーが日本につたわったのは、明治時代に西洋の習慣を取り入れた時であり――指輪はそれよりも早くつたわったが――、今のようにひろく身に着けられるようになったのは、戦後にはいってから、のようだ。皇族のティアラも明治時代からつくられるようになった。

古代の装いの歴史をビジュアルにまとめた春成秀爾《はるなりひでじ》氏は、その著作の「はじめに」で次のように述べている。

明治時代に鹿鳴館で踊った淑女たちで、ネックレスやブレスレット、そして指輪をつけていたのは、ごく少数の人で、多くの淑女は何もつけていませんでした。平安時代の十二単を着た女人たちも、櫛以外には、これといったアクセサリーはつけていませんでした。奈良時代以来、日本人がアクセサリーをつける風習は久しく絶えていたのです。どうしてでしょうか（春成　一九九七、二頁）。

日本の装身具の歴史を一冊にまとめた『日本装身具史　ジュエリーとアクセサリーの歩み』（露木編　二〇〇八）をひも解けば、奈良・平安時代の銅や石の帯飾り、江戸時代のべっこう、銀、象牙、蒔絵《まきえ》、サンゴ、メノウ、水晶などでつくられた髪飾りなど、時代の移り変わりとともに特徴的なアクセサリーがうみだされ、ひろまったことも確かである。けれども、現代とおなじような貴金属のアクセサリーの多彩さは、みられない。

さらに歴史をさかのぼった時にはじめて、現代とよく似たアクセサリーに出会うことができる。それが古墳時代のさなか、五、六世紀だ。古代日本の倭《わ》——東北中部から九州南部の範囲——では、金銀の光彩を放つ、ティアラ（冠）、イヤリング（垂飾付耳飾り《すいしょくつき》）、ネックレス（首飾り）、ベルト（飾り帯）、飾り履《くつ》などが、有力者の間で流行していた。それよりは数がすくないけれども、ブレスレット（腕輪）や指輪も確認できる。

これらは、三国時代をむかえていた朝鮮半島の中南部に割拠したさまざまな社会（百済、新羅、加耶）との交流の中で、倭につたわったものである。

## 執筆の動機

現代の日本社会と五、六世紀の倭の社会では、アクセサリー事情に似かようところがある。現代のアクセサリーが西洋との交流を通して、五、六世紀の倭のそれが古代朝鮮との交流を通して、それぞれつたわった外来品、という共通点もある。

もしかすると、私たちが日本や韓国の博物館で五、六世紀のアクセサリーを鑑賞した時に感じる「美」と、当時の人びとがそれを観た時に感じた「美」には、共通するところが

図１　今昔の耳飾り
上段が現代の耳飾り　下段が５，６世紀の耳飾り

あるのかもしれない（図１）。アクセサリーの「美」が演出した人びとや集団、社会のまとまりやたがいの交流にも、どこか相通じるところがありそうだ。

それ自体は物言わぬアクセサリーに語ってもらうことで、五、六世紀の日本列島と朝鮮半島における交渉史の一端を明らかにできないか。それが、アクセサリーが人びとの細やかなつながりを演出する現代社会を考えるうえでも、何かヒントになるはずだ。

このような考えをめぐらす

中で、本書を執筆する目的がかたまっていった。

現代との比較は、とりあえずここまでにしよう。そろそろ話を五、六世紀に移して、日本考古学で当時の貴金属のアクセサリーがどのように語られてきたのか、についてまとめる。その中で本書がめざすところをはっきりさせたい。

## 「技術革新の世紀」の倭

五、六世紀の倭は、朝鮮半島の新羅、百済、加耶、そして栄山江《ヨンサンガン》流域などの社会との交渉を通して、多様な文化を受け入れていた。それらを取捨選択し、変容させ、みずからのものとした。

考古学によって確認できる代表的なものとしては、須恵器とよばれる硬いやきもの、鉄の道具や鉄じたいをつくる技術、金、銀、銅などの貴金属をもちいた金工の技術がある。ほかにも、馬を飼育するノウハウ、灌漑技術、ひいては蒸し器（甑《こしき》）やカマドなど、さまざまな情報や技術、道具がもたらされた。

ここに人びとの生活様式に大きな変化が起き、古代、中世へとつづいた。特にその変化がいちじるしい五世紀を「技術革新の世紀」ともよぶ。この五、六世紀におもに新羅、百済、加耶から貴金属のアクセサリーがつたわり、それをつくる工人たちも渡来した。

それが表象、演出するものについては、三つの解釈がしめされている。

## 五、六世紀のアクセサリーが演出するもの

まず、貴金属のアクセサリーは、それを入手した有力者にとって当時の先進文化を表象するものだった、というとらえ方がある。はやくに小林行雄氏は「大陸文化へのあこがれ」（小林　一九五九、九〇頁）と表現し、「異国の遺物は異国の文化との結びつきにおいて憧憬の的となり、畿内の大王も地方の首長も、ともに協力してその確保に奔走した」（小林　一九六二、二七二頁）と述べている。

次に、アクセサリーの多くが、倭王権から各地の有力者や、朝鮮半島との交渉を担う人物に分配された、という解釈がある（たとえば堀田　一九六七、町田　一九七〇、早乙女　一九九〇など）。これは、アクセサリーの希少性や日本列島の各地に急速にひろまることを根拠としていて、倭王権を中心とした身分的な秩序や外交経営を演出する機能があった、とする。

また、先進の文化とともに、朝鮮半島の諸社会とのつながりも演出していた、という見方がある。有力者たちは、その傘下の人びとに対して、安定して朝鮮半島の文化を取り入れる機会を提供する必要があり、自分がそれに値する人物だということを、朝鮮半島とのつながりをしめすアクセサリーを着けることによってアピールしていた、という理解である（高田　二〇一七など）。

筆者は五、六世紀の倭のアクセサリーが、「倭王権を中心とした身分秩序」を演出したとは考えない。その背景に倭の「朝鮮出兵」を想定することについて、批判もしている（高田　二〇一四・二〇一七）。

それでも、倭の貴金属のアクセサリーが、朝鮮半島の文化や技術、贈り手の社会や集団とのつながり、そして対外交渉における倭の有力者どうしの関係を、多面的に演出していた、ということは、妥当と考えている。

本書ではさらに二つのことについて検討を深めたい。

ひとつは、アクセサリー（やそれを製作する工人）を倭に贈った社会が、それにどのような意図をこめていたのか、ということである。新羅、百済、加耶、栄山江流域などの社会にとって、倭との交渉は、みずからの国際環境を有利なものとするうえで重要だった。このことは、金宇大《きむうで》氏の次の指摘に集約される。

## 贈り手の意図

当時の朝鮮半島は、高句麗・百済・新羅の三国と加耶諸国が分立する「三国時代」にあたり、地域間でしばしば激しい争いが勃発する緊張状態が続いていた。このような緊迫した情勢において、海を隔てた「倭」との関係は、隣国との交渉を有利に進めるための切り札、一種の抑止力として機能した。つまり、倭との関係維持が、半島の諸勢力にとっても自国の利益につながる重要な事業だったのである（金宇大　二〇一

七、六頁)。

倭に贈られたアクセサリーには、倭と良好な関係を維持しようという、朝鮮半島諸社会の意図がこめられる場合が多かった。ひとつひとつのアクセサリーからそれを具体的に読みとっていきたい。

そのためには、朝鮮半島の諸社会で流行し、倭の人びとを魅了した貴金属のアクセサリーにはどのようなものがあったのか、整理する必要がある。そして、アクセサリーが社会の中で表象、演出したものについて考えなければならない。本書のひとつめの目的である。

## 日朝関係史の「小状況」

もうひとつは、朝鮮半島とのなんらかのつながりをしめすアクセサリーを通して、当時の日朝関係の「小状況」をつむぎだすことができないか、ということである。それはこういうことだ。

貴金属のアクセサリーやそのほかの金工品を手がかりに、倭と古代朝鮮の関係をさぐる研究は、さかんにおこなわれている。新羅、百済、加耶、栄山江流域、そして倭、それぞれの社会の多角的な交渉を描きだそうとしている。近年の成果はひとつの到達点にある(代表的なものとして諫早　二〇一二、金宇大　二〇一七、土屋　二〇一八など)。筆者もそれに注力するひとり(のはず)だ(高田　二〇一四・二〇一七)。

けれども、研究をすすめる中で、社会を単位とした「大状況」に焦点を定めなければならないことについて、物足りなさを感じる。当時のアクセサリーがしめす多様な歴史事象をとらえきれていない、というもどかしさがつきまとう。

よりミクロで断片的な、歴史の「枝葉」とみなされてしまいそうな、海を越える個人や集団の細やかなつながり、アクセサリーを身に着けた人びとの群像というものを、なんとか叙述してみることはできないか。

このことを本書で試みたい。それが古墳時代の日朝関係史をさらに豊かなものにしていく、と思う。二つめの目的だ。

## 本論の対象と構成

本論の対象とする時期は、貴金属のアクセサリーが倭につたわり、ひろまり、そしてとりあえずはおわりをむかえる四世紀後半から六世紀とする。地理範囲は日本列島と朝鮮半島、より正確には、東北中部から九州南部（倭）と朝鮮半島中南部（新羅、百済、加耶、栄山江流域）である。両者の間に境界を引くのではなくて、網の目状のネットワークがひろがる「環海地域」（濱下　一九九七）として把握する。

そして、この環海地域の中で、貴金属のアクセサリーが演出した個人や集団のつながりを明らかにする。社会や王権間の交渉の通史については、前著『海の向こうから見た倭国』（高田　二〇一七）を参考にしてほしい。本書はその姉妹版となる。

本論は四章からなる。一章では、朝鮮半島の新羅、百済、大加耶《デカヤ》それぞれの貴金属のアクセサリー、特に、垂飾付耳飾り、冠、帯金具、飾り履を概観する。まず、その種類や形、製作技術の特徴を整理する。次に、それが社会の中で表象、演出したものについて検討する。二章以降の叙述のためのテキストとなる。

二章から四章では、交流の生き生きとしたさまを今につたえるクセサリーを取りあげて、当時の日朝関係の小状況を描く。二章は四世紀後半から五世紀前半を対象とする。倭が朝鮮半島「技術革新の世紀」をむかえて、アクセサリーをふくめた金工品やそれをつくる技術が朝鮮半島のからつたわる時期だ。三章は五世紀後半をあつかう。この時期に、倭と朝鮮半島の諸社会の交渉が最盛期をむかえた。そして四章は五世紀終わりから六世紀となる。朝鮮半島の情勢が緊迫の度合いを深め、日朝関係が、ひとまずは新羅、百済、倭の王権間の外交に定まっていく。

前置きが長くなった。さっそく本論にはいっていこう……と思ったが、ここでふと考えた。もしかすると、いにしえのアクセサリーに興味があって本書を手に取られたみなさんの中には、古代朝鮮の新羅、百済、そして加耶という社会の歴史に触れることがはじめての方もいらっしゃるだろう（図2）。それを提示しておいたほうが、五、六世紀のアクセ

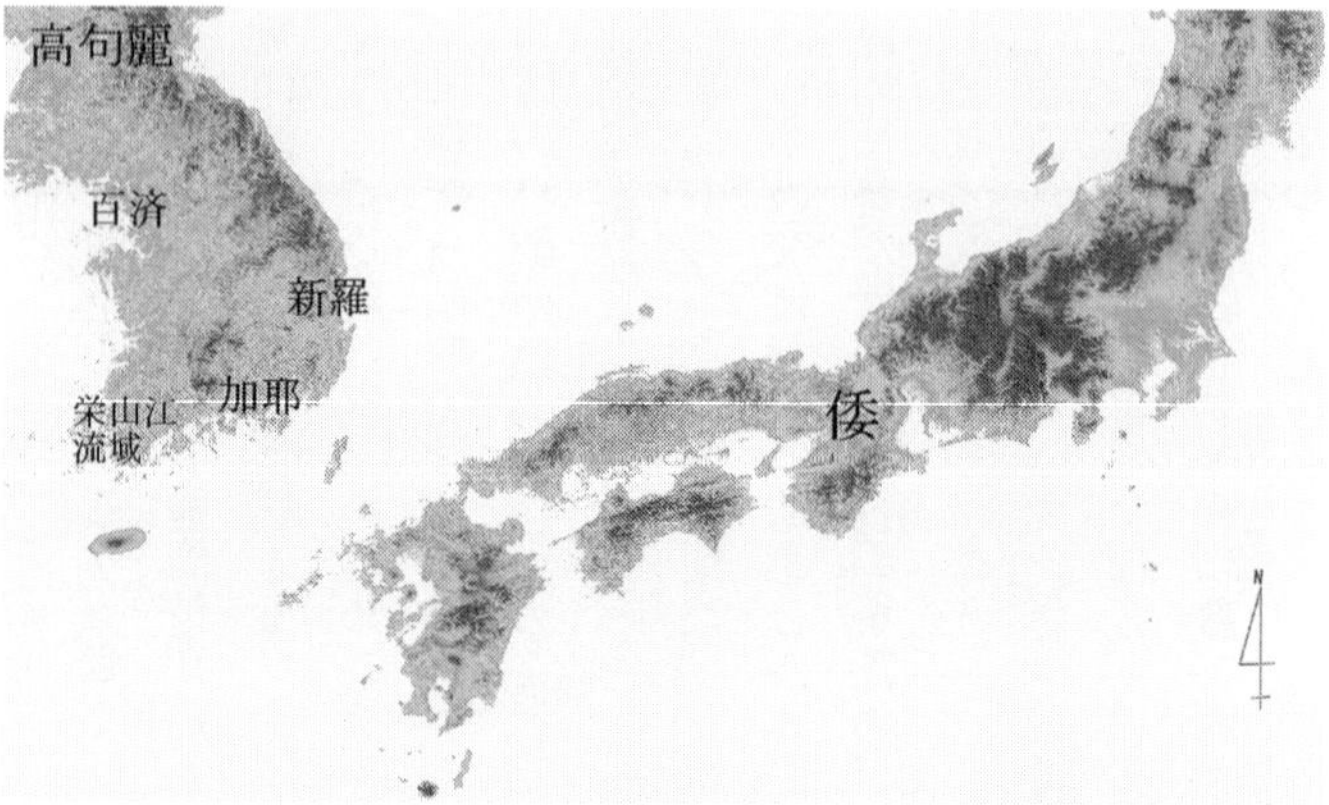


図２　割拠するさまざまな社会

サリーがつむぐ日朝関係史をより深く理解してもらえるかもしれない。

そこで、それぞれの社会のなりたちから六世紀中ごろまでの歴史を、対外関係を中心にざっとまとめておく。倭についても触れておく。ご存じの方は読みとばしてもらってもかまわない。

## 新羅という社会

新羅は朝鮮半島の東南部に位置した社会である。洛東《ナクトン》江《ガン》という、現在も韓国の慶尚道を貫流して南の海にそそぐ大河川の東側の地が、圏域である。

中国の歴史書『三国志・魏書』東夷伝韓条（『魏志』韓伝）には、三世紀の朝鮮半島東南部にあった一二の小国の連合体、辰韓《ジナン》のことが記されている。その中で現在の慶尚北道《キョンサンブクド》慶州《キョンジュ》市一帯を本拠とした斯盧《サロ》国が中心となって、三世紀後半から四世紀前半ごろに成立した社会が、新羅である。

成立したころの新羅は、王都である慶州とその周辺くらいを治めていたようだが、四世紀後半から五世紀にかけて、活発に洛東江の東側の各地を統合していく。統合をしめす考古学的な指標は三つある。慶州の王陵群をコンパクトにしたような墳墓群（高塚群）が各地にきずかれること、「洛東江以東様式土器」とよばれる形や種類がよく似た土器がひろまること、そして王権から各地の有力者に貴金属のアクセサリーや馬具が分配されたことである（李熙濬　二〇一九など）。

各地の地域社会が新羅の王権と政治的につながった結果、墳墓や土器が新羅のものと似かようようになり、その関係をアクセサリーや馬具が演出していた、ということだ。

新羅は、五世紀前半まで北の強大な勢力、高句麗《こうくり》に従属的な姿勢を取らざるをえなかった。けれども、しだいにその影響下から脱し、五世紀後半には百済や加耶とともに高句麗と対峙するようになる（井上　二〇〇〇など）。

そして五二一年、百済とともに中国南朝の梁に遣使した。その背景には洛東江の東側の地を統合した新羅王権の成長がある。「律令」の制定、地方官の派遣、官位制の施行など、地方統治の体制を急速に整備していった（李成市　二〇〇二など）。

新羅は五二〇年代にはいると、しだいに圏域を拡張させる。加耶に対する進攻を本格化させて、五三二年、金官《クムグアン》加耶《カヤ》を滅亡させる。五五二年には漢城《ハンソン》（今のソウル特別市一帯）を百済から奪取した。新羅の圏域は西海岸におよんだ。五五四年の管山城の戦いでは百済に大勝し、五六二年には孤立した大加耶を服属させ、加耶を完全に統合した。

## 百済という社会

新羅と相対するように朝鮮半島中西部に位置した社会が、百済である。

百済は『魏志』韓伝にでてくる馬韓《マハン》五〇余国の中の伯済《ペクチェ》国を母体として、四世紀には成立していたようだ。漢城を王都とし、周辺各地の統合をすすめた。五世紀の各地の有力者の墳墓からは、中国の陶磁器や、冠、耳飾り、飾り履などのアクセサリーが出土する。これは百済王権との政治的なつながりを表象するもの、と考えられている（李漢祥　二〇〇九など）。

百済は、はやくから北方の高句麗と対立し、四世紀後半には数度にわたって交戦している。そのため、友好的な社会との協調が不可欠となり、中国の東晋へ遣使したり、倭と通交したりしている。

けれども、高句麗のあいつぐ進攻によって疲弊する。四七五年に王都の漢城を高句麗に奪われ、百済王（蓋鹵王《ゲロ》）は捕殺された。

その後、熊津《ウンジン》（今の忠清南道《チュンチョンナムド》公州《コンジュ》市一帯）の地において復興をとげる。内憂外患の時期もあったが、高句麗の攻撃に対しては、新羅や大加耶との協調が功を奏した。そして五〇二年に武寧王《ムリョン》が即位し、その二三年におよぶ治世によって、ようやく百済は安定期をむかえる。五二一年に新羅とともに中国梁へ遣使した時には、高句麗に対する優位をアピールするほどだった。

高句麗の進攻に対応できるようになると、圏域を南方へ拡大しようと動きだす。五一〇年代に蟾津江《ソンジンガン》（現在の慶尚道と全羅道の境を流れる河川）の流域へ進出する。蟾津江は大加耶がもちいた交通路だったため、大加耶ときびしく対立する。朝鮮半島の南西部、栄山江流域の統合もすすめていった。

次の聖明王《ソンミョン》は国力の充実を背景に、熊津より南の泗沘《サビ》（今の忠清南道扶余《プヨ》邑一帯）に遷都した。加耶へ圧力を強め、栄山江流域の統合を確かなものとするためである。しかし皮肉にも朝鮮半島の情勢は、この遷都を前後して、徐々に百済に不利となっていく。

まず、五二九年の戦いで高句麗に大敗してしまう。さらに、新羅が金官加耶を滅ぼしたことによって新羅とも対立関係におちいる。再度和議をむすび、五五一年には高句麗からかつての王都の地、漢城を奪還することに成功するけれども、それもつかの間、翌年には新羅に奪われてしまう。反撃を期する聖明王だったが、五五四年の管山城の戦いで新羅に敗れて殺害される。これによって百済は、しばらくは体制を立て直せないほどの打撃を受けた。

## 加耶という社会

加耶の前身は、『魏志』韓伝に記された弁韓《ビョナン》一二国である。辰韓の南西に位置した。加耶は新羅や百済とは異なり、ひとつの政治勢力ではなく、金官加耶、阿羅加耶《アラカヤ》、大加耶、小加耶《ソカヤ》など、いくつかの社会がゆるやかにまとまっていた。その範囲は東の境を洛東江、西の境を蟾津江とする。今の慶尚南道《キョンサンナムド》一円とその周辺にあたる。

四世紀に勢力をほこったのは、現在の慶尚南道金海《キメ》市一帯を本拠とした金官加耶だった。鉄生産と海上交易を成長の糧とし、倭とも活発に交渉を重ねた。しかし、四世紀末から五世紀前半にかけて、高句麗の進攻を契機として大きく動揺、衰退してしまう。

それと相前後して急速な成長を遂げたのが大加耶だった。内陸の高霊《コリョン》（今の慶尚北道高霊郡一帯）に本拠地を置き、五世紀後半から周辺各地を統合していった。大加耶による社会統合をしめすものとしては、高塚古墳の造営、「高霊様式」とよばれる土器の分布、アクセサリーや馬具の分配が挙げられている（李熙濬　二〇一七）。

六世紀をむかえるころには、大加耶は洛東江以西から蟾津江流域にいたる、広範な地域の統合を達成しつつあった。この成長を背景として、大加耶は国際社会へのデビューを果たす。四七九年に加耶で唯一、中国南斉へ遣使する。四八一年には高句麗の新羅進攻に対し、百済とともに援軍を送っている。倭とも交渉をつみ重ねた。そのことは大加耶の各地で出土する倭系の文物からもうかがえる（高田　二〇一七）。

しかし五一〇年代に、百済が蟾津江の流域に進出したことを契機に、大加耶の勢いにかげりが見えはじめる。百済に対抗するため、五二二年に新羅と結婚同盟をむすぶが、わずか七年で破棄となってしまう。新羅が加耶への進攻を本格化させたことに対し、倭へ使者を送り軍事支援を要請したようだが、五三二年に金官加耶が新羅へ降り滅亡する。

このころには大加耶は百済、新羅の両方から圧力を受けていて、その内部も親百済派と親新羅派に分裂し、急速に衰退の道をたどったようである（田中　一九九二）。その中で友好的な関係を維持できた唯一の相手が、倭だった。

けれども、六世紀中ごろには、複数あった大加耶の対外交通路は封じられてしまう。内陸部に閉じこめられた大加耶は、それ以上の打開策を見いだせずに弱体化し、五六二年に新羅へくだった。

## 倭という社会

古墳時代の倭の社会では、およそ一六万基という膨大な数の古墳がきずかれた。地域を代表する有力者たちから、集落や家族の長、時には一般の民衆にいたるまで、じつにさまざまな人びとが古墳に葬られた。その中で、有力者たちが葬られた大きな古墳の多くは前方後円墳で、岩手県から鹿児島県にかけてひろがっている。

古墳の規模の大小や、前方後円墳、前方後方墳、円墳、方墳という墳丘の多様な形をみると、列島各地の地域社会の間でゆるやかな政治的な秩序が形成されつつあったようだ。筑紫、吉備、出雲、毛野などが有力な地域社会であり、その頂点に立つのが、多くの巨大古墳が集中する畿内に本拠地を置いた倭王権だった。しだいに倭王権はほかの地域社会への政治的な影響を強めていく（下垣　二〇一二）。

倭は、朝鮮半島の新羅、百済、加耶、そして栄山江流域などと政治経済的な交渉をつみ重ねた。その中でさまざまな文化を吸収し、みずからのものとしていった。交渉のやり方はさまざまで、倭王権や列島各地の地域社会がそれぞれ個別に交渉を重ねることもあったし、呉越同舟のような形で「野合」（新納　二〇〇五）して朝鮮半島へおもむく場合もあった。

けれども、五世紀後半以降、より安定して先進文化を取り入れるため、倭王権は地域社会がもつ朝鮮半島との交渉のチャンネルを掌握し、外交権の一元化をはかろうとする。その動きが、『日本書紀』に「吉備の反乱」や「磐井の乱」として記されている。

六世紀中ごろには、地域社会がそれまでつちかってきた朝鮮半島へとつづくルートや多様なコネクションは、倭王権へゆずり渡された。

これから、それぞれの社会の歴史を踏まえながら、アクセサリーがつむいだ集団や個人の細やかなつながりを、ゆっくりとていねいに描いていきたい。まずは、倭の人びとを魅了した古代朝鮮のアクセサリーが、どのようなものか、何を演出していたのか、みていこう。

# 第一章　新羅・百済・大加耶のアクセサリー入門

図3　女木島丸山古墳の耳飾り（高松市歴史資料館）

## 博物館へ行こう

博物館で、古墳時代の貴金属のアクセサリーをご覧になったことはあるだろうか。韓国旅行のときに各地の国立博物館に立ち寄り、アクセサリーを鑑賞されたことはあるだろうか。

まだないよ、という方は、最寄りの博物館へぜひ一度お出かけください。ただ、古墳時代のアクセサリーは数がすくなくて貴重なので、展示しているかどうか、行く前に博物館のサイトなどを調べてみてほしい。私のおすすめは、香川県の高松市歴史資料館に展示されている女《め》木《ぎ》島《しま》丸山《まるやま》古墳の耳飾りだ（図3）。その理由は、前著『海の向こうから見た倭国』に書いたし、次章5節でも取りあげる。

また、韓国に旅行する機会があれば、各地の国立博物館をぜひ訪ねていただきたい。ソウルの国立中央博物館では、高句麗、新羅、百済、加耶のアクセサリーが一堂に会している。慶州《キョンジュ》博（新羅）、公州《コンジュ》博や扶余《プヨ》博、羅州《ナジュ》博（百済）、金海《キメ》博（加耶）などでは、それぞれの社会のアクセサリーを展示している。

大学の博物館が充実しているのも韓国の特徴だ。私のお気に入りは、慶尚北道慶山《キョンサン》市にある嶺南《ヨンナン》大学校博物館に展示中の、慶山林堂洞《イムダンドン》七B号墳の飾り帯である。次章2節で紹介する。

## 「美」の鑑賞だけではもったいない

博物館では、アクセサリーそのものが放つ「美」を堪能《たんのう》できる。技術の粋《すい》を結集したもの——新羅の王陵から出土したアクセサリー（図4）などはどうだろう——を目の前にすれば、その存在感に圧倒されるし、素朴ながらも個性的なアクセサリーをひとつひとつながめるだけでも、好きな人だったら、三〇分や一時間はすぐに過ぎてしまうはずだ。豊富な写真をおさめた図録もたくさん出ている。最近のおすすめは、韓国の釜山市にある福泉《ボクチヨン》博物館の『古代人の美 耳飾り』（二〇一八）である。

でも、「美」を感じるだけでは、ちょっともったいない。鑑賞中のアクセサリーにはどんな特徴があるのか、身に着けたのはどんな人物だったのか、そして社会の中で何を演出していたのか、ということに興味はわかないだろうか。

新羅、百済、加耶それぞれの社会のアクセサリーにはどんなちがいがあるのか、とか、倭のアクセサリーは古代朝鮮のどの社会から贈られたのか、などについても、ぜひ知ってもらいたい。

図４　新羅の王陵から出土した冠と飾り帯
慶州天馬塚（国立慶州博物館）

鑑賞の楽しみをさらにひろげるためには、予習して基礎知識を得ておく必要がある。そのテキストが本章である。これから、細かい説明がつづくけれども、博物館でアクセサリーを見学する時に、かならず役立つはずだ。

## 古代朝鮮のアクセサリー

新羅、百済、加耶のアクセサリーには、冠、垂飾付耳飾り《すいしょくつき》、首飾り、飾り帯、腕輪、指輪、飾り履《くつ》などがある。現代では、社会的な男女のちがいによってアクセサリーの種類や形は、ある程度区別されているけれども、古代朝鮮、そして倭では、性差をこえておなじようなアクセサリーがもちいられていた。

ここでは、意匠やつくり方にそれぞれの社会の特徴がみられる垂飾付耳飾り、冠、帯金具、飾り履を種類ごとに比較していく。

さっそくテキストを開こう。

# 1　垂飾付耳飾り——基本のアイテム

垂飾付耳飾りとは、耳に取りつける主環に、鎖や中間飾り、垂《た》れ飾りをあしらったものだ。基本的な意匠は、現代のイヤリングやピアスと変わらない。図5で部品の名称をおぼえてほしい。

それぞれの社会では、王陵や地域をまとめる有力者の墳墓はむろんのこと、その傘下にある集団の有力層の墓からも、垂飾付耳飾り——これからの叙述では単に耳飾りとすることも多い——は出土していて、もっとも基本となるアクセサリーだった。最近の研究成果（李漢祥　二〇〇九、高田　二〇一四、金宇大　二〇一七など）にもとづきながら、意匠やつくり方の特徴を整理する。

## （一）新　羅

新羅は、ほかとくらべて貴金属のアクセサリーがひろく流行した社会だ。膨大な数の金製の耳飾りが出土している。

### 部品の特徴

耳飾りの形状はさまざまで、特に中間飾りの多彩さが、新羅の耳飾りの大きな特徴だ。金宇大氏の整理にしたがうと、次のようになる（金宇大 二〇一七 図6）。

・花籠《はなかご》形　径二、三ミリの小さな環をつなぎあわせて球体と半球をつくり、球体の下に半球を取りつけたもの。

・円筒形　半球に刻目帯（刻み目のはいった細帯）をめぐらせた部品を上下に配して、その間に胴部をはさみこんだもの。胴部には、小環をつなぎあわせたもの、板を筒

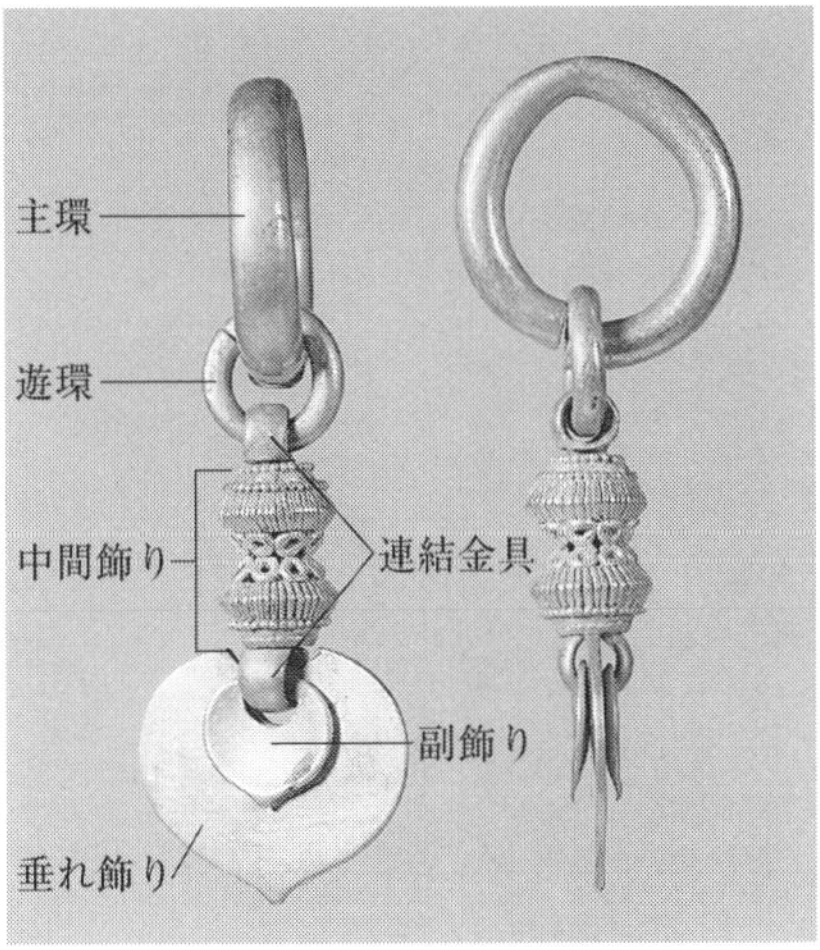


図5　耳飾りの部品の名称
慶州瑞鳳塚（国立慶州博物館）

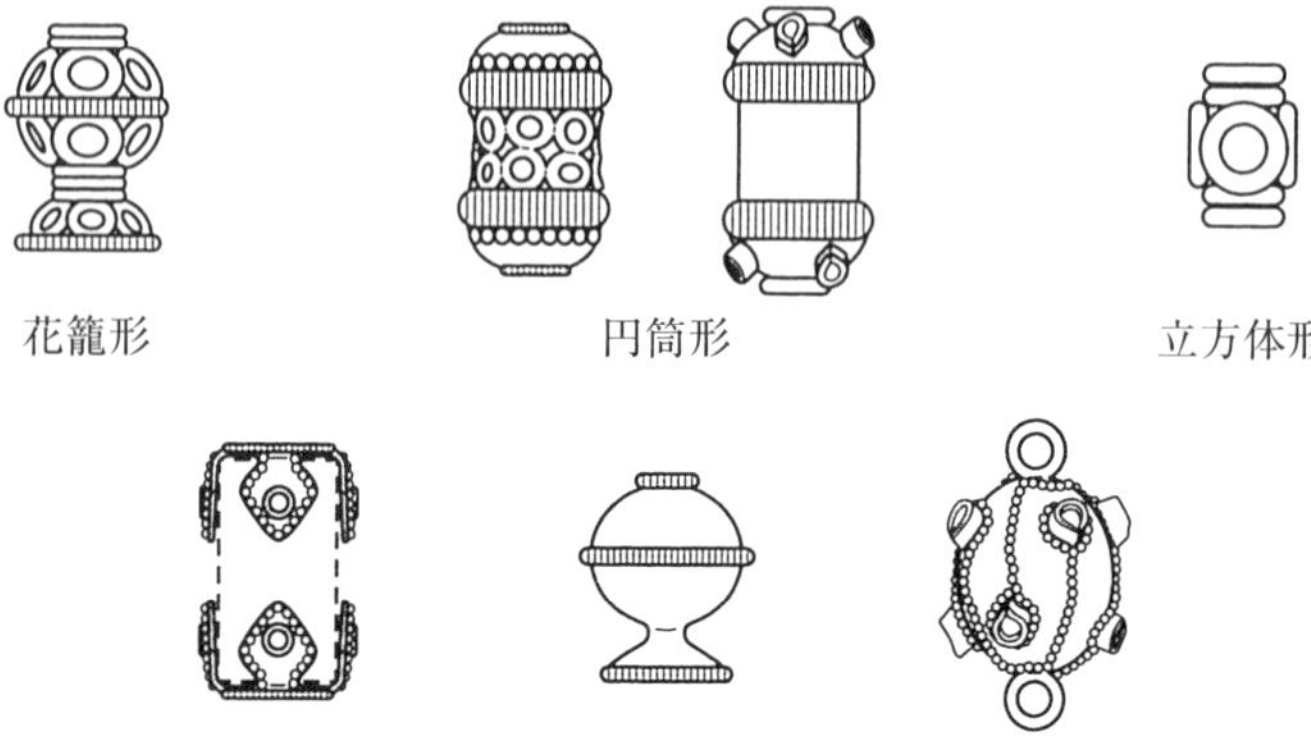


図６　新羅耳飾りの中間飾り（金宇大　2017）

状に曲げたもの、琥珀《こはく》やガラス玉、木などの種類がある。

・立方体形　小さな環をつないで立方体をつくったもの。

・花弁形　琥珀やガラス玉、木などでつくられた胴部の上下を、花弁のような飾りをもつ部品ではさみこんだもの。

・空球《うつろだま》形　半球を二つ組み合わせて球体（空球）をつくり、さらにその下に半球を取りつけたもの。

・楕円体形　縦長の楕円体の空球。表面に菱形の飾りをこまかく取りつける。

ほかに鎖だけで主環（もしくは遊環）と垂れ飾りをつなぐ耳飾りなどもあるけれども、この六つの中間飾りが基本である。

垂れ飾りの形も、心葉形（栗を逆さにしたような形）、竹の葉、ペン先、錘《すい》などさまざまだ。主環をみても、金属の棒を曲げて環にした「細環《さいかん》」のほかに、何枚かの金板を組み合わせることで細環よりもはるかに太くつくられた「太環《たいかん》」がある。このように、部品にはさまざまなバラエティーがみられる一方で、次のような共通性もある。

・目に留まりやすい垂れ飾りの形は、横長の心葉形が大半である。
・垂れ飾りの表裏に、心葉形もしくは円形の小さな副飾りがつくことが多い。
・太環は女性用と考えられていて、新羅に限って流行した。

そして、多くの耳飾りでは主環（＋遊環）＋ひとつの中間飾り＋垂れ飾りという構成が守られていて、かつ中間飾りの長さが二、三センチと短い。全体の意匠の共通性が高いのだ。

### 全体の意匠の共通性

韓国の国立慶州博物館――アクセサリーに魅かれる方はぜひ一度は訪れてほしい――に展示されている、王陵級の墓から出土したきらびやかな耳飾り（たとえば図7）も、基本はこの意匠を守ったものである。それぞれの部品に、細かな金粒や歩揺《ほよう》（小さい金属板を垂らした飾り）、玉、刻目帯などを無数に取りつけることで装飾効果を高めている。

すなわち、耳飾りの全体としての意匠や部品の組み合わせ方は、新羅の社会の中でゆるやかに共通している、ということだ。五世紀前半には比較的シンプルな耳飾りが多いけれ

図７　歩揺や金粒で飾った耳飾り
慶州普門洞合葬墳（国立慶州博物館）
太環の主環＋遊環＋歩揺が付いた花籠形中間飾り＋横長心葉形の垂れ飾り

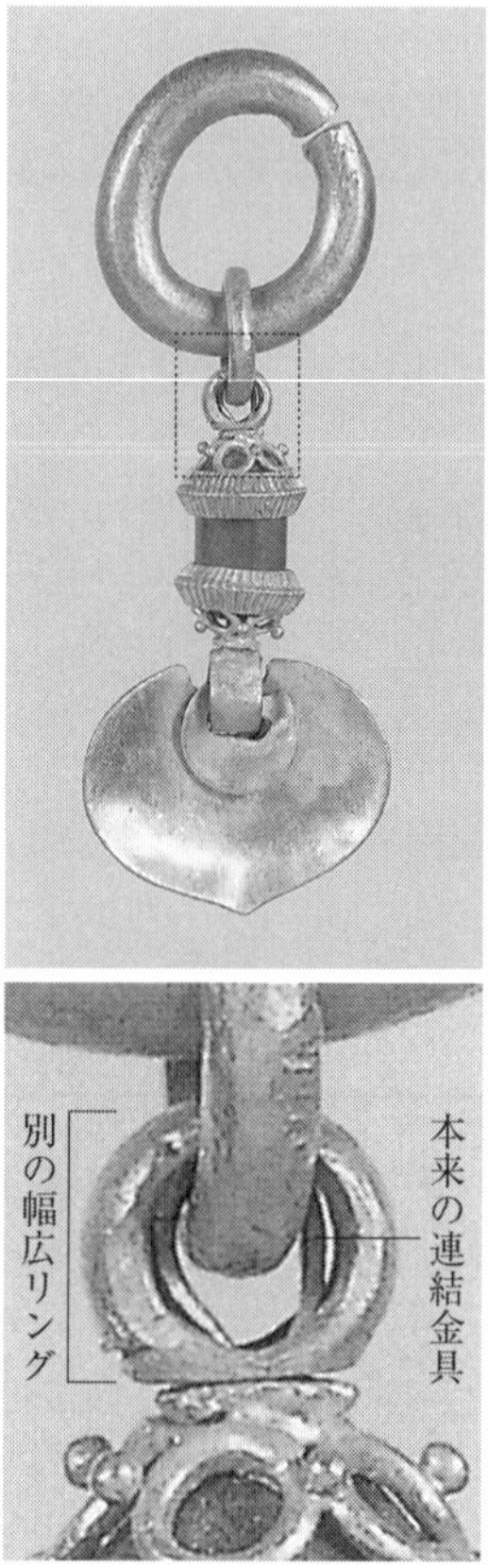


図８　新羅耳飾りの特徴的なつくり方
慶州路西里138号墓（国立慶州博物館）

ども、五世紀後半以降、華麗な耳飾りがさかんにつくられる。

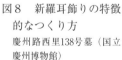

## つくり方の特徴

新羅に特有のつくり方は、遊環に中間飾りを取りつける技法にみられる。多くの耳飾りでは、中間飾りの中に連結金具を通して、下端に垂れ飾り、上端に遊環を取りつける。

連結金具にはおもに二つの種類があって、ひとつは金糸で輪をつくってからそれをねじって「8」字形にし、それを半分に折って二重の輪にしたものである（糸状の連結金具）。もうひとつは、細長い金板の両端を輪のように曲げたものである（板状の連結金具）。これらは新羅だけではなくて、百済や大加耶にも通有のものだ。

けれども、新羅の耳飾りの一部には、幅広のリングを別に準備し、それを板状の連結金具の上端にロウ付けして遊環をつないだり、あるいは、遊環に連結金具をつないだ部分を幅広のリングで覆ったりしている（李漢祥　一九九九、金宇大　二〇一七　図8）。このような造作によって、見かけの上で連結金具の上下の環の幅をそろえて、全体のプロポーションを整えている。次章以降、実際の例をいくつか紹介するので、覚えておいてほしい。

（二）百　済

百済の耳飾りは、新羅にくらべると資料数がすくない。出土した場所が明らかなものは、四〇数点で、多くは金製である。ここでは、王都の移り変わり――プロローグの「百済という社会」を参考にしてほしい――にそって、漢城《ハンソン》期（〜四七五年）、熊津《ウンジン》期（四七五〜五三八年）、そして泗沘《サビ》期（五三八年〜）ごとに、特徴を整理する。

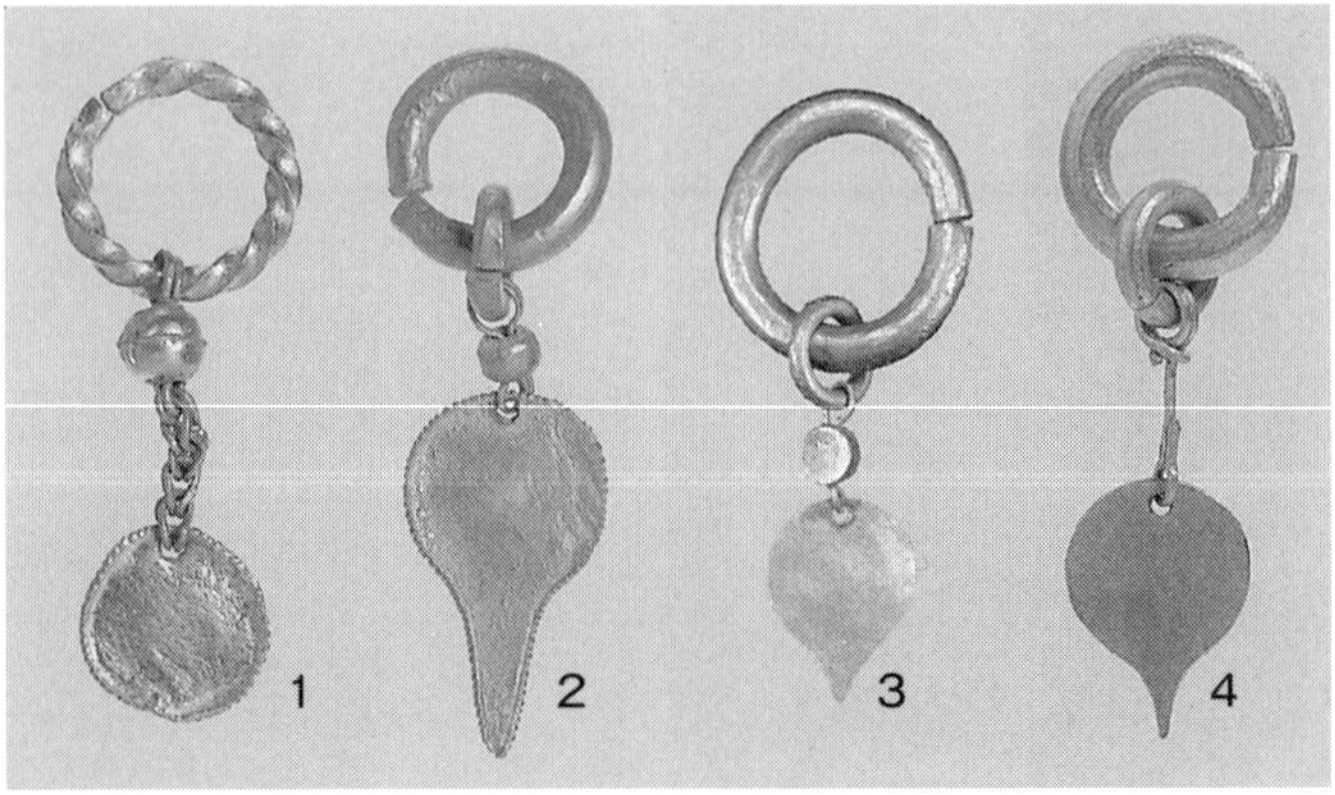


図９　漢城期百済の耳飾り（国立慶州博物館）
１：原州法泉里１号墳　２：天安龍院里129号土壙墓　３：天安龍院里９号石槨墓　４：天安龍院里44号土壙墓

## 漢城期の耳飾り

王都が漢城（今のソウル特別市一帯）にあったころの耳飾りの垂れ飾りには、細長の心葉形、三翼形（板をつないで断面がY字状になるようにしたもの）、円形、そして金粒などがある。中間飾りには、空球や臼玉《うすだま》（細い管を輪切りにした形の玉）、短い円柱形、そして小さな環をつなぎあわせた球体（花籠形）に金粒で装飾したものなどがある。

全体の意匠は素朴で、次の五つにまとまる。

・主環（＋遊環）＋中間飾り＋鎖＋垂れ飾り（おもな垂れ飾りは金粒、円形　図９―１）

・主環（＋遊環）＋中間飾り＋垂れ飾り（おもな垂れ飾りは細長の心葉形　図９

－2・3）

・主環（＋遊環）＋鎖＋垂れ飾り（おもな垂れ飾りは細長の心葉形）

・主環（＋遊環）＋金糸＋垂れ飾り（おもな垂れ飾りは細長の心葉形で、一部に三翼形もある。　図9－4）

・主環（＋遊環）＋金糸＋鎖＋垂れ飾り（垂れ飾りは三翼形　図10）

## つくり方の特徴

百済特有のつくり方は、金糸によって主環（もしくは遊環）とほかの部品を連結する技法にみとめられる。金糸の上端で一重または二重の輪をつくって主環（もしくは遊環）を通した後に、あまった端を輪のつけ根に二回ほど横方向に巻きつけて仕上げる。下端は釣り針のように折り曲げて、垂れ飾りや鎖を取りつける。たとえば、図9－4や図10が当てはまる。このような金糸で部品を連結する技法は、

図10　百済耳飾りの特徴的なつくり方

益山笠店里86-1号墳（国立益山博物館）

主環＋金糸＋鎖＋三翼形の垂れ飾りという構成．金糸のつなぎ方が百済の特徴．

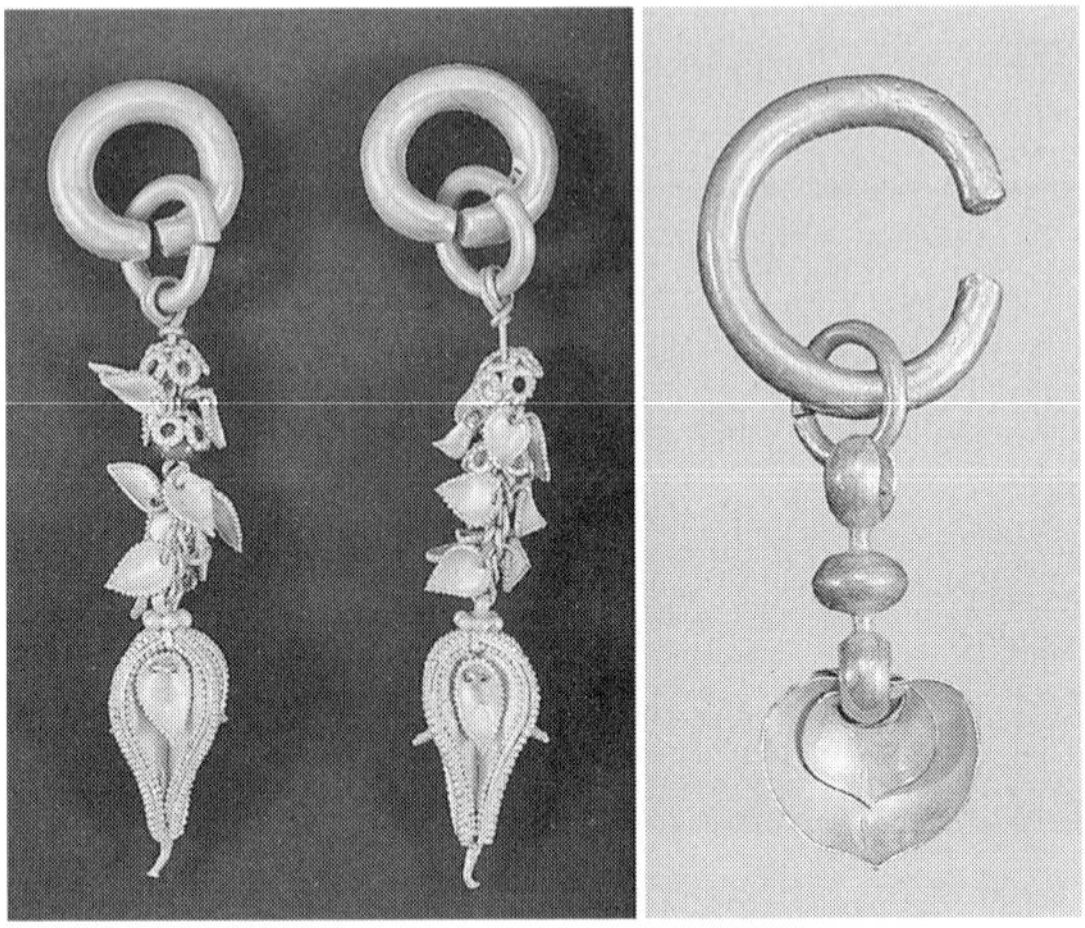

図11　熊津期と泗沘期の耳飾り

左：公州武寧王陵（王妃）（国立公州博物館）　右：扶余陵山里32号墓（国立慶州博物館）

武寧王妃の耳飾りは，主環＋遊環＋２つの花笠形中間飾り（下はガラス玉をはめこむ）＋鎖（歩揺が付く）＋四翼形垂れ飾りという構成をとる．また，百済に特徴的な金糸の連結金具をもちいる．

次の熊津期までつづく。百済の耳飾りを判断する重要な特徴なので、覚えてほしい。

## 熊津期の耳飾り

王都が公州《コンジュ》にあった熊津期の資料では、新しい中間飾りが確認できる。小さな環をつないだ半球体（花笠形とよぶ）で、ガラス玉をはめこむことも多い。公州武寧《ムリョン》王陵で出土した王妃の耳飾り（図11左）が、その代表例だ。

その一方で、新羅とよく似た、円筒形や花弁形の中間飾り、副飾りのついた横長の心葉形の垂れ飾りをもつ耳飾りも登場する。この時期に新羅の影響を受けたものだ。その最たる例が、公州武寧王陵で出土した武寧王が着けた耳飾りである（図33）。花籠形の中間飾り、副飾りを表裏にそなえた横長の心葉形の垂れ飾り、そして中間飾りに通した連結金具と遊環の連結部分を別づくりのリングで覆う技法など、いずれも新羅の耳飾りの特徴をしめしている。

このように、武寧王陵にともに葬られた王と王妃では、身に着けた耳飾りのつくり方がちがっている。それはなぜか、6節で説明する。

## 泗沘期の耳飾り

扶余《プヨ》を王都とした泗沘期の資料はすくないが、ひとつ特徴的な耳飾りがある。それは空球の上下に環をもつ軸を取りつけた中間飾り（薬研《やげん》車形《ぐるま》）をもちいて、遊環と垂れ飾りを連結するものである（図11右）。この時期には金銅製のものも多い。

### （三）　大　加　耶

加耶の中で、貴金属のアクセサリーを創り出したのは、大加耶である。大加耶でも、新

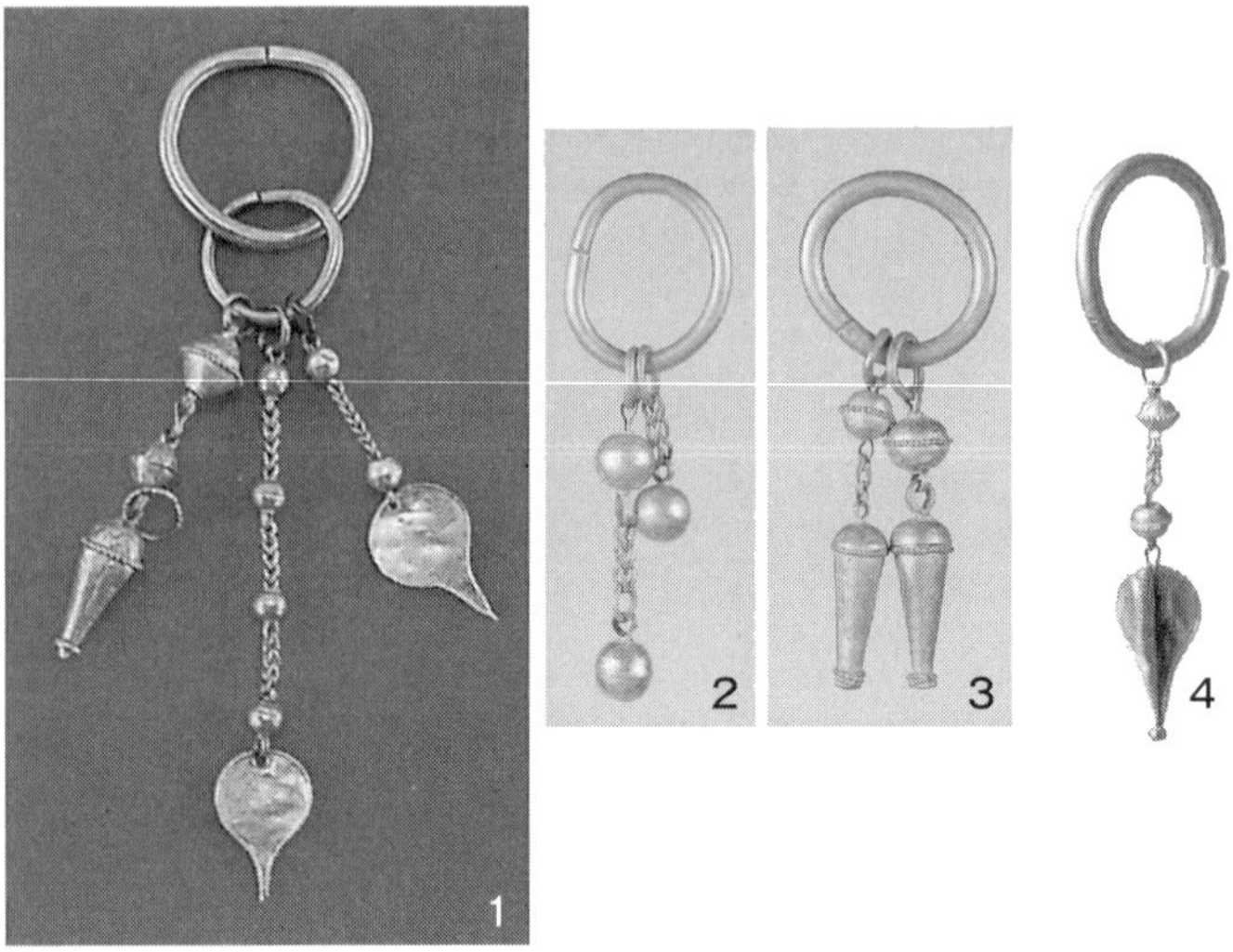


図12　５世紀の大加耶の耳飾り（慶尚大学校博物館）
１：陜川玉田28号墳　２：陜川玉田75号墳　３：陜川玉田Ｍ２号墳　４：陜川玉田91号墳

羅ほどではないけれども、金製の耳飾りがひろく流行した。大加耶の耳飾りの特徴は次の二つである。

・中間飾りがほぼ空球に限定される。

・鎖を多用し、鎖と空球の中間飾りの組み合わせで中間部（主環と垂れ飾りの間の部分）を構成する。

この点をおさえて、五世紀と六世紀（大加耶は五六二年に滅亡）にわけて、その特徴をまとめる。

**五世紀の耳飾り**　五世紀の大加耶で流行する耳飾りの垂れ飾りは、細長の心葉形、三翼形、浮子形（釣り道具の浮きのような形）、空球形の四つほどである。それぞれの意匠のちがいが大きい。また、どれかひとつが主流を占めるということはない（図12）。

　また、中間飾り、鎖、垂れ飾りそれぞれの部品の組み合わせ方がさまざまである。中間飾りと短い鎖を組み合わせたものが多いけれども、複数の中間飾りを鎖でつないで長鎖になるものもある。複数の垂れ飾りをもつこともあるし、図12－1のように、主環（もしくは遊環）に中間部＋垂れ飾りを二、三条つなぐものもある。

図13　５世紀終わり～６世紀前半の大加耶の耳飾り

1：伝　長水鳳棲里（国立全州博物館）　2：高霊池山洞44号墳11号石槨（大加耶博物館）　3：順天雲坪里Ｍ２号墳（順天大学校博物館）

　部品の意匠は定まっている反面、その組み合わせ方によって多彩な耳飾りをうみだしていることが、五世紀の大加耶の特徴である。

**五世紀終わりから六世紀の耳飾り**

　五世紀の終わりになると、山梔子《くちなし》形といわれる新しい垂れ飾りが流行する（図13－1・2）。数枚の金板を袋状に接合して木の実形に成形した垂れ飾りで、金粒や歩揺、刻目帯などで飾られることが多い。六世紀の大加耶を特徴づける耳飾りだ。倭にも贈られた。

この山梔子形の垂れ飾り、そして三翼形の垂れ飾り（図13－3）をもつ耳飾りは、全体の意匠にゆるやかな共通性がみられる。それは、主環（＋遊環）＋ひとつの中間飾り＋鎖＋垂れ飾りという意匠である。鎖＋垂れ飾りが二、三条のものもある。

# 2　冠——権威の象徴

新羅、百済、大加耶の冠には、額《ひたい》の全面もしくは正面を覆《おお》う帯冠《たいかん》、頭頂のまげを覆う冠帽《かんぼう》、冠《かんむり》飾《かざ》り（有機質の冠にもつけられる）などがある。そのほとんどが、王都にきずかれた王や王族、中央貴族の墳墓、そして各地の上位有力者の墳墓に限って出土する。着装や副葬が、社会の上位の人びとに限定されたアクセサリーである。

## （一）新　羅

新羅の冠には帯冠、冠帽、冠飾りが確認できる。材質は金、銀、金銅である。

**帯　冠**　五世紀前半までは、高句麗の影響を受けた金銅製、銀製の帯冠がつくられた。それは立飾《たちかざ》りに連続して細長く切れ込みをいれて、その間の細板のひとつひとつにねじりを加えたものである。

五世紀中ごろになると、高句麗系の帯冠とは異なる新羅独自の帯冠が成立する。それが「出字形冠」とよばれるものだ。正面と左右に「出」字状の立飾りをひとつずつ、さらに後面に二つの鹿角状の立飾りをそなえたものが典型的である。

王都の慶州では、金製の出字形冠が六点、それぞれ王陵級の墳墓から出土している（図4・14上）。金製の冠は、王や王族に限って着けることができたようだ。歩揺や翡翠《ひすい》の勾《まが》玉《たま》、多数の垂れ飾りで飾りつけられている。特に冠につけた翡翠の勾玉は、慶州の王陵級の墳墓でのみ確認できる。

その一方、各地の有力者の墓から出土する出字形冠は金銅製に限られ、その装飾も歩揺や一対の垂れ飾りなどにすぎない（図14下）。

## 冠帽

新羅では、貴金属でつくられた冠帽の出土例はすくない。慶州の王陵級の墳墓から金製（天馬塚《チヨンマチヨン》、金冠塚《クムグアンチヨン》　図15左）や銀製（皇南大塚《フアンナンテチヨン》南墳）のもの、現在の慶尚南道梁山《ヤンサン》市にある夫婦塚《ブブチヨン》という地域の有力者の墓から金銅製のものが出土している。

帽を形づくる金属板は、龍文や幾何学文を透かし彫りしたり、魚のうろこのような文様（魚鱗文《ぎよりんもん》）を打ち出したりすることで、装飾の効果を高めている。前面には五角形板が取りつく。夫婦塚では本体と五角形板のすき間に、次に説明する鳥翼《ちょうよく》形の冠飾りを差し込む。

図14　出字形冠

上：金冠　慶州瑞鳳塚（国立中央博物館）　下：金銅冠
大邱飛山洞37号墳第１石槨（国立大邱博物館）

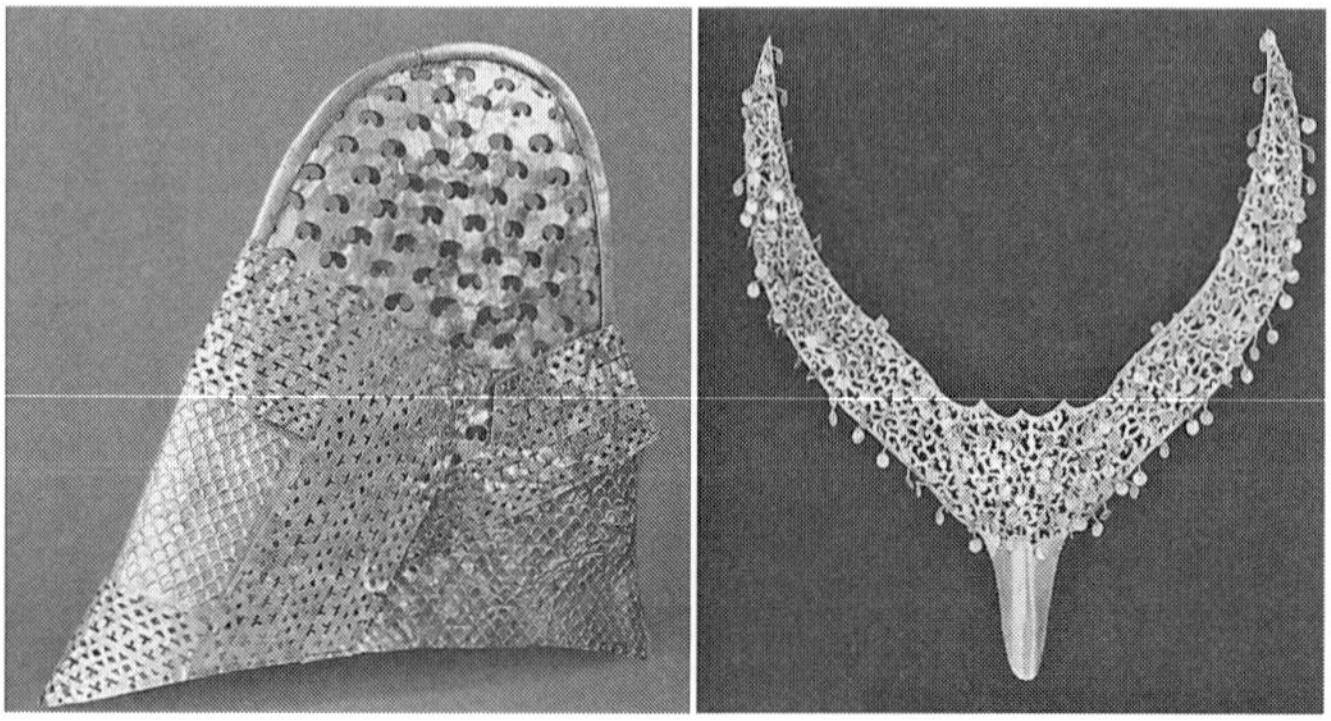

図15　冠帽と鳥翼形冠飾り
慶州金冠塚（国立慶州博物館）

### 冠飾り（有機質の冠帽）

鳥翼形冠飾りは、中央板の両側に大きく開く翼状の板を取りつけた飾りである（図15右）。そのほかに、より短めの蝶《ちょう》形のもの、中央板だけのものなどもある。本来は、中央板の下半の差し込み部をもちいて、貴金属もしくは白樺《しらかば》の樹皮などの有機質製の冠帽に取りつけたものだ。

慶州の王陵級の墳墓のいくつか（皇南大塚南墳、金冠塚、天馬塚など）で金製品が出土し、それに準ずる貴族層や各地の有力者の墳墓からは、金銅製や銀製のものが出土する。特に各地の有力者の墳墓から、白樺の樹皮でつくられた冠帽（の破片）といっしょに出土することがしばしばある。白樺の樹皮製の冠帽＋鳥翼形冠飾りが、先に紹介した金銅製の出字形冠とともに、新羅各地の有力者たちの冠だった。

それ以外に、資料の数はすくないが、龍や鳳凰などの文様を透かし彫りした方形の金属板が、冠飾りとして使われる場合もある。これも有機質の冠帽に取りつけた飾りのようだ。

## (二)　百　済

百済でも、帯冠、冠帽、冠飾りがみられる。二〇一七年に国立公州博物館から、それまでの出土資料を網羅した『百済の冠』という図録が刊行されている。これを参考にまとめていく。

王都や各地の有力者が葬られた墳墓から出土し、その副葬や着装が限られていた。資料数は多くはないが、漢城期から泗沘期にかけて様相が大きく変わる。

### 帯　冠

百済の圏域とその南方の栄山江《ヨンサンガン》流域では、帯冠が三点確認されている。いずれも金銅製である。完全な形がのこる例は、全羅南道羅州市にある新《シン》村《チョン》里《リ》九号墳の出土品である（図16上）。細帯の正面と左右に樹枝状の立飾りをそなえている。この墳墓は五世紀の後半、百済が統合をもくろむ栄山江流域の最高有力者の墳墓である。そのため、この帯冠が百済で製作されて贈られたものなのか、それとも現地で製作されたものなのか議論がつづいている。

二つめは、忠清南道益山市《イクサン》にある笠店《イプジョン》里《リ》古墳群の八六―一号墳から出土した帯冠だ（図16下）。これも五世紀後半ころにつくられた。破片のために全体の姿を復元しにくいけれども、立飾りをそなえて、帯部の上縁が波打つようにいくつかの山形をなすようだ。

そして、栄山江流域の前方後円墳のひとつ、咸平《ハンピョン》新徳《シントク》一号墳からも帯冠が出土してい

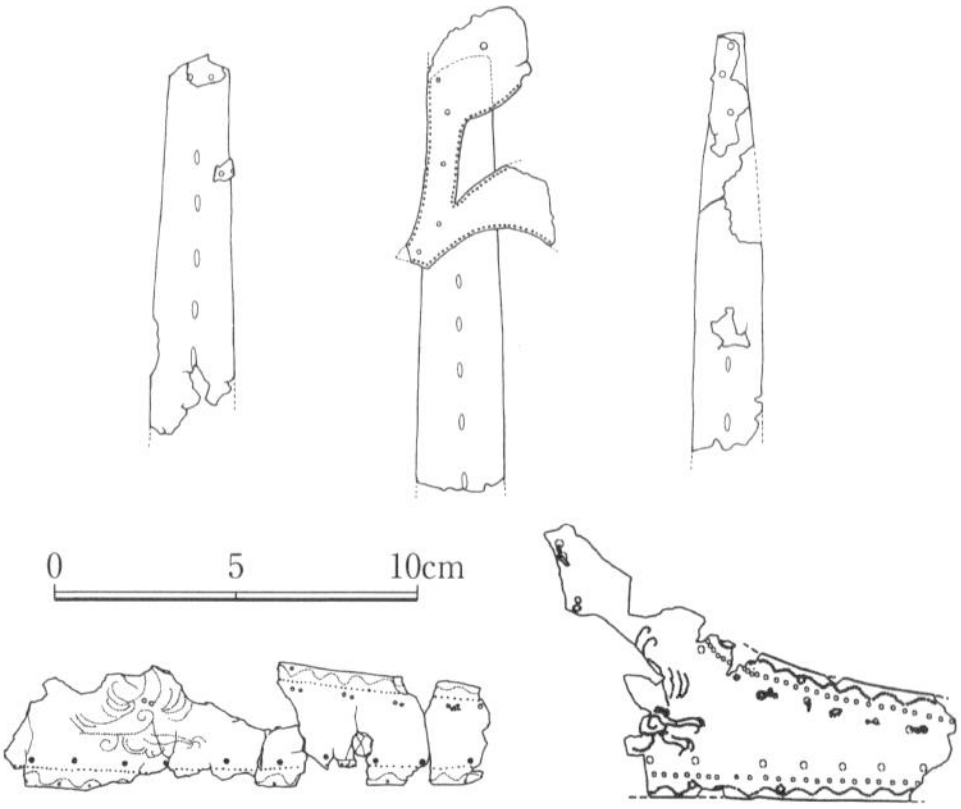


図16　百済の帯冠と冠帽
上：羅州新村里９号墳（国立羅州博物館）
下：益山笠店里86-1号墳

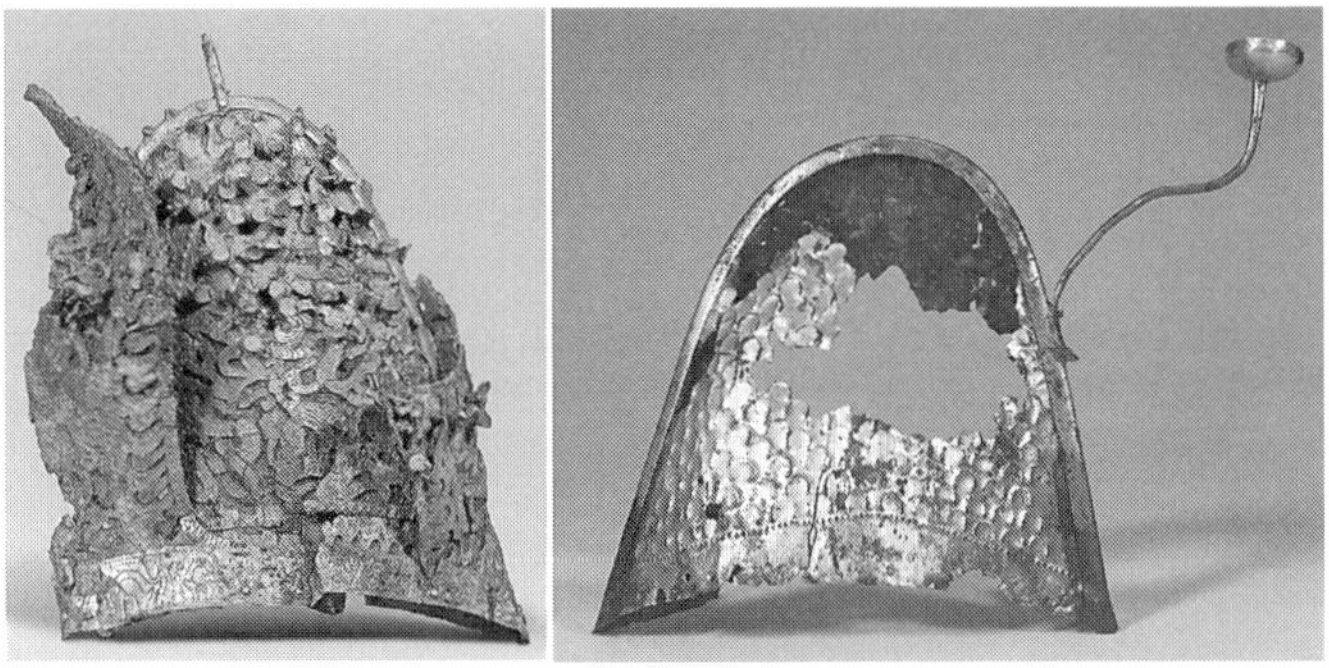

図17　百済の冠帽

左：公州水村里Ⅱ地点1号土壙墓（国立公州博物館）
右：益山笠店里86-1号墳（国立益山博物館）

る。バラバラの破片で出土したけれども、ひとつひとつつなぎ合わせていくと、五世紀の終わりから六世紀にかけて倭でひろまった「広帯二山式《こうたいにさん》」とよばれる冠であることが判明した。倭と百済、そして栄山江流域の関係をしめすアクセサリーなので、第四章4節でくわしく取りあげる。

百済では帯冠の資料はごくわずかで、その意匠も多様である。漢城期の終わりころから熊津期に限られているので、帯冠が有力者のアクセサリーとしてあまりひろまらなかったのかもしれない。

**冠　帽**　金銅製の冠帽は、出土地が明確なもので七点ほど確認されている。左右二枚の側板の上縁をフレームで固定したものを本体とし、その正面と後面に立飾りを取りつけて、下縁に裾板《すそいた》をめぐらせる。後面や頂部に管と半球体からなる伏鉢《ふせばち》装飾を取りつけることが多い。側板には装飾がほどこされ、龍や鳳凰文を透かし彫りするもの（図17左）、草葉文を透かし彫りするもの、そして魚鱗《ぎょりん》文や蓮華文を裏面から打ち出すもの（図16上・図17右）などがある。全体として、構造や意匠の共通性が高い。

漢城期の王都であるソウル一帯からの出土例がないけれども、おそらく漢城期から熊津期の前半（おおむね五世紀代）にかけて、百済各地の有力者の間でひろまった冠である。

### 冠飾り（有機質の冠帽）

熊津期の王都であった公州の武寧王陵では、五角形の銀板（図18－2）と金製の団扇《うちわ》のような飾り（図18－3）が出土している。五角形板の縁には小孔がめぐっており、おそらく有機質の冠帽に綴《と》じつけた冠飾りである。また、団扇のような飾りについても有機質の冠帽の両側面を飾ったものではないか、と考えられている。

また益山笠店里八六―一号墳でも、先に紹介した帯冠や冠帽とは別に、三角形の金銅板（図18－1）や細帯（いずれも金銅製）が出土している。これらも有機質の冠帽の飾りの可能性が高い。

熊津期には、漢城期にひろまった金銅製の冠帽は姿を消していき、金銀の飾りをあしらった有機質の冠帽が主流になったようである。

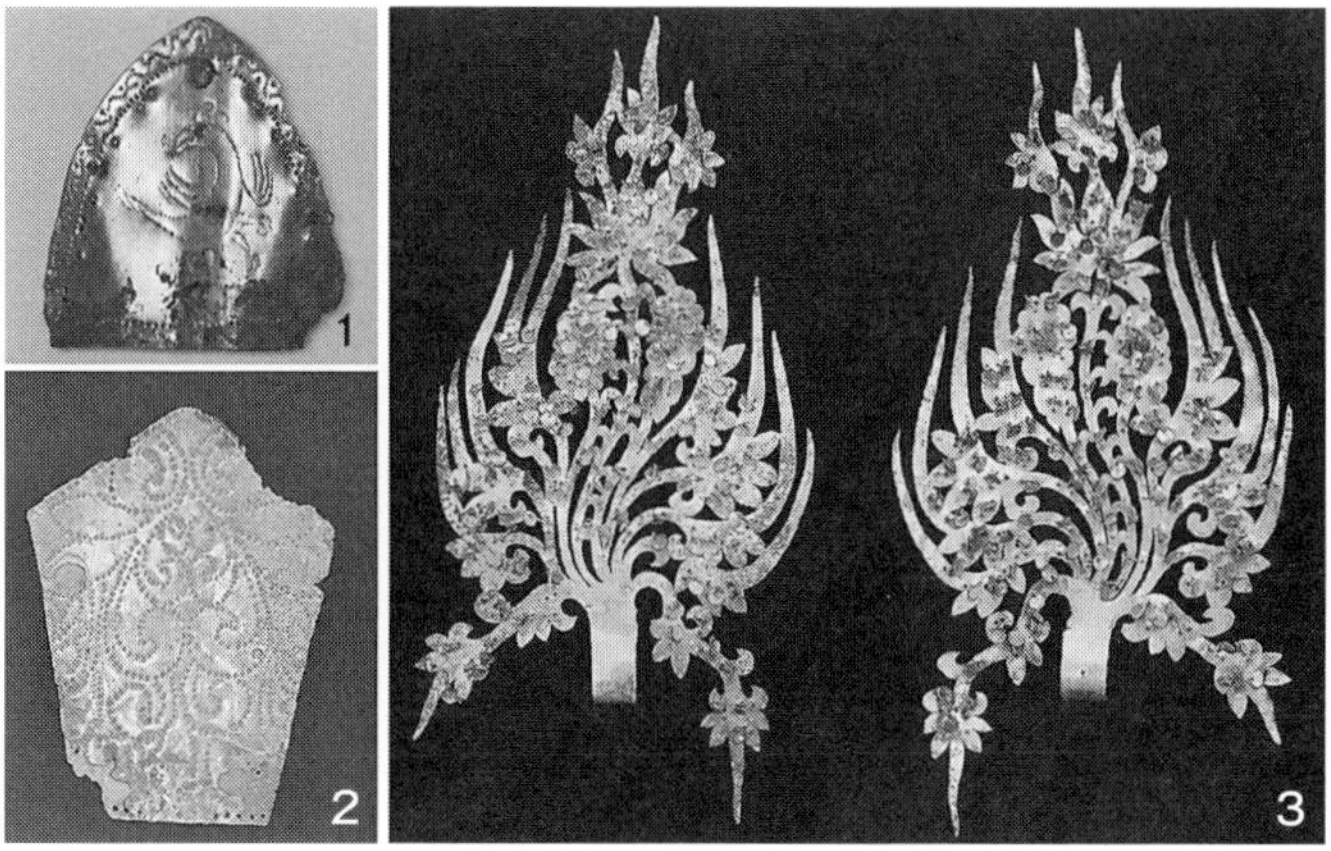


図18　有機質の冠帽に取りつけられた冠飾り
1：益山笠店里86-1号墳（国立益山博物館）
2・3：公州武寧王陵（王）（国立公州博物館）

### 銀花冠飾り

有機質の冠帽の意匠がより画一的、というよりも一新されるのが、泗沘期である。すなわち銀花冠飾り（図19）が登場し、王都の扶余を中心に各地にひろまる。これは、差し込み部をそなえた幹《みき》があり、そこから複数の枝が左右にのび、枝や幹の先端が宝珠の形となっている。鉄製の冠帽のフレーム（帽芯）と一緒に出土することが多く、銀花冠飾りは帽芯をもちいた有機質の冠帽に取りつけられていたことがわかる。

さらに、銀花冠飾りが出土しない墳墓でも、帽芯が出土することも多い。ということは、泗沘期には、銀花冠飾りをもつ冠帽とそれをもたない冠帽の二つがあ

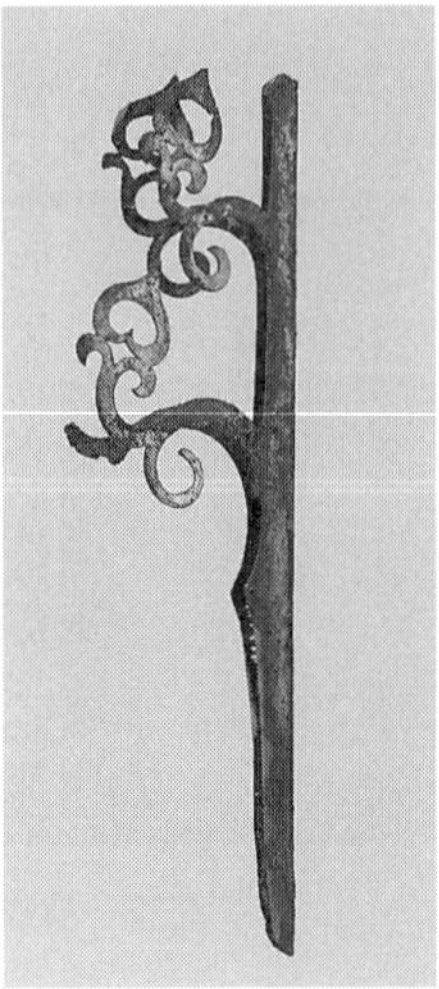

図19　銀花冠飾り
羅州伏岩里３号墳16号石室（国立羅州博物館）

ったことになる。これらは、百済の官人層が身に着けたものと考えられている（山本　二〇一七）。

## （三）大加耶

大加耶の冠は数すくない。これまでの出土資料による限り、新羅や百済から贈られたもの、もしくはそれをまねてつくったものをのぞくと、大加耶特有の冠は、帯冠に限られる。

### 金製の帯冠

まず、王都の高霊出土とつたわる金製の帯冠がある。これは現在、ソウルにあるサムスン美術館Leeumが所蔵している。冠帯は頭を全周するだけの長さをもち、草花状で先端が宝珠となる形の立飾りをそなえる。植民地期朝鮮の出土品を収集した小倉コレクション――現在は東京国立博物館が所蔵――の中に、それとよく似た金製帯冠がある（図20－3　咸舜燮　一九九七）。

### 額飾式の帯冠

大加耶の帯冠の中には、冠の帯が額の幅くらいの長さしかないものがある。額だけを覆ったもので、「額飾《がくしょく》式」とよばれる。これまでのところ大加耶でのみ確認されている。

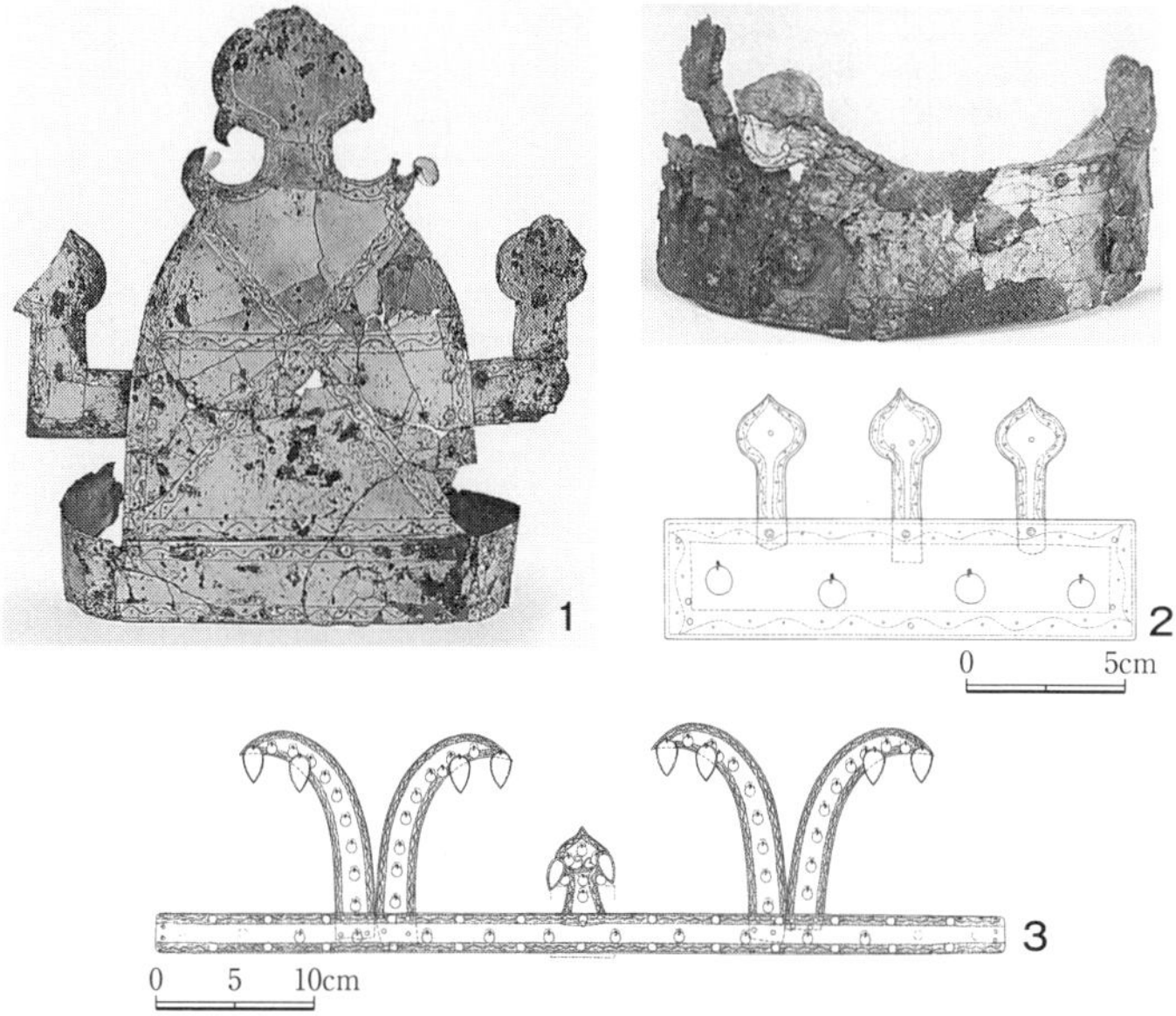


図20　大加耶の帯冠

1：高霊池山洞32号墳（大加耶博物館）　2：高霊池山洞30-2号墳（大加耶博物館）　3：小倉コレクション（咸舜燮　1997）

その代表例は、高霊にきずかれた王陵群、池山洞《チサンドン》古墳群の三二号墳から出土している（図20－1）。製作の時期は五世紀後半ころで金銅製である。正面の立飾りは、半楕円形の上部に宝珠形の飾りをそなえたもので、その左右にもそれぞれ別の宝珠形立飾りが鋲《びょう》で留められている。これとよく似た金銅製の帯冠の破片は、小倉コレクションの中にもある。額飾式の帯冠は、倭でも出土している。

### 子供用の冠

また、池山洞三〇―二号墳では、子供用と考えられる額飾式の金銅製冠が出土した（図20－2）。額を覆うほどの長さの冠帯に、三つの宝珠形の立飾りが鋲で留められていた。池山洞三〇号墳は主人の埋葬施設（主槨）と、それにしたがう者が葬られた三つの埋葬施設（殉葬槨《じゅんそうかく》）が、ひとつの墳丘で覆われていた。三〇―二号墳は主槨の南にある殉葬槨で、冠と子供の頭骨の破片が一緒に出土した。おそらく、子供は冠を着けた状態で葬られたようである。

ちなみに、子供用の冠は、新羅の圏域でもいくつか確認されている。このことは、すでに子供の時から冠を着けるような性格の人びとが、大加耶や新羅の社会に存在したことをしめす。

# 3　飾り帯——有力者の間でひろまる

革や織物製の帯を彩《いろど》る金属製の部品（バックルや飾り板、帯先の金具など）を帯金具という。新羅や百済では耳飾りに次いで、有力者の間でひろまったアクセサリーである。それぞれの社会に特徴的な帯金具を紹介していこう。

## （一）新　羅

新羅では、龍や鳳凰、草葉などの文様をほどこした帯金具が、ひろく流行した。材質は金、銀、金銅である。ここでは代表的な三つの帯金具を取りあげる。

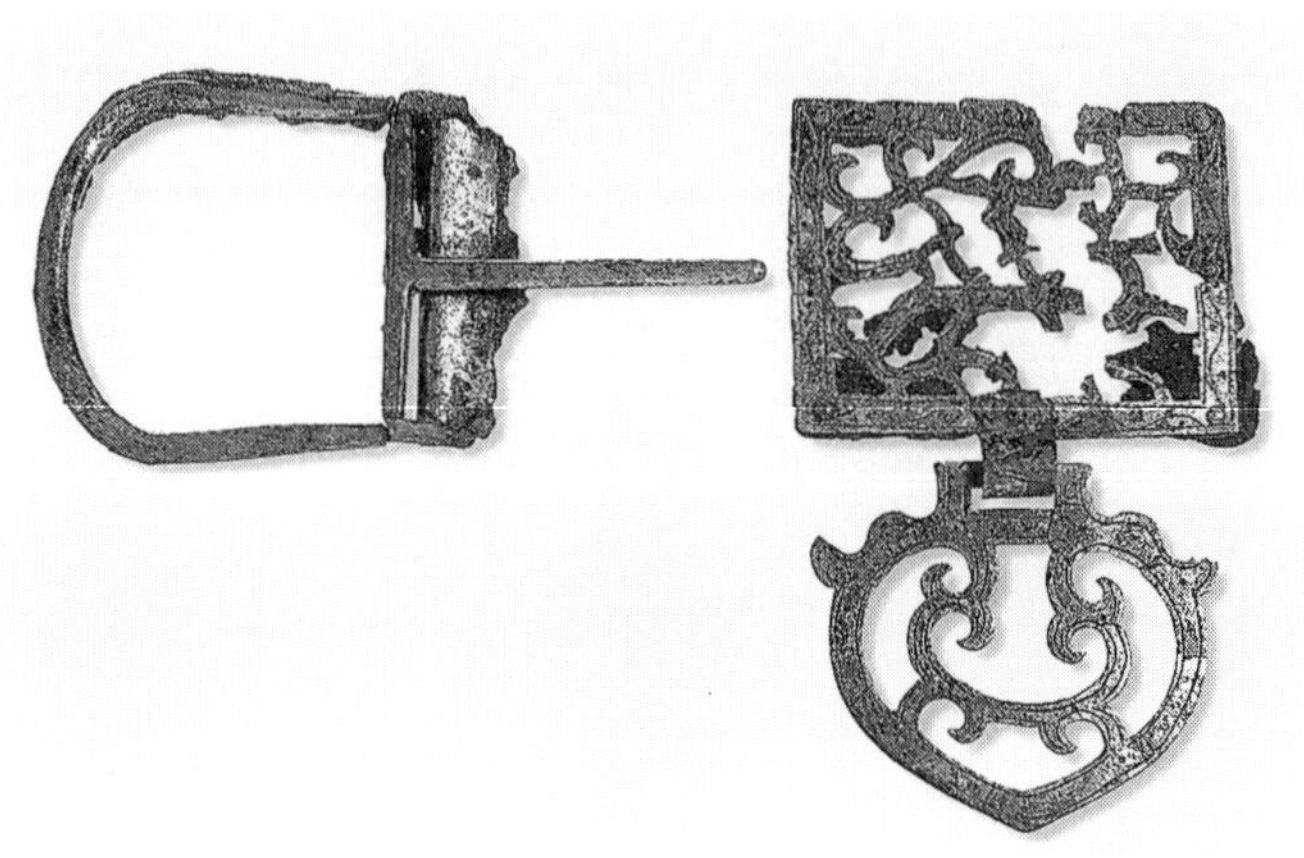

図21　龍文を透かし彫りした帯金具
江陵草堂洞 A-1号墳（国立慶州博物館）
左がバックル　右が飾り板

## 龍文を透かし彫りした帯金具

五世紀前半から中ごろにかけて、金銅や銀の金属板を切り抜いて（透かし彫りして）龍文（もしくは鳳凰文）をほどこした帯金具がある（図21）。地域有力者の墳墓や慶州の王陵から出土し、着装は高位の人物に限られていた。類似したモチーフが三燕《さんえん》（五胡《ごこ》十六国《じゅうろくこく》時代の中国東北部に存在した前燕—後燕—北燕）や高句麗にみられるので、おそらく、その影響を受けた帯金具である。倭の古墳にも副葬されていて、当時の新羅と倭の交渉をしめすアクセサリーだ。次章2節で紹介する。

ただ、この帯金具は、次の草葉文帯金具とくらべると資料数がすくなく、五世紀後半にはあまりみられなくなる。

新羅で主流をなすのは、草葉文を透かし彫りした帯金具である。五世紀前半に、龍文透かし彫り帯金具と同じように三燕—高句麗の影響を受けて創り出されたようで、当初は文様や部品の形にバラエティーがみられる。

**草葉文を透かし彫りした帯金具**

それが五世紀後半になると、部品の形が定まり、飾り板の文様も整った三葉文《さんようもん》となる。この帯金具（三葉文帯金具）が、新羅の圏域にひろく普及する（図22）。ひとつの帯の端から端まで二〇から三〇、時にはそれ以上の数の飾り板をすき間なく取りつけた華やかな帯金具である。材質は金、銀、金銅で、銀製品は各地でひろくみられるのに対し、金製品は慶州の王陵級の墳墓からのみ出土する。

金製の三葉文帯金具をみると、翡翠や金製の勾玉、さまざまな工具（砥石・のみ・はさみ・小刀、ピンセット、香り袋など）を模したものを取りつけた垂れ飾り（腰佩《ようはい》）を数多く取りつけている。一方、慶州以外の地域でみられる銀製品は、腰佩が簡素である。

この腰佩は、北方の遊牧民族が馬に乗る際にさまざまな道具を腰帯にぶらさげていた風習を源流としているようで、それが新羅へとつたわり、帯の飾りとしてデフォルメされたのだろう。

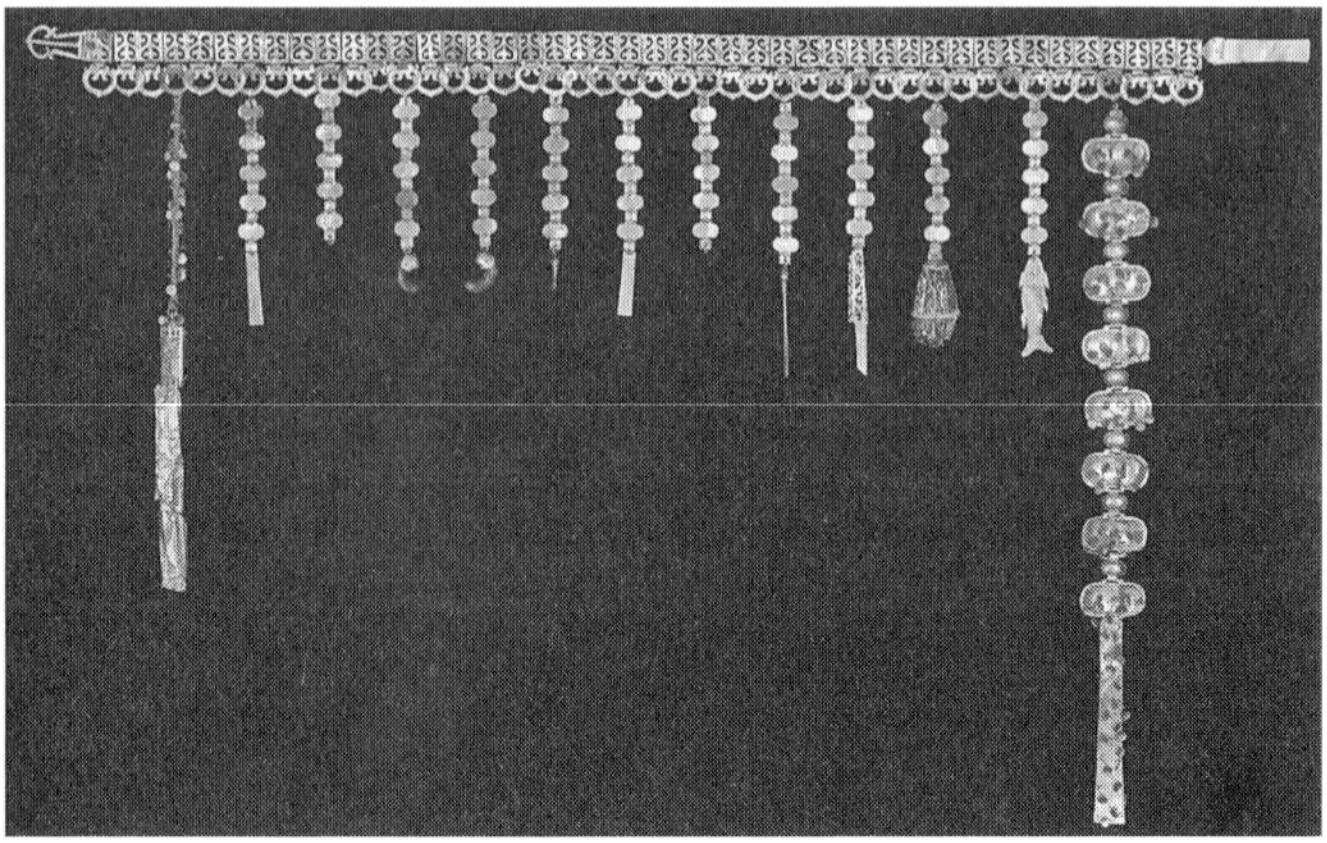

図22　三葉文を透かし彫りした帯金具
慶州天馬塚（国立慶州博物館）
帯本体に金製の飾り板を40枚以上取りつけている．また，多様な腰佩をさげる．

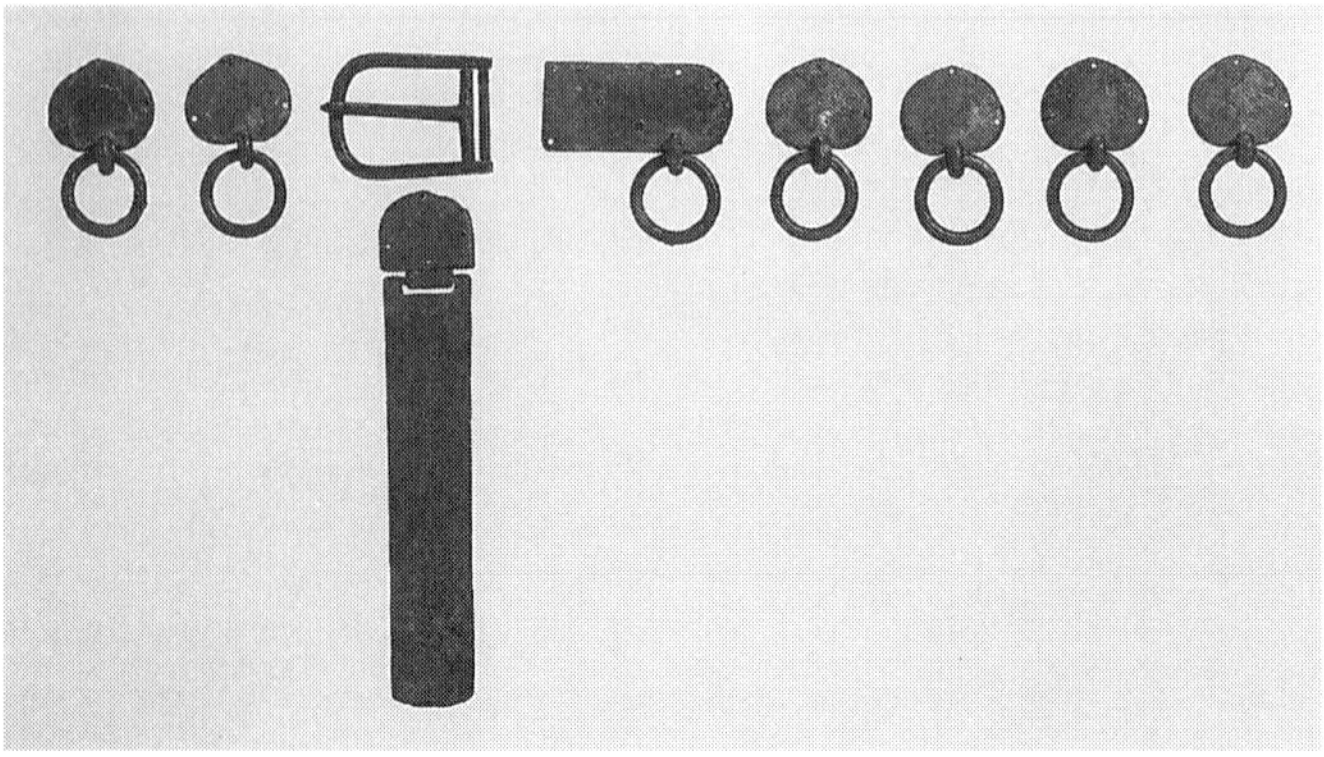

図23　逆心葉形帯金具
大邱飛山洞37号墳第２石槨（国立慶州博物館）
バックルの下にある細長い部品が帯先に取りつける金具

三葉文帯金具は、出字形帯冠や垂飾付耳飾りとセットで出土することが多く、新羅を特徴づける帯金具である。ただし、六世紀前半になると、しだいにつくられなくなる。

**逆心葉形帯金具**　もうひとつ、逆心葉形帯金具がある（図23）。心葉形を逆さにしたスペード形のような飾り板の下に円環を垂らしたものである。銀製のものが大半だが、慶州では金製品も確認できる。この飾りをひとつの帯に五、六点、間隔をあけて取りつけるのが一般的だ。この点、すき間なく飾り板をつける草葉（三葉）文帯金具とは異なる。

五世紀後半にはある程度ひろまっていて、六世紀前半になると、草葉文帯金具が徐々に姿を消すのと対照的に、ひろく普及する。部品の定型性が高く装飾性も低いので、有力者たちが日ごろ着けていた帯金具と考えられている。六世紀後半には官人にあたる人びとが身に着けたようだ（山本　二〇一七）。

## （二）　百　済

資料数はすくないが、漢城期から泗沘期にかけて、多彩な帯金具が出土している。

図24　公州宋山里古墳群から出土した帯金具（国立公州博物館）
上：獣面文を表現した帯金具（3号墳）　下：三葉文を透かし彫りした帯金具（4号墳）

### 龍文や獣面文を表現した帯金具

漢城期には龍文を透かし彫りしたもの、獣の顔の文様（獣面文）を立体的に表現したものが確認できる。忠清南道燕岐《ヨンギ》郡（現世宗《セジョン》特別自治市）にある羅城里《ナソンリ》遺跡の木棺墓（KM―〇〇四号）から龍文を透かし彫りした帯金具が出土している。金銅製で、新羅のそれと同じ意匠である。墓の主人は対

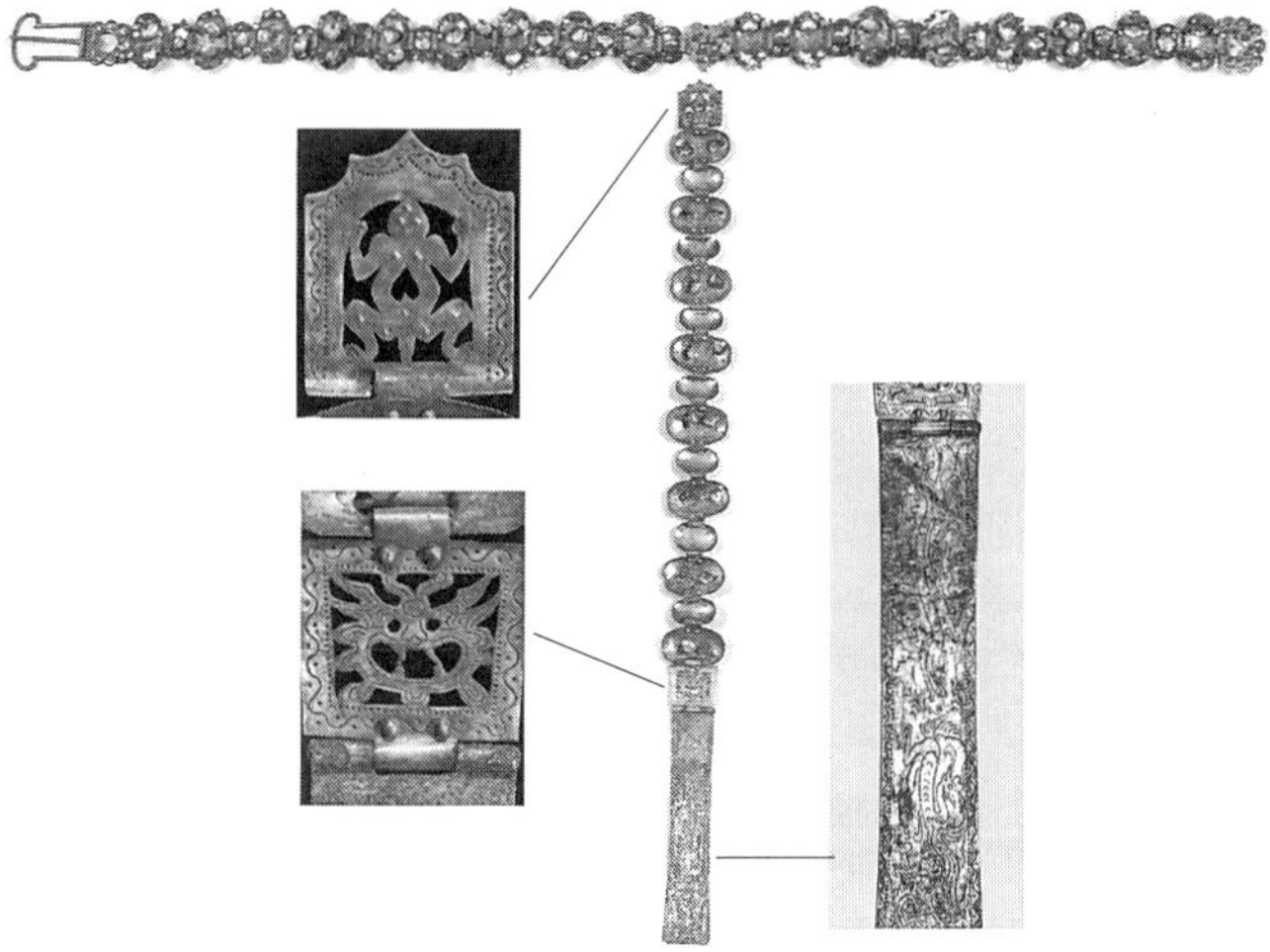

図25　武寧王の飾り帯（国立公州博物館）

外交渉に従事した人物と考えられており、帯金具は高句麗もしくは新羅から入手した可能性が高い。

一方、方形や逆心葉形の飾り板に、獣面文を表現した帯金具は、漢城期から熊津期の百済特有の帯金具である（図24上）。いずれも金銅製で、漢城期の地域有力者の墳墓（公州水村里《スチョンリ》古墳群）や、熊津期の王陵群（公州宋山里《ソンサンリ》一、三号墳）から出土している。

### 武寧王の帯金具

公州武寧王陵では、王に金銀で彩られた帯金具が副葬された（図25）。大小の楕円形の金銀板を交互に配列したもので、それに心葉形や円形の歩揺を取りつけている。一条の垂れ飾り（腰佩）をそなえていて、そのつけ根にはヒキガエルを透かし彫りした金板、先端には獣面を透かし彫りした金板と鳳凰や龍が刻まれた長方形の銀板が、取りつけられている。

この華麗な帯金具は、百済だけではなく東アジアを見渡しても、ほかに類例がない。ただ、そのつくり方は新羅の帯金具の腰佩と似るところがある。1節（二）で百済の耳飾りを紹介した際に、武寧王の耳飾りの製作には、新羅の技術が取り入れられていることを指摘したが、もしかすると、この帯金具の製作にも、新羅の影響があるのかもしれない。武寧王陵が属する宋山里古墳群（四号墳）では、草葉文を透かし彫りした新羅系の帯金具が出土している（図24下）。

## 逆心葉形帯金具の流行

武寧王には、金製の逆心葉形帯金具も副葬されていた。逆心葉形の飾り板の下部に円環をさげた意匠は、新羅のものと同じである。武寧王の時期の新羅では、すでに逆心葉形帯金具は普及しているので、新羅との関係の中で取り入れたようだ。

そして泗沘期になると、それまで多彩だった帯金具が、この逆心葉形帯金具にほぼ統一される。材質は銀だ。先に紹介したように、新羅でも同じような動きがみられ、六世紀後半には新羅、百済に、逆心葉形帯金具がひろく普及することになる。それぞれの社会の官人層のアクセサリーと考えられる（山本　二〇一七）。

## （三）大　加　耶

大加耶の圏域で確認された帯金具は、ごくわずかである。草葉文帯金具（新羅系）や獣面文帯金具（百済系）は、新羅や百済から入手したもの、もしくは模倣してつくられたものである。これらは王陵群の高霊《コリョン》池山洞《チサンドン》古墳群や、有力な地域の墓地（陜川玉田《ハプチョンオクチョン》古墳群）で出土している。

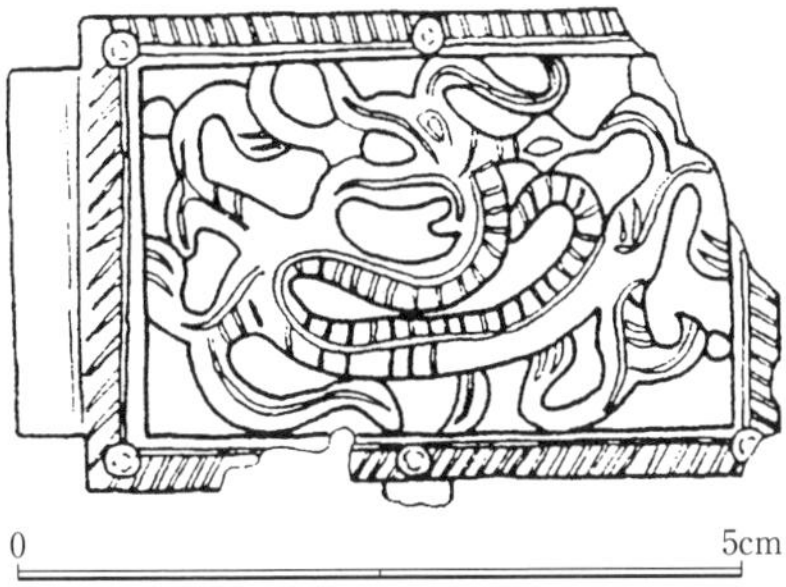


図26　龍文を立体的に表現した帯金具
小倉コレクション（小浜　2002）

**龍文を表現した帯金具**

小倉コレクションの中に、龍文を立体的に表現した帯金具の飾り板がある（図26　小浜　二〇〇二）。出土地は不明だが、小倉コレクションの多くが、慶尚道一帯の古墳群から得られた資料であること、そして事例の豊富な新羅では、この意匠が一点も確認されないことから、大加耶の帯金具として評価できそうである。倭にも出土例がある。第三章5節で紹介しよう。

## 4　飾り履――儀礼と死者のために

新羅と百済の王や王族、中央貴族、各地の上位有力者の墳墓には、飾り履《くつ》が副葬されることがある。冠といっしょに出土することが多く、冠と同じように、その着装や副葬は有力な人びとに限定されていた。数枚の金銅板を組み合わせた華奢《きゃしゃ》なつくりで、日常で履《は》いていたものではない。儀礼の場のアクセサリー、あるいは「死に装束」だった。金銅板の組み合わせ方や、飾り、文様に、それぞれの社会の特徴がみられる。

**新羅の飾り履**　新羅の飾り履は、底板＋つま先側の側板＋かかと側の側板という構成をとる。二枚の側板を両側面の中ほどで連結する。底板の裏や側板に歩揺を取りつけることが多く、スパイクをそなえたものはすくない。

側板には、飾りをほどこさない無文のもののほかに、T字文を連続して透かし彫りした

図27　新羅の飾り履
慶州皇南大塚南墳（国立慶州博物館）

もの、魚鱗文を打ち出したものなどがある。全体の意匠の共通性が高く、典型的な例には、慶州皇南大塚南墳のものがある（図27）。

底板のみ出土する例があるけれども、これはもともと有機質——皮革や織物——の上部をそなえたものである。その中には、長めのスパイクをそなえた皇南大塚北墳のようなものは、高句麗系の飾り履である。

**百済の飾り履**　百済の飾り履は、底板＋左右それぞれの側板という構成をとる。二枚の側板はつま先とかかとで連結される。底板の裏にはスパイクをそなえたものが大半だ。

漢城期の飾り履は、底板や側板に連続したT字や菱形、龍などの透かし彫り文様がほどこされる。新羅と比較して文様は多彩だ。それに加

図28　百済の飾り履（国立羅州文化財研究所）
上：羅州伏岩里丁村古墳　下：羅州新村里９号墳

えて、亀甲文のなかに動物文（龍・鳳凰・獣など）を表現する文様も登場する。非常に精緻で立体的な文様であるため、それをそなえた側板や底板は、鋳造でつくられた可能性もある（図28上）。

熊津期にはいると、しだいに透かし彫り文様はもちいられなくなり、そのかわりに細かい列点で亀甲や菱形（斜格子《しゃこうし》）を表現する文様が主流を占める（図28下）。また、全体に歩

図29　魚形歩揺が付く飾り履

羅州伏岩里３号墳1996年調査石室（国立羅州博物館）

底板には亀甲文（中心に花文）がほどこされ，円形や魚形の歩揺が付く．

揺を取りつけるものが登場し、その中には、魚形歩揺をつけた羅州伏《ボ》岩《グアン》里《リ》三号墳一九九六年調査石室の例もある（図29）。魚形歩揺をつけた飾り履は、倭にも出土例がある。第四章2節で紹介する。泗沘期の飾り履の事例は知られておらず、六世紀中ごろには姿を消したようだ。

## 5　首飾り、腕輪、指輪——多彩な装い

これまで、耳飾り、冠、帯金具、飾り履を紹介してきた。せっかくなので、そのほかのアクセサリーについても簡単にみておきたい。

**首飾り**　貴金属の首飾りは、新羅、百済の王陵や有力者の墳墓で出土する。首飾りには、空球や小環を連接した球体（花籠形《ノソリ》）をビーズのようにつなげたものがある。百済の公州武寧王陵や、新羅の慶州路西里二一五番地古墳の例が代表的だ（図30）。

また、新羅の慶州皇南大塚南墳や月城路《ウォルソンロ》カ—一三号墓では、現代のチェーンネックレスのように鎖を多用したものが出土している。新羅の場合、中心飾りに翡翠《ヒスイ》や金製の勾玉がよくもちいられる。

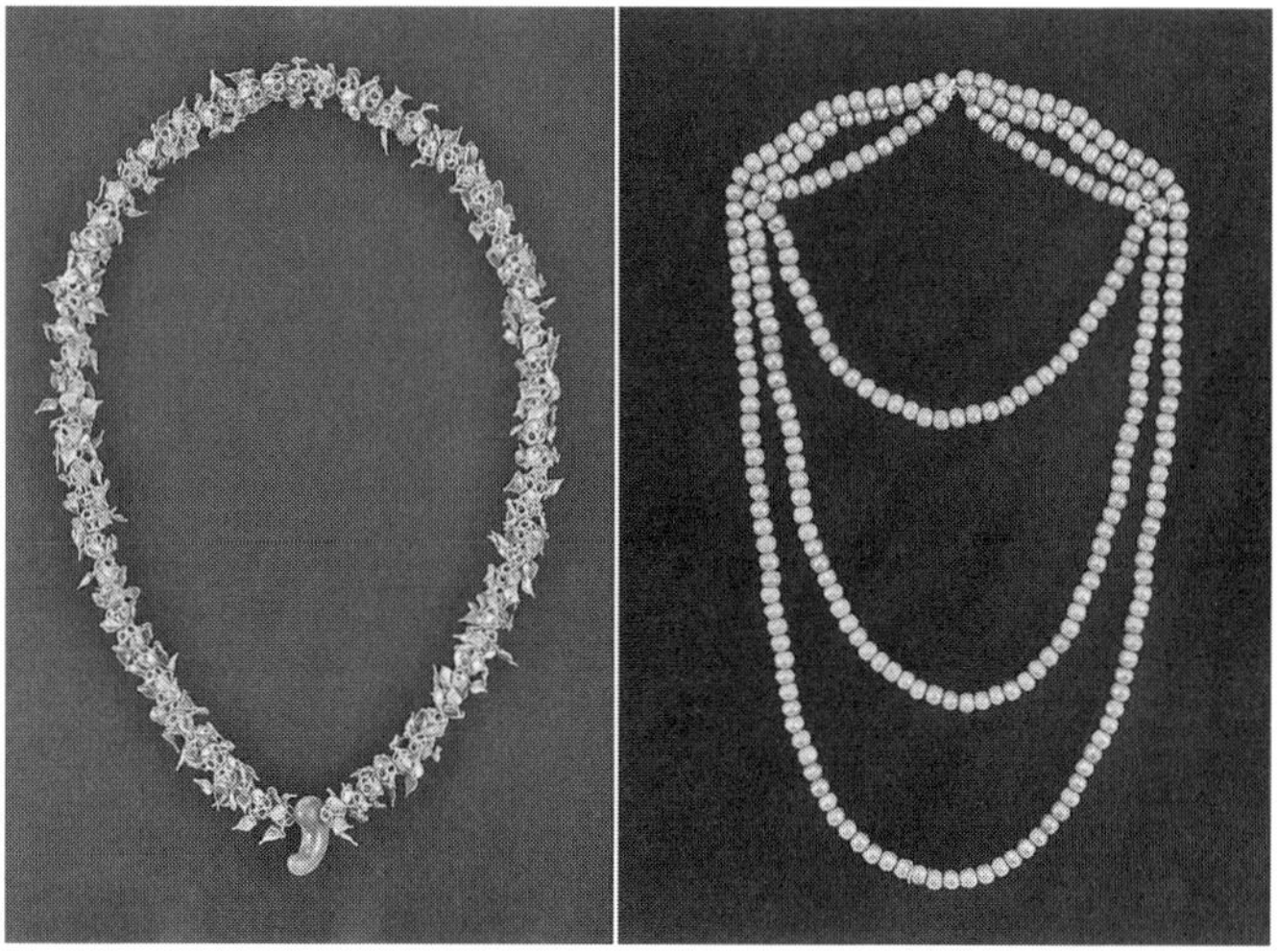

図30　新羅と百済の首飾り
左：慶州路西里215番地古墳（国立慶州博物館）
右：公州武寧王陵（王妃）（国立公州博物館）

図31　新羅と百済の腕輪
左：新羅の金銀の腕輪（国立慶州博物館）
右：公州武寧王陵（王妃）（国立公州博物館）

図32　新羅の指輪（国立慶州博物館）
左上：慶州皇南大塚南墳　右中：慶州路西里215番地古墳

## 腕輪

新羅、百済、大加耶で意匠が共通しており、無文のもの、表面に刻み目を連続的に入れたもの、あるいは、まるい突起を連続して表現するものが一般的である。金属棒を折り曲げる場合と、鋳造で製作する場合がある（図31左）。

おそらく鋳造によって二匹の龍を精緻に表現した銀製腕輪が、公州武寧王陵の王妃の左手首から出土した（図31右）。環の内側に刻まれた銘文から、庚子（五二〇）年二月に多利という人物が、王妃のために腕輪を製作したことがわかる。王妃の死の六年前のことだ。

## 指輪

指輪は、百済や大加耶ではあまり知られていない。その一方で新羅では、王陵や有力者の墳墓から出土することが多く、死者に着装されていることもしばしばだ（図32）。輪の中心が幅ひろく菱形状になるものが基本的な形である。そこを座にして花弁のような飾りをほどこした慶州路西里二一五番地古墳の例や、さらにガラス玉をはめこんで装飾性を高めた慶州皇南大塚南墳の例などがある。

それとは別に、まるで腕輪のミニチュアのような、金属棒（板）に刻み目を連続して入れた指輪もある。

以上、新羅、百済、大加耶の貴金属のアクセサリーを紹介してきた。つたない説明がつづいてしまったけれども、当時の王や王族、貴族、地域の有力者たちが、現代に負けず劣らず多彩なアクセサリーで着飾っていたことは、実感してもらえただろうか。このテキストは、これからの叙述でたびたび参考にしてもらうので、写真や図面をみながらゆっくり読みなおしてもらえると、ありがたい。

次に、このようなアクセサリーが古代朝鮮の中で表象、演出したものについて検討する。アクセサリーがもっともひろく流行した新羅を中心にみていこう。

# 6　アクセサリーが演出するもの

前節までの内容にもとづいて、新羅のアクセサリーの社会的な性格を解明する糸口をまとめると、次のようになる。

## 新羅の特徴

・王都の慶州だけではなく、新羅の圏域である洛東江東側の各地の墳墓から出土する。
・慶州の王陵級の墳墓では、金製のアクセサリーが多く出土するのに対して、それ以外の地域では、耳飾りをのぞいて、銀、金銅のものに限られる。すなわち、王都と諸地域でアクセサリーの材質に較差がみられる。
・アクセサリーの装飾の度合いをみても、精緻で華麗な品々が出土する慶州と、簡素なものが多い諸地域で較差がみられる。
・耳飾りとともに出土した人骨の性別から判断すると――最近では異論もあるが――、

原則として細環の耳飾りは男性、太環の耳飾りは女性が着装していたようである。さらに、墓に葬られた死者のアクセサリーのセットに、一定の序列が認められる。このことを指摘した研究（金龍星　一九九八、李熙濬　二〇〇二）を参考にまとめる。

まず、王都の慶州では、

①　耳飾りだけ着装したか、耳飾り＋大刀もしくは首飾りを着装
②　耳飾り＋飾り帯＋大刀もしくは首飾りを着装
③　耳飾り、飾り帯、大刀、首飾り、腕輪、指輪などほぼすべてのアクセサリーをセットで着装

というように、三つのグループが確認できる。そして、③群では冠がセットをとなることが多い。むろん金製の冠や飾り帯も③群に限られる。したがって、③群で冠をもつまとまりが王や王族に対応し、②、①の順で、死者の政治的な身分が低くなると考えられている。

慶州以外の地域の場合、慶州の①と②に対応する群が確認できる。②群の多くが冠（出字形冠、白樺の樹皮の冠帽、鳥翼形冠飾り）をそなえているので、②群で冠をもつまとまりが、各地域の最上位の有力者層と判断できる。

## 社会のまとまりを演出する

以上のように、慶州を中心としたひろがり、材質や装飾にみる王都と諸地域の較差、耳飾りにみる男女の区別、そして、身に着けたり保有（副葬）するセットの序列、という四つの特徴が、長年の研究によって明らかになった。これを根拠として、新羅のアクセサリーの社会的な性格（のひとつ）は、次のように解釈されている。

新羅の王権が、中央の貴族や地域の有力者（の支配地）を統治する方策のひとつとして、彼や彼女らに対して貴金属のアクセサリー（を取りつけた服飾）を分配した。それを身に着けることは、新羅という社会に帰属することを意味し、その材質やセットの較差が、王権を頂点とする社会的な身分秩序を演出した。

この社会の統治を演出するアクセサリーという解釈は、多くの研究者に受け入れられている。そして、百済や大加耶のアクセサリーについても、この把握の仕方を援用して、それぞれの王権がみずからの支配下にある（と考える）各地の有力者に対して分配したもの、と評価されることが多い。筆者も、それぞれの社会の地域有力者の政治的な主体性はかなり高かった、と考えているけれども、基本的には同意する。

当時の技術の粋《すい》を結集したアクセサリーは、それが放つ「美」によって、身に着ける人物の力や貴さを演出するのにうってつけだった。これに注目したそれぞれの王権が、その製作や流通を掌握し、独自のアクセサリーの意匠をうみだし、みずからの傘下にはいることを是とした各地の有力者に分配した。それによって、社会の統治をすすめ、有力者どうしの序列を固定化させていった。このように考えることができそうである。

この政治的なアクセサリーは、しばしばほかの社会の王や有力者に贈られた。あるいはそれをつくる工人が派遣された。具体例をひとつ挙げよう。

**贈与、交換されるアクセサリー**

前節までときおり紹介してきたように、六世紀前半の百済の武寧王は、新羅で製作した、もしくは新羅系の工人が百済でつくった垂飾付耳飾りを身に着けていた（図33）。飾り帯も新羅の技術を取りいれたものだった可能性がある。同じころの王族の墓と考えられる公州宋山里四号墳からも、新羅系の銀製帯金具が出土している（図24下）。逆に新羅では、王族や有力貴族の墳墓である慶州飾履塚《シンリチヨン》や同天馬塚で、それぞれ百済系の飾り履や装飾付大刀が確認されている。

六世紀前半の百済と新羅は、両者のはざまに位置する加耶への影響力をめぐって、必ずしも良好な関係ではなかった。その中でも、たがいに最高水準のアクセサリーを贈りあったり、あるいは金工の工人を派遣しあっていた。

図33　武寧王の耳飾り（国立公州博物館）
左の金帽を着けた勾玉も新羅のアクセサリーによく用いられる.

### 社会間の交流やつながりを演出する

このような新羅と百済の動きは、たがいの関係を維持することを目的とした戦略的な外交と考えられる。贈与、交換されるアクセサリーは、両王権間の——たとえ表面的であったとしても——平和的なつながりを演出していた。

貴金属のアクセサリーは、新羅、百済、大加耶という王権の間でだけやりとりされていた、というわけではない。ほかの社会の王権に準じるような地域の有力者や、みずからの社会と外の社会の境界地域の有力者などに、アクセサリーや工人を贈ったと解釈できる事例もある。

また、はるか遠く、海を越えた倭へ贈っていたことも確かである。それも倭王権だけではなくて、倭各地の有力者に対して贈ったと考えられる資料もある。

筆者は、五、六世紀の日本列島と朝鮮半島には、海、河川、陸路をつなぐ網の目状のネットワークがひろがり、それぞれの社会（の王権や地域社会、集団）が多角的につながっていたと考えている（高田　二〇一七）。贈与、交換されるアクセサリーは、その交流やつながりを演出するうえで有用なものだった。

**分配された側から考える**

新羅、百済、大加耶の貴金属のアクセサリーは、それぞれの社会の中心（王権）によって、その製作や流通が管理され、社会の統治や社会間のつながりを演出するものとして機能した。そのために、人びとが勝手につくることや身に着けることは難しかった。いうなれば、現代のアクセサリーがもつ「公的」な部分をぐっと凝集したものだ。

しかしながら、ここでふと考える。それならば、王権からアクセサリーを分配された人物は、みずからの好みや思惑をアクセサリーにこめることはできなかったのか。この点をもうすこし掘り下げてみたい。その糸口は、アクセサリーの意匠にみられる多彩さにある。

**「ブランド」の中の多彩さ**

新羅、百済、大加耶のアクセサリーは、それぞれに部品の形やその組み合わせ、製作の技法、全体の意匠におおまかな共通性が見いだせる。いうなれば「新羅ブランド」、「百済ブランド」、「大加耶ブランド」のようなまとまりを把握できる。

その一方で、個々の資料をならべていくと、どれひとつとして同じものはなく――厳密には少数の例外はあるが――、むしろ多彩さが際立つ。それぞれ「ブランド」のゆるやかな共通性のもとで、個性豊かなアクセサリーがうみだされて、それが社会にひろまり、人びとに着装されたというのが、実際のところである。現代のアクセサリーとよく似ている。

古代の王権が社会の統治のために、各地の有力者に器物を分配した事例はよく知られている。倭を例にとれば、古墳時代前期の銅鏡、中期の甲冑が最たるものである。微妙な形のちがいはあるけれども、その形や意匠はおおむね定まっている。それらにくらべて、貴金属のアクセサリーはゆるやかな共通性の中でもひとつひとつが、個性をもっているのだ。

この点に注目すれば、アクセサリーの製作から王権がそれを地域の有力者へ分配するまでの流れは、次のように考えることができそうだ。

## 受け取り手の選択

① それぞれの王権は、みずからの「ブランド」の約束事――重要なのは社会のまとまりを可視化できること――が守られていれば、その細かい意匠にさほどこだわらなかった。むしろ受け取り手（王権がみずからの傘下にはいらせたいと考える各地の有力者）の好みにあうように、さまざまな意匠のアクセサリーの製作を、管理下にある工房へ発注した。

② その工房では、金工の職人がみずからの技術や美的な感覚を駆使して、「ブラン

ド」にみあう多彩なアクセサリーを製作した。

③　そして、ある地域有力者と政治関係をむすぶ場において、王権は受け取り手に適当と考えたアクセサリーを提示する。もしかすると、いくつかの多彩な意匠のアクセサリーが準備されたかもしれない。

④　王権によって提示されたアクセサリーの「美」や質感が、受け取り手の嗜好《しこう》や思惑にかなった時、彼（彼女）はそれを着装するだけの「価値」――表面的であれ王権への服属を意味する――を見いだす。そして、アクセサリーを受け取った。

この叙述は多分に想像をまじえたものだ。すべてを論証することはむずかしい。けれども、④のような受け取り手の能動的な選択が、王権との政治関係の成立における重要なファクターだったことは十分推定できる。

もうすこし踏みこめば、アクセサリーの授受の場における受け取り手側の思惑には、さまざまなものがあったはずだ。贈り手の意図に唯々諾々《いいだくだく》としたがう場合、ゆるやかな上下の関係は是としても完全に統治されるわけではないと考えた場合、「面従腹背《めんじゅうふくはい》」の態度をとった場合などである。

そうだとすれば、授受されたアクセサリーは、受け取り手側にとっては、王権への一定の帰属意識を演出するとともに、みずからの社会的な立ち位置や主体性を誇示するものとしても有用だったと考えられる。王権側の意図と受け取り手側の嗜好や思惑が合致してはじめて、アクセサリーは授受された。

これと同じようなことは、外交の場で授受、交換され、社会（の王権や有力者）の間の平和的な関係を演出するアクセサリーについても当てはまるだろう。

## 日朝関係の小状況へ

本章では新羅、百済、大加耶のアクセサリーの基礎的な特徴についてまとめた。アクセサリーが王権による社会の統治や、それぞれの社会の間の多角的な交流やつながりを演出する、すこぶる政治的なものだったことも紹介した。また、受け取り手の側からみれば、王権への帰属意識や外の社会との平和的な関係をふくめて、自らの社会的な立ち位置や主体性を演出するものでもあったことを提示した。

このことをふまえて、次章からは、倭、新羅、百済、大加耶の間の交流のさまを生き生きとつたえるアクセサリーを紹介しながら、それが演出したものをさらに具体的に明らかにして、当時の日朝関係の小状況、集団や個人の細やかなつながりを描いていきたい。

# 第二章　社会をつなぐ

## 四世紀後半〜五世紀前半

# 1　倭の金銀アクセサリーのさきがけ

## 倭で出土した中国の帯金具

古墳時代の倭にもたらされた、もっとも古い貴金属のアクセサリーは何か。それは、龍、鳳凰、虎などの動物や三葉文《さんようもん》を表現した金銅製の帯金具（をつけた飾り帯）である。中国の晋《しん》（西晋、東晋）王朝のころに製作され「晋式帯金具」（藤井　二〇〇二）とよばれる。王朝の武官を中心に着けられ、中国的な官位制度を演出するアクセサリーとして評価されている（町田　一九七〇など）。

この帯金具は、晋だけではなくて中国東北部にもひろがる。四世紀から五世紀前半の中国東北部は、五胡十六国時代の前燕―後燕―北燕（三燕）の勢力圏にあった。おそらく前燕が建国される前後に、その王権が中国的な官位制度を導入していく中で、晋から入手したり、その模倣品を製作したようである。

図34　本章でとりあげる遺跡

さらに、朝鮮半島の諸社会や倭にも点的にひろがる。倭の資料で出土地が明らかなものには、奈良県新山古墳、同五《ご》條猫塚《じょうねこづか》古墳、兵庫県行者塚《ぎょうじゃづか》古墳の三例がある。ここではそのひとつ、行者塚古墳の資料を紹介しよう。

## 兵庫県行者塚古墳

行者塚古墳は、兵庫県加古川市に所在する墳丘長約九九メートルの前方後円墳である。四世紀後半から五世紀初めころに造営された。瀬戸内海へそそぐ加古川下流の西岸に位置し、瀬戸内海の航路と河川交通路をむすぶ地にあたる。

発掘調査の結果、後円部で三基の埋葬施設（粘土槨《ねんどかく》）の存在が明らかとなった。その内部は保存のため調査されていない。

それとは別に副葬品を納めるための箱が二つ（中央副葬品箱と西副葬品箱）確認された。墳丘の後円部に掘られた墓壙《ぼこう》（埋葬施設を設置するために掘られた穴）の上部にあるので、埋葬を終えて墓壙を埋めもどす途中で置かれたものと考えられている（加古川市教育委員会一九九七）。

西副葬品箱には、鉄の延べ板（鉄鋌《てってい》）や鍛冶具《かじ》（金床《かなとこ》）、鋸《のこぎり》などの新来の道具をふくむ農工具、武器などが納められていた。鉄鋌や鍛冶具、鋸などはいずれも朝鮮半島系の品々である。また、倭王権とのつながりをしめす巴形銅器《ともえがたどうき》（矢筒や盾などに取りつけられる飾り）も四点収納されていた。

中央副葬品箱には馬具や鉄斧《てつぷ》などがあり、帯金具もその中から出土した。帯金具は、帯先金具、バックルが一点ずつ、飾り板が三点だった。その近くから、帯と考えられる赤色の顔料が塗られた有機物もみつかったので、帯本体に帯金具を取りつけた飾り帯として箱に納められたようだ。

## 帯金具の特徴

帯先金具とバックルには、それぞれ一匹の龍が表現されている（図35）。横向きの顔、（逆）S字状の胴体、肢《あし》、尾などの部位が、透かし彫りできちんと表現されている。けれども、本来は表現されるべき、長くのびる角が省略されるなど、全体として簡素な龍となっている。その一方で龍の細部、眼、歯、羽毛、うろこな

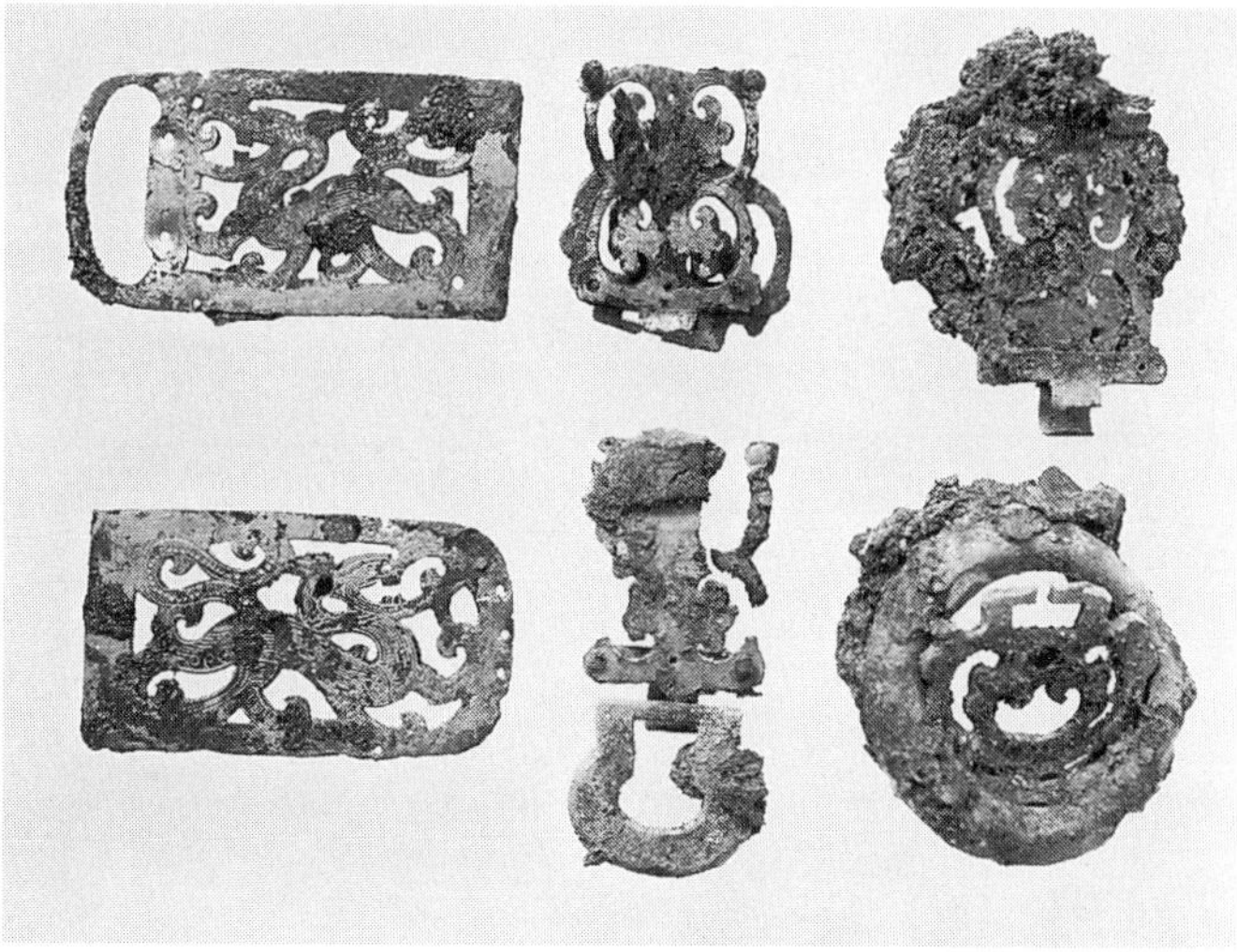

図35　行者塚古墳から出土した帯金具（加古川市教育委員会）
左上：バックル　左下：帯先の金具　その他：飾り板の破片

どは彫金（タガネで金属を彫《ほ》る技術）できわめて細密に表現されている。

これまでの研究（藤井　二〇〇二など）を参考にすれば、晋式帯金具の中でも新しく、四世紀中ごろから後半につくられたものだ。彫金の技術の高さを考えると、晋もしくは三燕のおひざ元の工房で――どちらかといえば晋の工房で――製作された可能性が高い。

### 四世紀後半の倭の対外交渉

この帯金具が倭にもたらされた背景を考えるため、まず、四世紀後半の倭の対外交渉を整理しておく。

図36　金海大成洞古墳群
右奥の丘陵が金官加耶の王宮とされる金海鳳凰台遺跡.

四世紀にはいると倭王権は、鉄生産と海上交易によって成長を遂げる金官加耶を外交の重要なパートナーとした。金官加耶は朝鮮半島の洛東江下流域の金海を本拠地とした社会だ。四世紀後半には、それまで対外交易の中心だった北部九州（博多湾沿岸）を経由せずに、倭王権と金官加耶をつなぐ沖ノ島ルートが整備される。金官加耶の側も倭王権の意向を受け入れたようで、倭から贈られた文物、たとえば青銅の鏃《やじり》や巴形銅器、さまざまな器物を模した碧玉《へきぎょく》製品などが、王族の墓地である大成洞《テソンドン》古墳群に副葬されている（図36）。

百済もまた、高句麗が朝鮮半島中南部への進攻をもくろんだことにより、倭王権に接近する。両者の通交は、金官加耶に属する小国、卓淳《タクスン》国の仲介によってはじまる。こうして、高句麗の南下への対応を目的とした倭王権―金官加耶―百済という同盟が樹立された。

一方で新羅は、高句麗に従属することで成長を模索する。ただ、倭ともそれなりに交渉していたようで、倭から贈られた文物を副葬する墳墓が、王都の慶州でみつかっている。

このように、四世紀後半には、日朝の王権間の外交が多角化する。日常的な人びとの往来もより活発になった。それによって、朝鮮半島から倭に、鉄器や硬質の土器を生産するノウハウをもつ人びとが渡ってきたり、新しい農工具や馬具などがもたらされるようになる。

**帯金具の入手先はどこか**

その反面、四世紀に倭が中国へ正式に遣使したとする文献記録はみられない。晋や三燕などで製作されて倭にもたらされた、と考えられる文物もすくない。

したがって、行者塚古墳の帯金具が、晋もしくは三燕と倭の直接の交渉の中でもたらさ

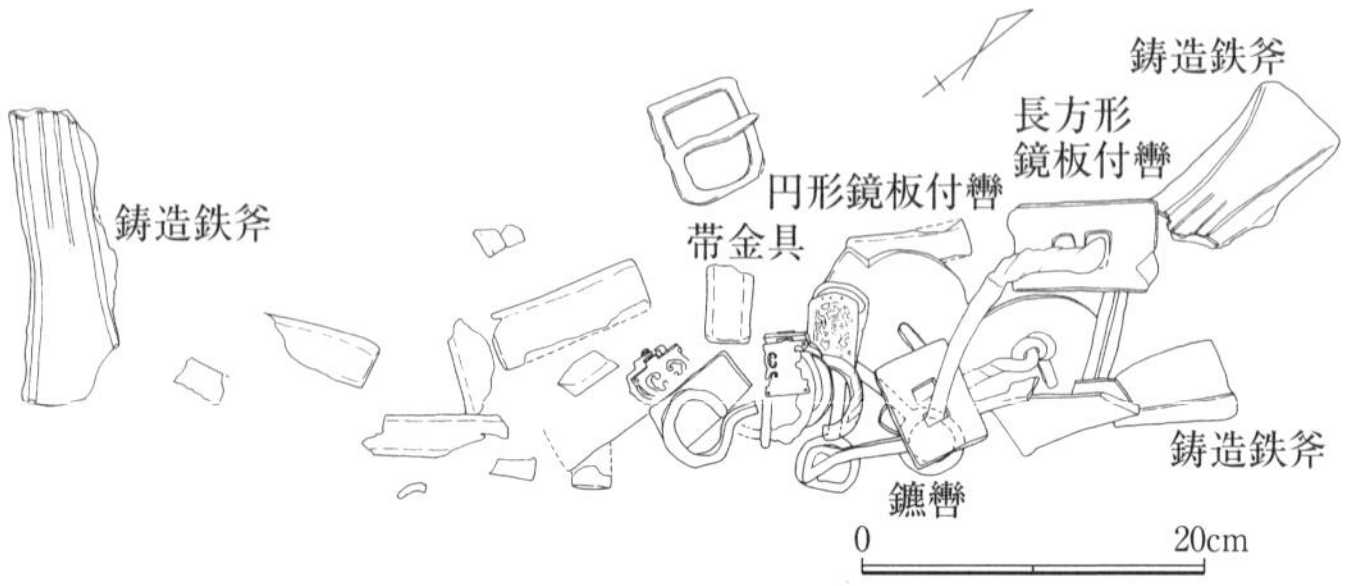


図37　行者塚古墳の中央副葬品箱に納められていた品々
（加古川市教育委員会　1997）

れたのか、それとも別の社会の仲介があったのか、という問いが浮かびあがってくる。

この問いを考える糸口が、中央副葬品箱に帯金具といっしょに納められた馬具や鉄斧の系譜である（図37）。まず、鉄斧は三点出土していて、鋳型《いがた》に溶かした鉄を流しこんでつくる鋳造《ちゅうぞう》によるものである。日本列島の出土例はすくなくて、朝鮮半島から持ちこまれたと考えてよい。鉄生産がさかんだった金官加耶では多く出土している。

また、馬具は、馬を制御するための轡《くつわ》が三点出土した。日本列島では最初期のもので、朝鮮半島（金官加耶もしくは百済）からもたらされたか、渡来人によって倭でつくられたものだ（諫早　二〇一二a）。

中央副葬品箱には、朝鮮半島系の文物がまとまっている。それらと晋式帯金具がいっしょに納められているということは、鉄斧や馬具（をつくった人びと）と

図38　金海大成洞88号墳から出土した晋式帯金具（大成洞古墳博物館）

ともに、晋式帯金具が朝鮮半島から倭へ持ちこまれ、行者塚古墳に埋葬された有力者がそれを手に入れた、と考えるのが自然だ。そして当時の倭と金官加耶の活発な交渉をふりかえれば、入手先は金官加耶だった可能性が高い（朴天秀　二〇〇七）。

## 中国の飾り帯がつなぐ金官加耶と倭

しかし、この考え方には弱点があった。金官加耶の地で、晋式帯金具が出土していなかった。それが、最近の発掘調査によって、四世紀の中ごろから後半にきずかれた王族の墓（金海大成洞七〇・八八号墳）から、晋式帯金具が出土した。

大成洞八八号墳から出土した帯金具（図38）は、帯先の金具一点と飾り板が三点である。盗掘によって部品の一部は失われたようだが、葬られた主人の腰付近から出土していて、もともとは主人が身に着けていたようである（大成洞古墳博物館　二〇一五）。

帯先の金具には二匹の龍（もしくは虎）が透かし彫りで表現されている。左側の龍は体を長くのばし、もたげた首を強く後方に引いており、全体としてS字状になる。もう一匹はそれと向かいあって首から上が表現されている。晋式帯金具の典型的な文様パターンである。龍の部位に省略されたところはなく、細部も彫金によって精緻に表現されている。おそらく、四世紀前半ごろに西晋の工房で製作された。

大成洞古墳群では、晋式帯金具のほかにも中国東北部に系譜をたどれる馬具などが出土し、金官加耶が中国系の文物を輸入していたことが確実となった。したがって、行者塚古墳の飾り帯は、晋や三燕から直接贈られたというよりも、金官加耶と倭の交渉の中でもたらされたと評価したい。

## 何を演出したのか

行者塚の飾り帯は何を演出したのか。まず考えられるのは、異なる社会のつながりだ。行者塚古墳の飾り帯は、飾り板の数がすくなく、帯先金具やバックルの周囲を補強する部品（縁《ふち》金具）もなくなっている。もしかすると、晋―三燕―金官加耶―倭と持ち運ばれてくる中で、こわれてしまったのかもしれない。それでもきちんと補修されて、最後は行者塚古墳の副葬品箱に飾り帯として納められた。

それだけていねいに取りあつかわれたのは、独特の色彩や質感、精緻な文様、そして希少性という帯金具が放つ「美」に価値が見いだされたからだろう。そして、その「美」が晋、三燕、金官加耶、倭、というそれぞれの社会の政治経済的なつながりを、交渉（授受）の場でそのつど演出したと考えられる。

金官加耶や倭の地では、事例のすくなさからみると、中国的な官位制度の演出という本来的な意味あいは失われていたようだ。倭に贈った金官加耶にとっては、倭との修好の意志をこめたアクセサリーだったのだろう。

それでは、行者塚古墳に葬られた有力者たちにとっては、どのような意味あいがあったのか。飾り帯は副葬品箱に納められていたので、厳密にいえば葬られた人物たちが生前に身に着けていたかどうかはわからない。けれども、その「美」に何らかの社会的な価値を見いだしたことは確かだ。

行者塚古墳を造営した集団は、瀬戸内海の航路と河川路（加古川）の結節点を、なりわいの場としていた。ふたつの副葬品箱に納められた朝鮮半島系の文物は、朝鮮半島からの新来の文化を積極的に取りいれようとしていたことをしめす。倭王権が製作や流通の中心にあった巴形銅器の副葬から、倭王権と緊密な関係にあったこともうかがえる。五世紀にはいると、加古川の下流域では朝鮮半島からの渡来人の足跡がうかがえる古墳や集落が営まれている。

したがって、交通の要衝をなりわいの場とし、その地勢を活かして朝鮮半島と独自に交渉し、時には倭王権とも密接につながり、先進の文化を積極的に受け入れた地域集団が加古川下流域に存在していた、と考えられる。

その有力者たちが行者塚古墳に葬られた。彼（彼女）らにとって中国由来の飾り帯は、外交をめぐる倭王権との連携や、朝鮮半島を中心とした東アジアの文化とのつながりを、ほかの有力者やみずからにしたがう人びとに対して、アピールするための格好のアイテムだったのだろう。

このようなアクセサリーの性格は、倭で特に顕著だった。五世紀にはいると、倭の各地の有力者たちは、金銀のアクセサリーに魅せられていく。新羅、百済、大加耶とのつながりの中で、入手し、保有し、着飾ることで、みずからの尊さや力、社会関係を演出するようになっていった。

# 2　新羅と倭の兄弟龍

次に、とかく敵対した社会として描かれる新羅と倭の交渉の中で、五世紀前半にもたらされたアクセサリーをひとつ紹介しよう。龍文を透かし彫りした帯金具（以下、龍文透彫帯金具《りゅうもんすかしぼりおびかなぐ》）である。

## 友との出会い

韓国大邱《テグ》広域市にある慶北《キョンブク》大学校に留学していたころ、博士課程の講義に、嶺南《ヨンナン》大学校の李《イ》清圭《チョンギュ》先生による朝鮮半島の青銅器時代についての概論があった。バスにゆられて片道一時間、慶尚北道慶山《キョンサン》市の嶺南大学校を月に一、二回ほど訪ねる時期が、一年ほどつづいた。その中で、大学に付属する博物館の研究員だった金《キム》大煥《デファン》さんと知りあった。

はじめて会ったのが、いつどこだったかは忘れてしまった。学会や発掘現場、両大学の交流の宴会などで親しくなり、腹を割って話すようになった。大煥さんとは同い年だった。

留学生だった筆者は、新羅考古学の若手研究者としてすでに名の知られた大煥さん（以下、友として敬称略）に、学問的な刺激を受けたし、韓国での人とのつき合い方も学んだ。

今も酒を酌み交わすことはしばしばだ。前著の書評を書いてもらったこともある。仕事でも、それぞれが、国立中央博物館（韓国）と国立歴史民俗博物館（日本）の学術交流をすすめる立場にある。

## 帯金具の「発見」

留学中には、嶺南大学校博物館をよく訪ねた。展示も何回となく見学した。博物館では長年にかけて、新羅の有力な地域社会だった慶山地域のさまざまな遺跡を調査していた。その成果が展示の中心だった。特に最上位の有力者たちが葬られた林堂《イムダン》地域古墳群の副葬品は圧巻だ。新羅王権から分配された金銀のアクセサリーも、数多く展示されている。

確か二〇〇三年四月の初旬だった。何かの用事で大煥に会いに行った。約束の時間まで一人で展示室を見学していた。すると、それまで目にしたことがない金工品が目に留まった。慶山林堂洞《キョンサンイムダンドン》七B号墳出土とキャプションにあった。これは何だ、と展示ケースのガラス越しに観察した。奥の方にあったので細かいところはよくわからなかった。けれども、一匹の龍が透かし彫りで表現された方形板と、心葉形の垂れ飾りが組み合ったもののようだった。

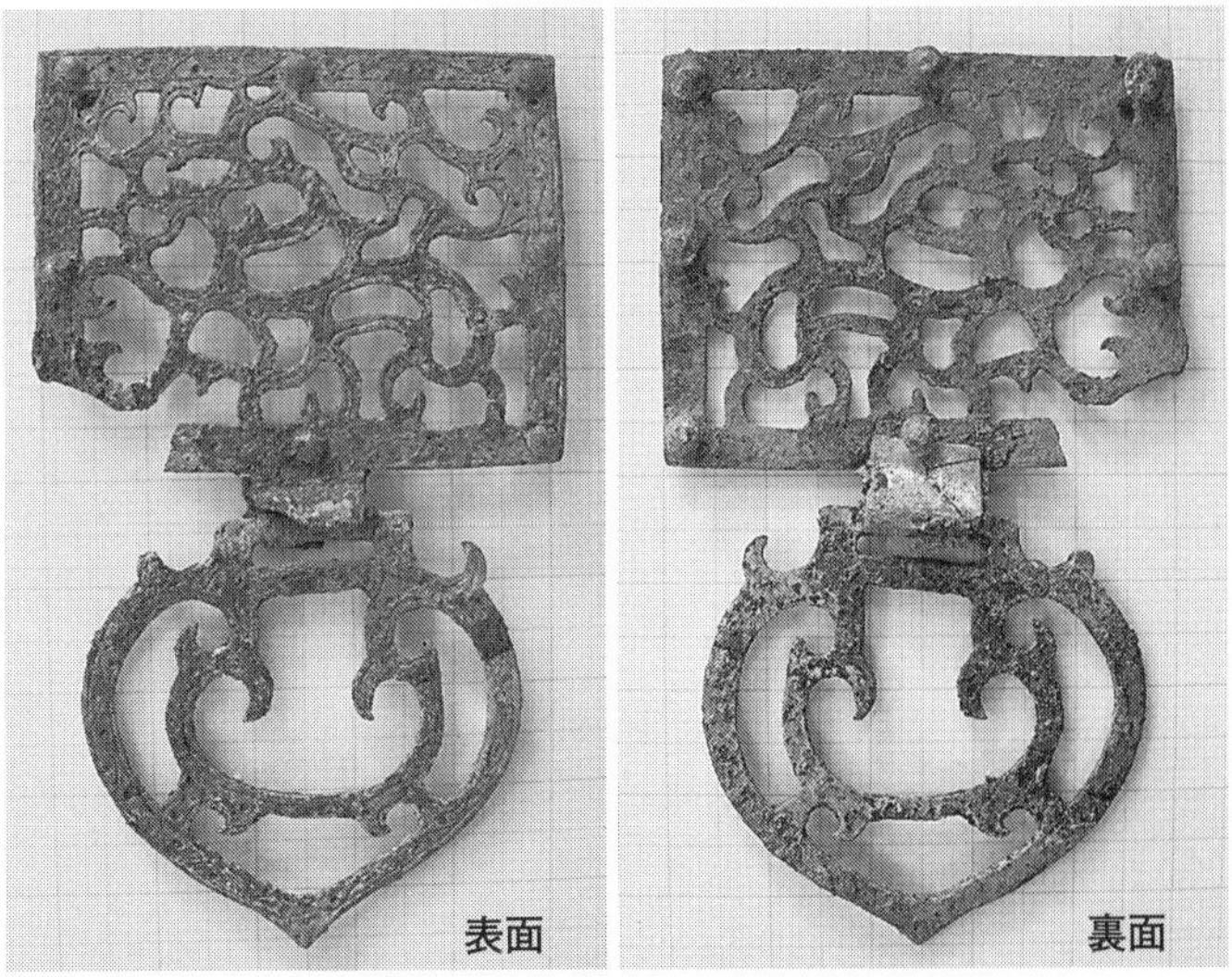


図39　慶山林堂洞7B号墳から出土した龍文透彫帯金具（嶺南大学校博物館）

帯金具の飾り板だ、龍文透彫帯金具だ、とひらめいた（図39）。

観察しながら考えをめぐらせた。日本列島では、五世紀前半の古墳からいくつか出土している、中国や朝鮮半島では同じものがほとんどみつかっていない、だから倭で独自に創られたアクセサリーという評価が優勢だ、けれども、この林堂洞七B号墳の帯金具が、日本列島の出土品と同じものだったら……。

展示室にやってきた大煥にこの考えをつたえると、それなら、展示ケースから出してあげるから休館日に調査すればいいよ、と誘ってくれた。四月二一日（月）に調査することにした。

当日の朝、調査道具をととのえ、ルームメイトの大切なデジタルカメラ——当時はまだひろまりはじめたころ——を奪うように借りて、慶北大北門から嶺南大学行きの七一五番バスに飛び乗った。

## 帯金具を調査する

博物館に着くと、大煥がすでに展示室から帯金具を出して準備してくれていた。案内された作業室でさっそく観察をはじめた。

金銅製の方形板は、錆《さび》のため金のかがやきがほとんど失われていた。でも、透かし彫りされた左向きの龍は、きれいに確認できた。龍は頭、胴、四本の肢（脚《きゃく》＋羽毛＋爪）、尾をもっていて、頭部の口、歯、顎《あご》、舌、角、冠毛もきちんと表現されていた。ただ、耳は省略されていた。龍文様の部位は、図40を参考にしてほしい。

透かし彫りで切り抜いた部分の周囲にそって蹴《け》り彫り線がめぐり、胴部を中心にところどころに丸い点文が打たれていた。蹴り彫りとは、彫金の技法のひとつで、タガネを使って三角形の細かい点を連続させて線や文様を表現する。

方形板につけられた心葉形の垂れ飾りは、内部に透かし彫りで唐草文が表現されて、全体に波状列点文（蹴り彫りによる波状の曲線と点文が組み合った文様）がめぐっていた。

この飾り板を帯の本体へ留める方法は、まず方形板の四辺中央と四隅にあけた孔に鋲《びょう》をさすことで、帯本体に取りつける、次に、帯本体の裏につきでた鋲脚に、別の平らなリングをはめた後に、鋲脚の先端をつぶして固定する、というものだった。バックルの裏面にのこっていた有機質の観察から、帯本体は芯となる革に織物を巻いたもののようだった。

観察の所見をまとめ、その根拠となる写真を、アングルを変えながら何枚も撮った。はじめて使うデジタルカメラが力を発揮した。

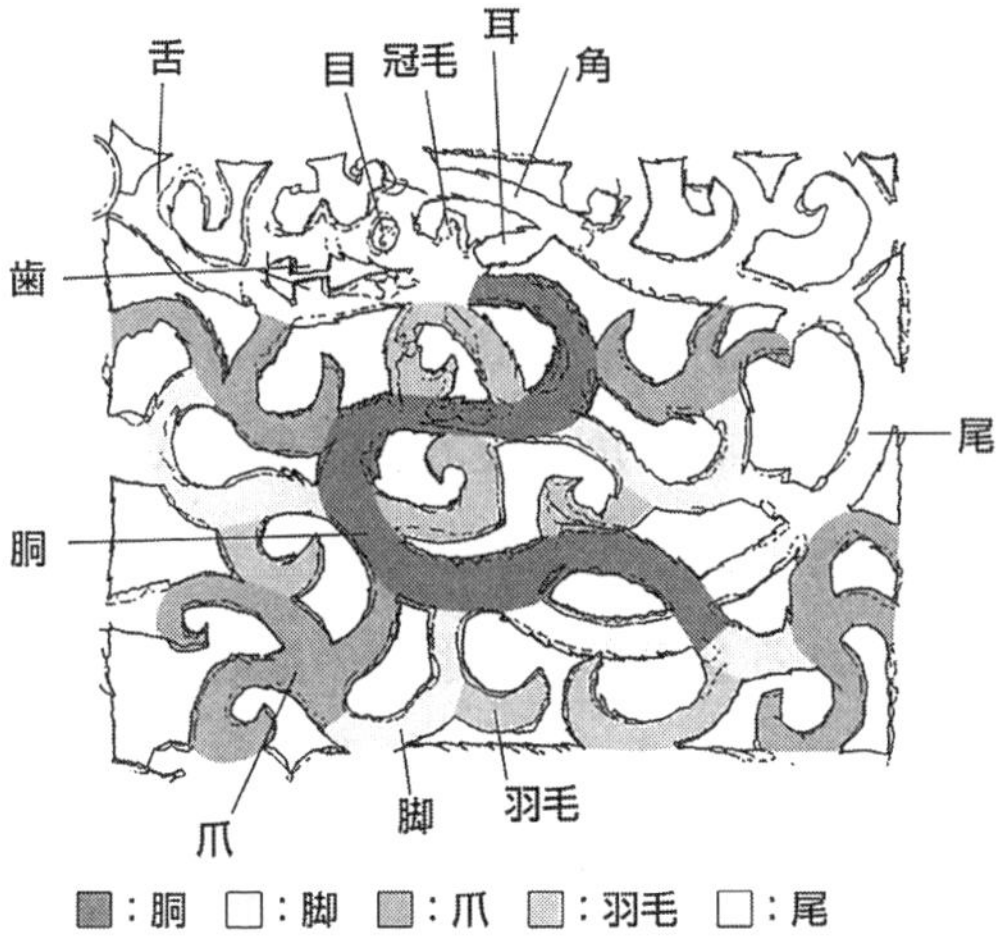


図40　龍文様の部分名称
奈良県新沢千塚126号墳出土の金製方形板

ふと気づくと、もう夕方だった。博物館でアルバイトをしている学生さんたちが、帰り支度をはじめていた。簡単な昼食をはさんで丸一日、我知らず観察に没頭していた。実物を横において、日本列島の資料と龍の文様がどれくらい似ているのか、確かめたかったが、時間切れだった。

夕食は大煥と一緒に大学前で、確かサムギョプサルを食べた。酒を酌み交わしながら観察の結果を報告した。しだいに話題は新羅考古学や日朝関係史の今後に移った。二人とも二八歳になりたてだった。二人の世代が果たすべき役割のようなことを、熱く語りあったことは覚えている。どうやって下宿にたどり着いたか、記憶にない。

## 龍を比較する

数日後、第二合同演習室——大学院生のための研究室、通称は二合《イハプ》——で、林堂洞七B号と日本列島資料を比較することにした。『新羅黄金』（国立慶州博物館　二〇〇一）という図録に載っていたもうひとつの朝鮮半島資料、江陵草《カンヌンチョ》堂洞《ダンドン》A—一号墓（図21　江陵は新羅圏の最北部にあたる地）も検討資料に加えた。日本列島では福岡県月岡《つきのおか》古墳、大阪府七観《しちかん》古墳、奈良県五條猫塚《ごじょうねこづか》古墳から出土していた。それについての報告書や論文、写真が載っている図録を机にひろげて、一冊一冊ひっくり返しながら、検討していった。

いずれも材質は金銅製で、方形板はやや横長の長方形、その法量は一辺四〜五センチとおおよそ似ていた。五條猫塚をのぞいて、心葉形の垂れ飾りをそなえていて、その文様の共通性も高かった。帯本体に飾り板を留める際に鋲脚にリングをはめる方法も、七観の資料で確認できた。

方形板の龍の文様は、草堂洞A—一号は右向き、そのほかの四点は左向きである。頭、（逆）S字状の胴、四つの肢、尾が表現されていた。頭の部位（口、歯、顎、舌、角、冠毛、耳）も――一部が省略された資料もあるが――、見つけ出すことができた。共通性の高い図案の龍が、それぞれに表現されていた。

やはり種類が同じものだ、龍の文様の変化を細かくたどっていけば、日本列島と朝鮮半島をまたいだ時期ごとの配列を組み立てられそうだ、倭と新羅のつながりをしめすアクセサリーとして評価できるかもしれない、と直感した。

そして、もっと大きな発見があった。

### 兄弟龍の発見

龍の比較が一段落ついた時、まったく同じ龍はいないのかなあ、とようやく気づいた。すでにみつかっていた日本列島の三匹の龍は、高い共通性をもつ一方で、細かいところには個性もあった。今思えば、まったく同じ龍はいない、という先入観があった。だから気づくのが遅れた。

もう一度見比べてみた。すると、五匹の龍の中で林堂洞七B号と七観（図41）がきわめてよく似ていた。もしかして……と、透かし彫りで切り抜かれた部分をひとつひとつ対比させていった（図42）。

三一ある切り抜きの範囲をすべて比較すると、両者はほぼ完全に一致した。ちがいは、林堂洞七B号では、耳が省略されたために、図42の一八番と一九番が一体で切り抜かれていることと、いくつか羽毛の有無にちがいがあることだけだった。何回も確かめたが、結

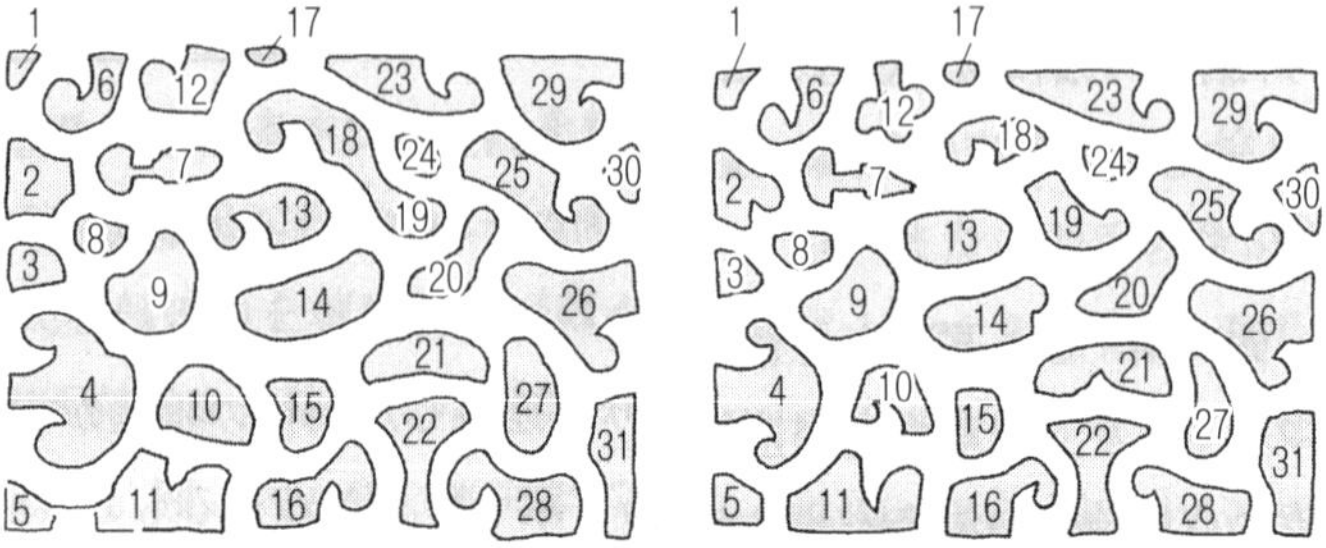


図42　飾り板に透かし彫りされた龍文様の比較
左：慶山林堂洞７号墳　右：大阪府七観古墳

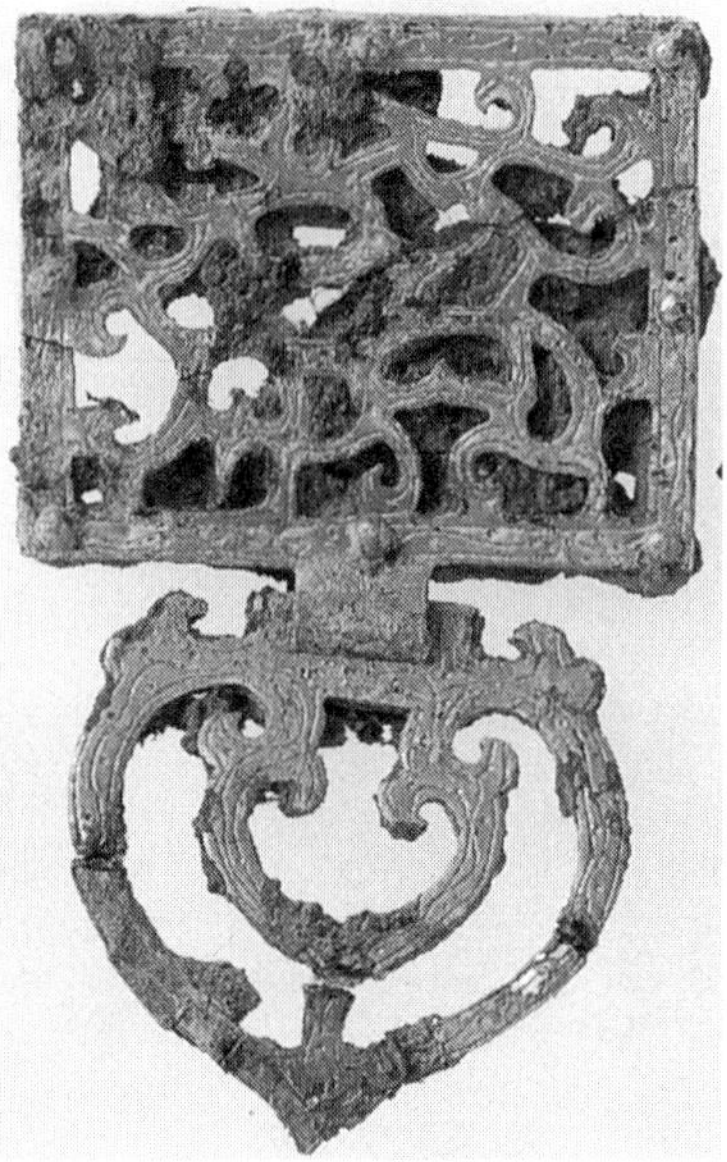

図41　七観古墳から出土した龍文透彫帯金具（京都大学総合博物館）

果は同じだった。

その時の私の様子を、大学院生としていっしょだった妻が覚えていた。龍が同じだ、兄弟の龍だ、と叫び声をあげ、小躍りし、自慢げに部屋にいた院生たちに教えていた、ようである。この時、倭と新羅のつながりをしめすアクセサリーかもしれない、という直感が、確信に変わった。

七観と林堂洞七B号の帯金具は、同じ図案をもちいて龍が表現されていた。材質や法量、心葉形の垂れ飾り、帯本体への留め方などの共通性もあわせて考えると、文様の図案や製作技術を共有する工人たちによって製作されている、と考えるべきだ。いいかえれば、両者をつくった工人たちは、同じ工房に属しているとか、師匠と弟子の関係だった可能性があった。もしかすると、ひとりの工人が両方とも製作したのかもしれない。

## 一〇年後に

資料を調査した時は、林堂洞七B号墳の調査報告書がまだ未刊行だったこともあって——二〇〇五年に刊行された（嶺南大学校博物館　二〇〇五）——、調査の成果は嶺南大学校博物館の許可を得ながら、すこしずつ発表した。

その後、同じような龍が表現された馬具やほかの飾り金具（龍文透彫製品とよぶ　図43）もあわせて検討し、資料調査からちょうど一〇年後の二〇一三年に「古墳出土龍文透彫製品の分類と編年」という論文をまとめた（高田　二〇一三）。

## 龍の配列

この論文では、龍文透彫製品の文様の変化をたどることで、それぞれの資料を時期ごとに配列しようと考えた。文様の変化は、龍の肢《あし》に顕著にあらわれていた。肢は、胴からわかれた脚《きやく》＋ひとつの羽毛＋三叉《みつまた》の爪という組み合わせからなる。日本列島と朝鮮半島から出土した資料それぞれに表現された龍の肢を細かくみると、次のような種類がある（図44）。

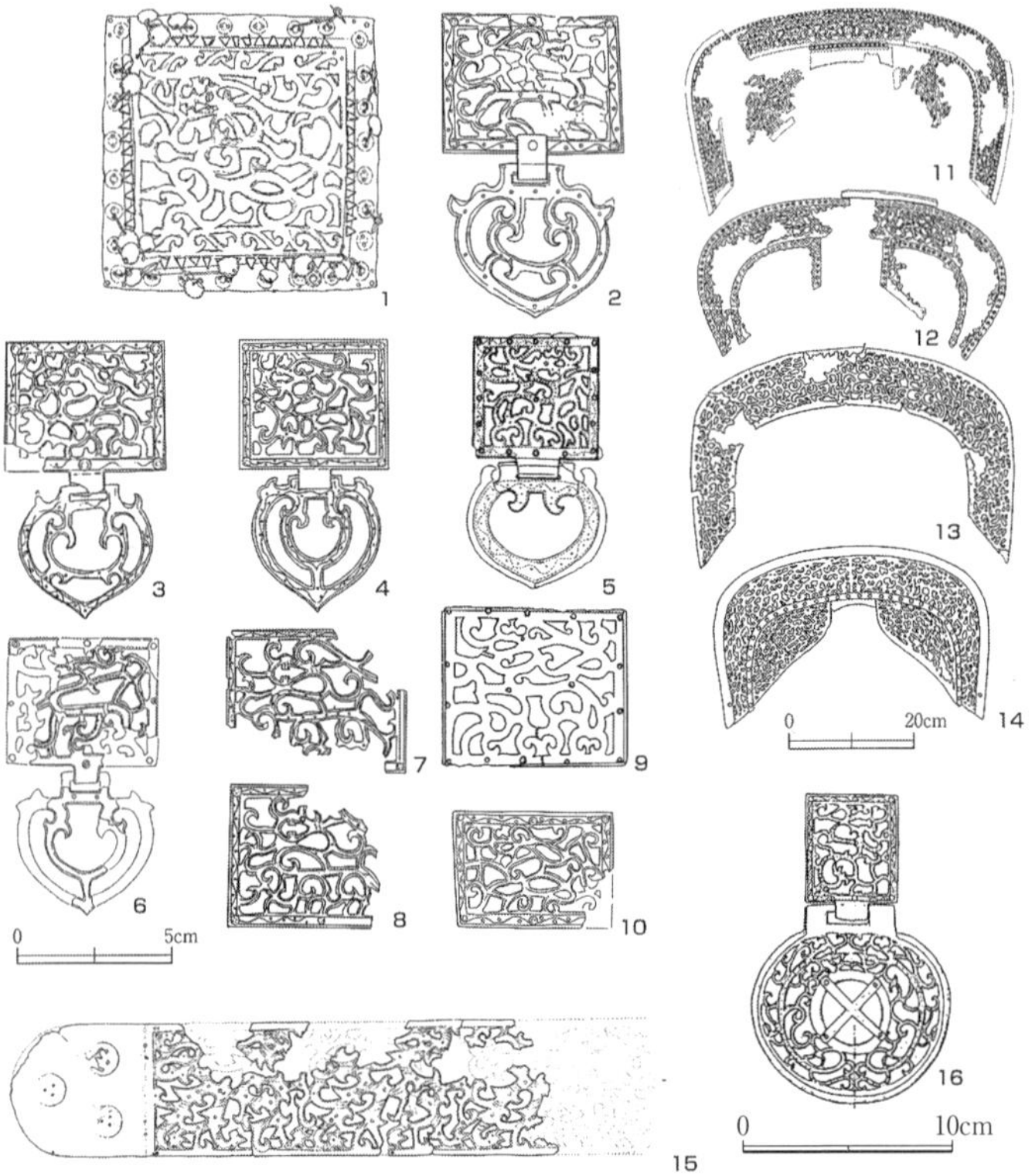


図43　各種の龍文透彫製品

1：奈良県新沢千塚126号墳　2：江陵草堂洞 A-1 号墓　3：慶山林堂洞 7 B 号墳主槨　4：大阪府七観古墳　5・9：慶州皇南大塚南墳　6：福岡県月岡古墳　7・8：奈良県五条猫塚古墳　10：菊隠コレクション　11：伝 大阪府誉田丸山古墳 1 号鞍（後輪）　12：伝 大阪府誉田丸山古墳2号鞍（前輪）　13：集安万宝汀75号墓　14：伝 高霊出土品　15：集安太王陵　16：滋賀県新開 1 号墳南遺構

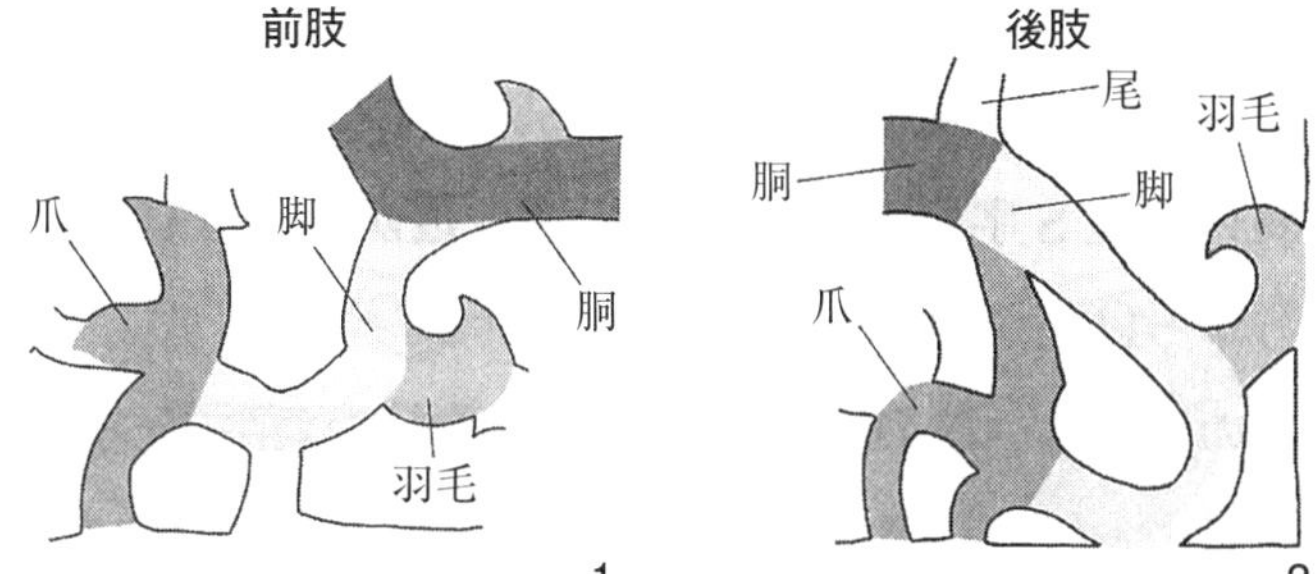


1　2

Ⅰ　四肢がいずれも，鉤状の羽毛ひとつ＋脚＋三叉状の鉤爪という構成をとる．

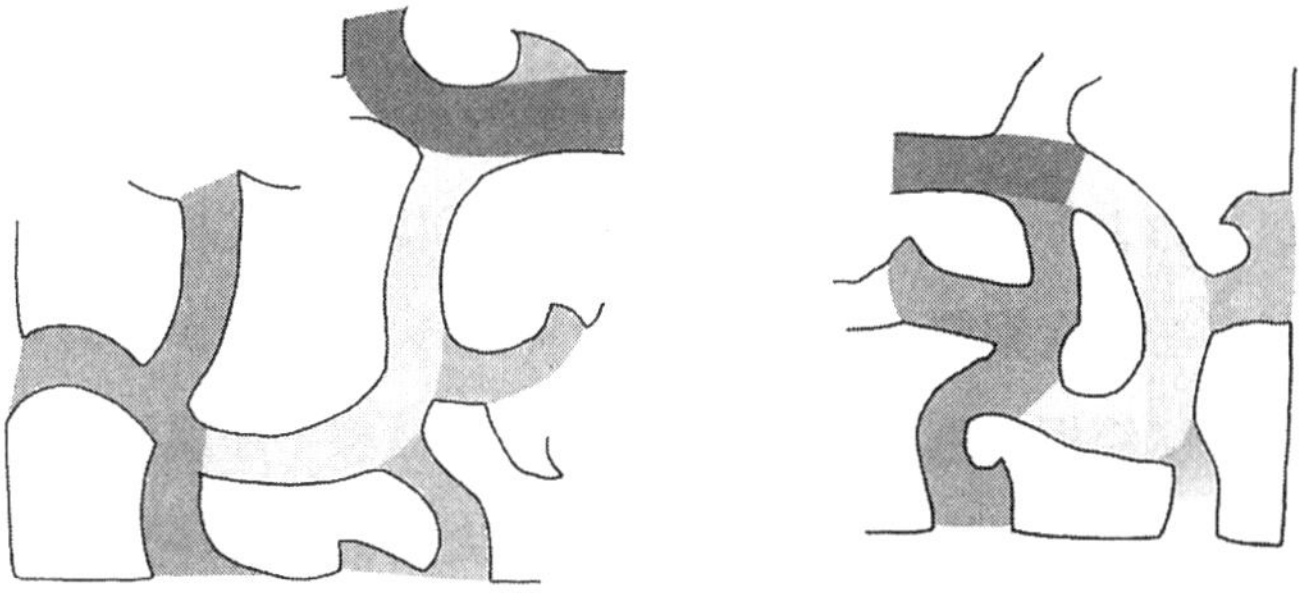

3　4

Ⅱ　四肢の中に構成の崩れた肢が存在．羽毛や爪の長大化が進行．

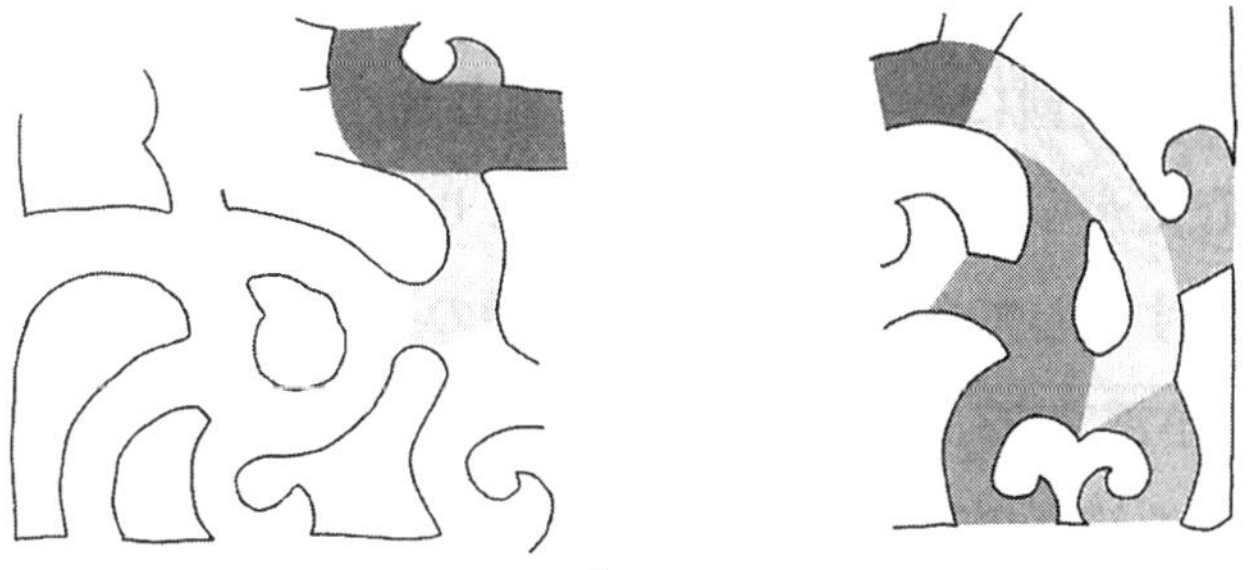

5　6

Ⅲ　龍文全体の崩れがさらに進行．肢の部位の識別が困難．

図44　龍の肢による分類

1：伝 大阪府誉田丸山古墳1号鞍（後輪）　2：奈良県五条猫塚古墳　3：滋賀県新開1号墳南遺構　4：大阪府七観古墳　5・6慶州皇南大塚南墳

Ⅰ：脚＋ひとつの羽毛＋三叉の爪という組み合わせの肢が、前肢二本、後肢二本きちんと確認できるもの。

Ⅱ：羽毛が二つに増えたりもしくは省略されたり、三叉の爪が長く間延びしてしまった肢が確認できるもの。

Ⅲ：Ⅱよりもさらに羽毛や脚が長大化してしまって、どの部分が脚、羽毛、爪なのか判別がむずかしいもの。

このことは、当初はきちんと守られていた肢の表現が、時間がたつにつれて、しだいに崩れていったことをしめしていて、Ⅰ↓Ⅱ↓Ⅲと配列が可能だ。

また、龍の図案には次の三つを確認できた。

前肢並行系：二つの前肢がいずれも龍の腹に取りついて斜め下にのびるもの

前肢相反系：ひとつの前肢が腹、もうひとつの前肢が背に取りつくもの

蛇行状尾系：尾が上に向かって二、三回蛇行するもの

それぞれの龍の図案の祖形を、中国東北部の三燕の金工品にみつけることもできた。このような肢の文様の崩れと図案の種類にもとづいて、図45のような配列を組み立てた。

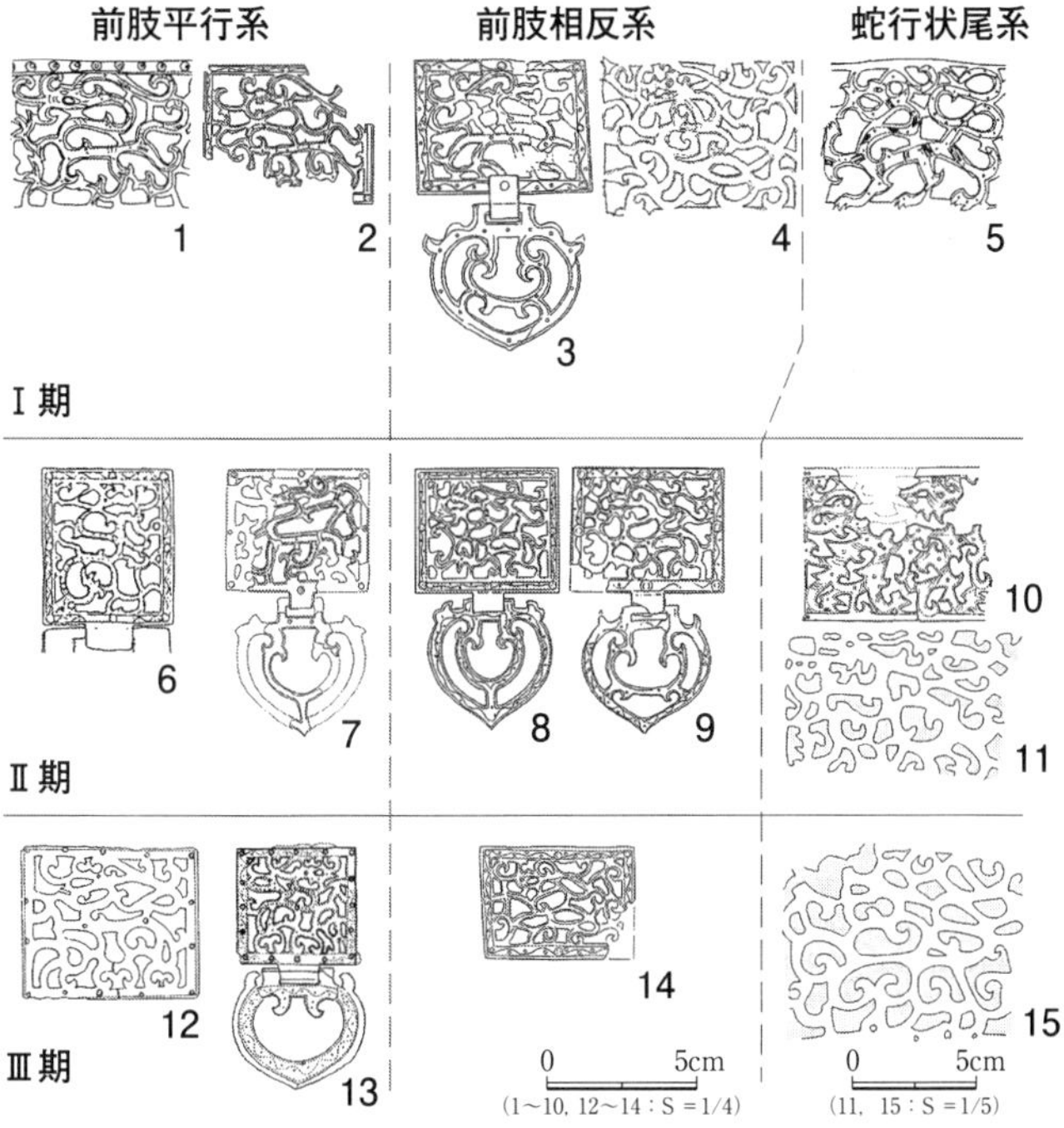


図45　龍文透彫製品の編年

1：伝 大阪府誉田丸山古墳１号鞍（後輪）　2：奈良県五条猫塚古墳　3：江陵草堂洞 A-1号墓　4：奈良県新沢千塚126号墳　5：伝 大阪府誉田丸山古墳２号鞍（前輪）　6：滋賀県新開１号墳南遺構　7：月岡古墳　8：大阪府七観古墳　9：慶山林堂洞７B 号墳主槨　10：集安太王陵　11：伝 高霊出土品　12・13　慶州皇南大塚南墳　14：菊隠コレクション　15：集安万宝汀75号墓

この配列は、高句麗—新羅—倭をまたぐ形で設定できる。したがって、倭の資料は、おそらく新羅から入手したり、新羅から渡って来た工人が製作したものと判断できそうである。

### 「新羅ブランド」の飾り帯

第一章3節でも触れたように、龍文透彫帯金具（を取りつけた飾り帯）は、五世紀前半から中ごろまでの「新羅ブランド」のひとつだった。慶州の王陵や、新羅圏の最北の地（江陵）、有力な地域社会（慶山）で出土し、新羅王権が社会の統合を演出するためにもちいたアクセサリーだった。

倭で出土したものについては、対倭交渉が円滑にすすむように、という新羅王権の思惑がこめられていたのだろう。

### 「新羅ブランド」を手に入れた倭の有力者たち

倭において龍文透彫帯金具——ここでは対象をひろげて龍文透彫製品——を手に入れたのは、どのような人物だったのか。すでにまとめたことがある（高田　二〇一七）ので、簡単に紹介する。

まず、超大型の前方後円墳につき従うようにきずかれた中小の円墳に葬られた人物だ。大阪府の誉田丸山《こんだまるやま》古墳（馬具が出土したとつたわる）と七観古墳があてはまる。おそらく、倭王権による朝鮮半島との外交をとりしきっていた「官人」のさきがけのような性格だった。

次に、交通の要衝に位置する、王権周縁の有力者である。奈良県五條猫塚古墳は、王権の本拠地たる大和盆地から紀ノ川をくだって瀬戸内海へ出る際に、必ず経由する地に位置する。滋賀県新開《しんがい》一号墳は、琵琶湖のほど近く、日本海側の若狭湾へいたる交通路の要衝にきずかれている。いずれも河川、湖上交通に長けた集団の有力者だった。

また、次節で取りあげるように、新羅から渡ってきた渡来人たちのリーダーの墳墓（奈良県新沢千塚《にいざわせんつか》一二六号墳）から、龍文を透かし彫りした金製の冠飾りが出土している。

そして、倭王権からは遠く離れた北部九州の大型前方後円墳、福岡県月岡古墳からも、龍文透彫帯金具が出土している。葬られた有力者は、独自に朝鮮半島との交渉を重ねる一方で、倭王権とも緊密なつながりを有していた。

倭王権は、このような人物たちを登用し、外交組織を編成し、新羅と交渉を重ねたようだ。近年の研究では、五世紀前半ころの倭で、金工や馬の文化が定着していく際に、新羅との交渉も重要な役割を果たしていたことが明らかになっている（諫早　二〇一二a、橋本　二〇一二bなど）。「技術革新の世紀」をむかえた倭にとって、新羅とつながることには大きなメリットがあった。

以上のように、倭の龍文透彫帯金具は、五世紀前半の新羅とのつながり、外交をめぐる倭王権や各地の有力者とのつながり、それを介して傘下の人びとに先進文化を提供する能力などを演出していた。

## 3　新羅から倭へ派遣された高位の人物か

さきほど、新羅から倭へ渡ってきた集団のリーダーの墳墓として、奈良県新沢千塚一二六号墳を取りあげた。葬られていた人物が着けていたアクセサリーから、その姿を描いてみたい。まず、五世紀前半の新羅の国際環境をふりかえり、新羅にも倭とつながるメリットがあったことを説明する。

### 新羅の両面外交

新羅は、四世紀後半になると、朝鮮半島中南部への進攻をもくろむ高句麗と関係を深めた。三七七・三八二年に新羅は中国の前秦へ遣使する。これには高句麗の助けがあった。また、四世紀末から五世紀初めにかけて、王族の実聖《シルソン》や卜好《ボックオ》を「質《むかわり》」として高句麗へ派遣している。新羅は高句麗に従属的にふるまうことで、その南下政策に対応していった。そして高句麗とのつながりを背景に、洛東江東側の各地に勢力を拡大させた。

ちなみに「質」とは、単に「人質」ということだけではなくて、交渉相手の社会に派遣されて、そこでみずからが属する社会の交渉目的を代弁するような人物のことである。古代にはさかんに「質」の往来があった（仁藤　二〇〇四）。

一方で新羅は、倭にたいしても未斯欣《ミサフン》という王子を「質」として派遣したようだ。朝鮮半島側の歴史書である『三国史記』や、日本列島側の『日本書紀』の両方に関連する記述がみられるので——記述そのままではないにしても——、倭に「質」を送ったということじたいは、信憑性《しんぴょうせい》が高い。新羅は高句麗の影響下にありながらも、したたかに倭ともつながり、その厳しい国際環境を打開しようと、いわゆる両面外交をおこなっていた（田中二〇一三）。このことは、後に新羅が、高句麗の影響下から脱しようとする「脱高句麗化」（井上　二〇〇〇）の動きへとつながる。

**奈良県新沢千塚一二六号墳**　考古学的にも、新羅から倭へ渡ってきた高位の人物を描くことができる。それが奈良県橿原市に所在する新沢千塚一二六号墳だ。奈良盆地の南部、越智岡《おちおか》丘陵の西北部にひろがる新沢千塚古墳群には、数百基の中小の古墳が群集していて、一二六号墳はそのf支群に属する。長辺二二×短辺一六<ruby>メートル</ruby>ほどの長方形墳で、埋葬施設は木棺をそのまま埋葬したものだった（奈良県立橿原考古学研究所編　一九七七）。

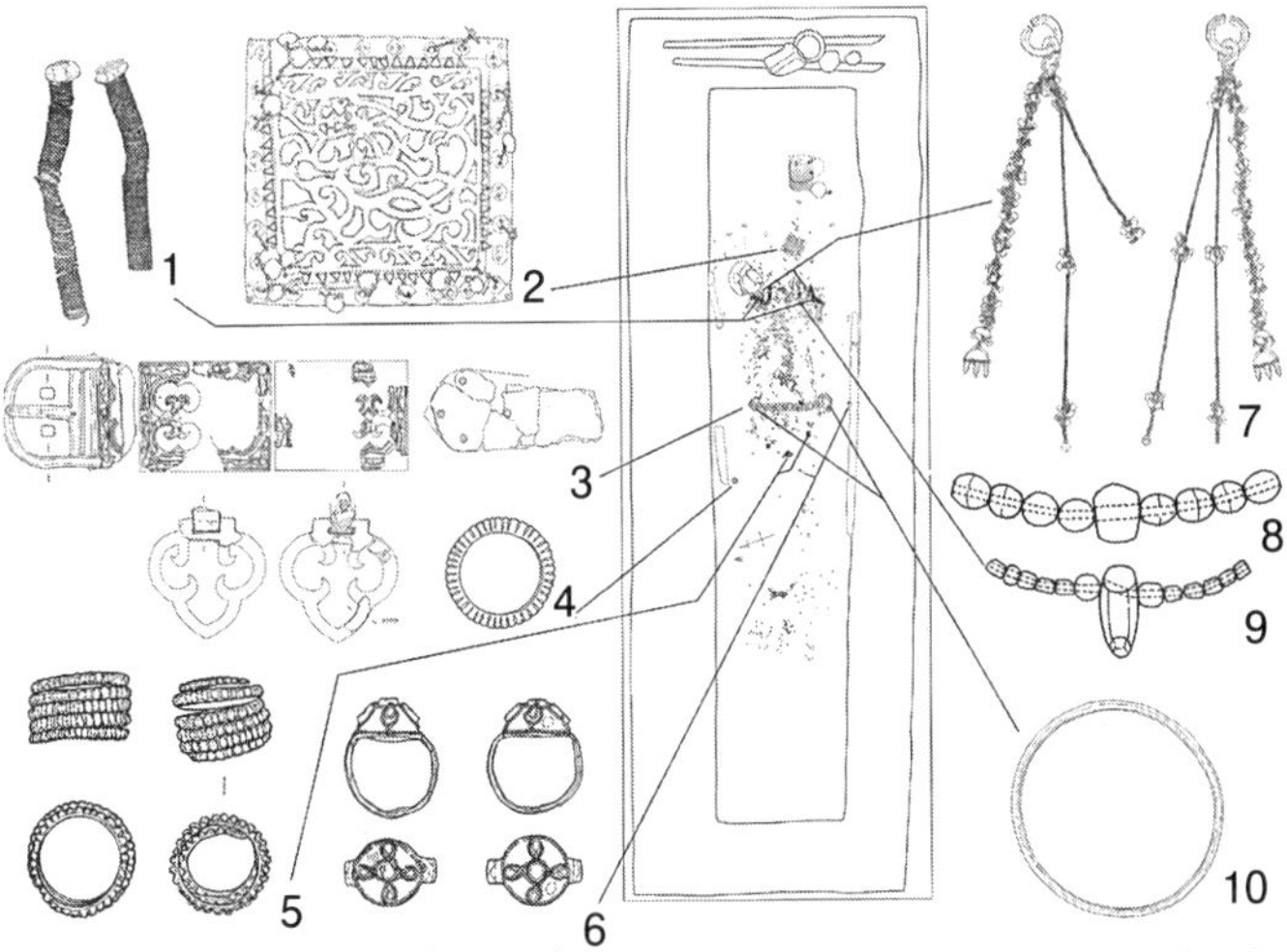


図46　新沢千塚126号墳から出土したアクセサリー（橿原市千塚資料館 2002）
1：金製螺旋状垂れ飾り　2：金製方形板（冠飾り）　3：金銅製帯金具　4：銀製指輪　5・6：金製指輪　7：金製垂飾付耳飾り　8・9：首飾り（翡翠や金箔ガラス玉をふくむ）　10：金製腕輪

葬られた人物は、金銀の多彩なアクセサリーを身にまとっていた。それは、龍文透彫方形板（冠飾り）、垂飾付耳飾り、帯金具、螺旋《らせん》状の垂れ飾り（髪飾り）、首飾り、腕輪、指環などである（図46　橿原市千塚資料館　二〇〇二）。

このうち、龍文透彫方形板（図46－2）は金製で、さきほど設定した龍文透彫製品のⅠ期の前肢相反系にあたる（図45－4）。また、耳飾り（図46－7）をみると、櫛のような三叉状の垂れ飾りやそれをつなぐコイルのような中間飾り――第一章では説明を省略した――は、新羅の冠につく垂れ飾りによくみられる。

金銅製の帯金具（図46－3）は、四つの草葉文（二葉文）を透かし彫りした方形板と心葉形の垂れ飾りが組み合う飾り板、バックル、帯先金具からなる。龍文透彫製品と同じように、三燕―高句麗―新羅という系譜をたどれる。

半円形の座をもつ金製指輪（図46－6）をみると、台の上に花弁のような飾りがほどこされている。これは、新羅の指輪にみられる飾りとよく似ている。また、刻みのはいった細長の金板を螺旋状に巻いた指輪（図46－5）も、新羅に事例がある。

このように、死者が身にまとっていたアクセサリーの多くは、その意匠の系譜を三燕―高句麗―新羅の中で把握できる。おそらく、新羅で製作されたか、もしくは高句麗から入手したアクセサリーだろう。

## 倭に派遣された高位の人物か

第一章6節で紹介したように、新羅では、有力者たちが身に着けるアクセサリーの組み合わせや、材質のちがいによって政治的な身分をしめした。このことは、一二六号墳に葬られた人物にも当てはまる。ほぼすべてのアクセサリーをセットで身に着けていて、新羅の社会の中で王族や有力な貴族に準ずるような地位にあったのだろう。

五世紀前半の新羅の国際環境を考えても、一二六号墳に葬られた人物は、新羅から倭に派遣されて交渉を有利に展開させるよう活動した、「質」のような性格をもっていた可能性が高い。

そして一二六号墳は、新沢千塚f支群の中で、丘陵の頂という中心的な位置にある。周囲の古墳からは、朝鮮半島系の文物も出土しているので、さまざまな文化を倭に定着させていった渡来人たち（渡来系集団）の統率者という側面もあったようだ。

当時の国際情勢はよく、高句麗—新羅VS百済—加耶—倭と評価され、新羅と倭は敵対的だったとされる。それは大状況として妥当なところもあるが、新羅と倭は、それぞれの思惑のもとで緊密につながってもいた。

# 4　大加耶の耳飾りに魅せられた人びと

古代朝鮮で最も基本となるアクセサリーが耳飾りだったことは、第一章で述べた。倭においてもそれは同じだ。図47は、五世紀前半に流行しはじめた耳飾りの例である。どこからもたらされたのか、おわかりだろうか。

## 「大加耶ブランド」の耳飾り

第一章1節をもう一度めくってほしい。材質は金製、中間部が空球と鎖を組み合わせた長鎖になっている。そして細身の心葉形の垂れ飾り……、そう、「大加耶ブランド」の耳飾りである。

五世紀から六世紀初めころにかけて、大加耶から持ちこまれたものや、大加耶から渡ってきた工人が倭の中でつくったものは、これまで二〇点あまり確認されている。

五世紀前半の大加耶は、加耶の中で勢力をひろげつつあり、百済と協調しながら倭に対しても友好的な関係の樹立に努めようとする。その大加耶と倭のつながりの中で、いち早くトレンドの耳飾りで着飾った倭の人びとの群像を、ここで描きたい。

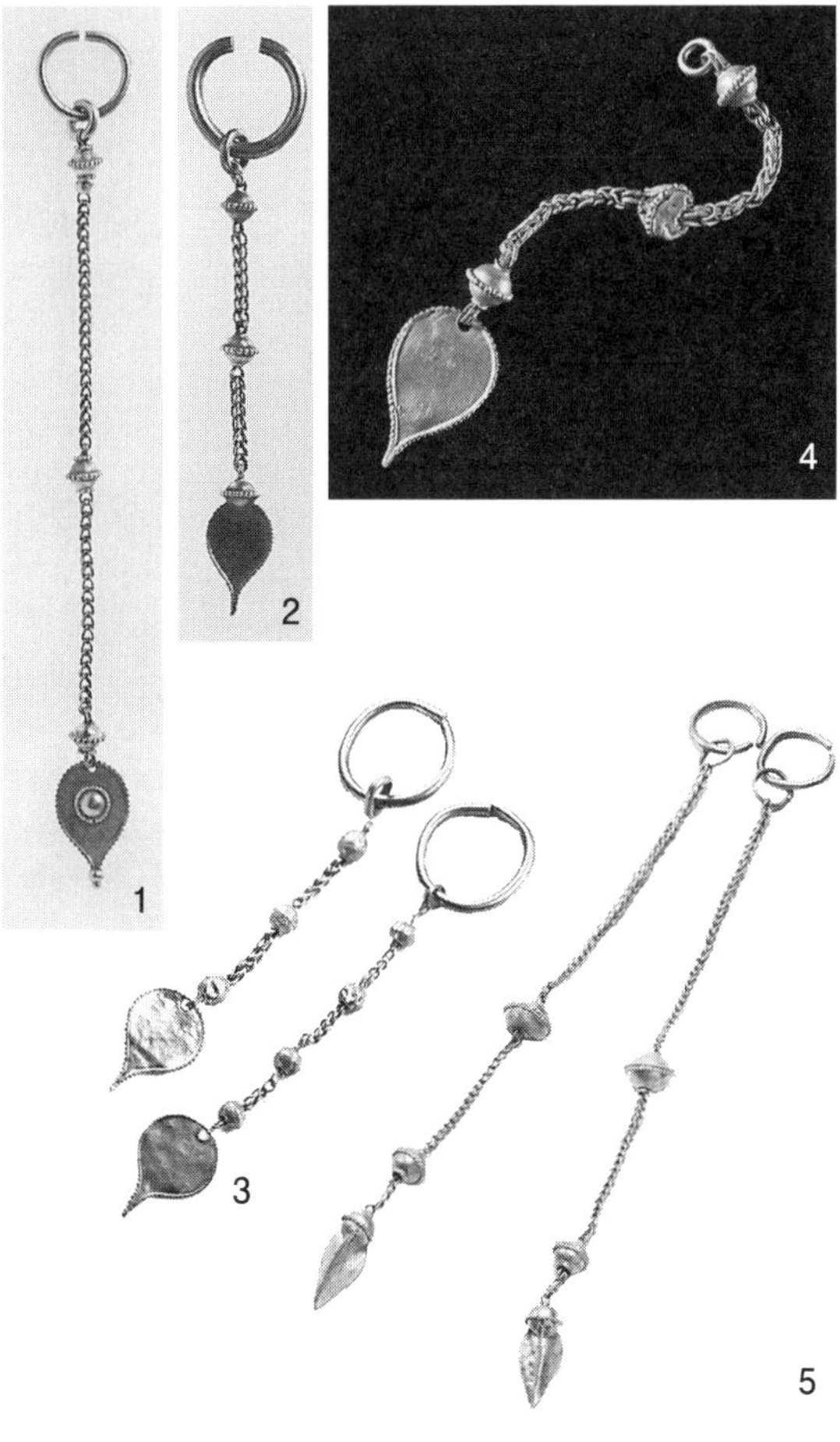


図47　5世紀前半の大加耶系耳飾り

1：兵庫県宮山古墳第2主体部（姫路市教育委員会）　2：同第3主体部（同）　3：宮崎県下北方5号地下式横穴（宮崎市教育委員会・牛嶋茂撮影）　4：群馬県剣崎長瀞西10号墳（高崎市教育委員会）　5：福井県天神山7号墳（福井市立郷土歴史博物館）

大加耶の耳飾りに魅せられた人びとの中には、主体的に朝鮮半島と交渉を重ね、時には倭王権の外交にも参加した、日本列島各地の上位の有力者たちがいる。彼（彼女）らが葬られた古墳を二つ紹介しよう。

### 群像1　各地の有力者たち

〈福井県天神山七号墳〉　まず、福井市天神山七号墳である。日本海に面する福井平野の東縁の小丘陵（通称が天神山）に位置する。ふもとを流れる足羽川《あすわがわ》をくだれば、ちょっと距離はあるけれども、日本海に出られる地勢だ。直径五二㍍《メートル》という大型の円墳で、二基の埋葬施設が確認された。そのうちの第一埋葬施設から耳飾りがみつかった（天神山古墳群研究会　二〇一七）。

耳飾り（図47－5）は、死者の頭部近くで着装したような状態で出土した。三つの空球と鎖を組み合わせた中間部と、三翼形の垂れ飾りをそなえた耳飾りである。鎖が非常に長いのが特徴的だ。この耳飾りを着けた人物の性格を考えるうえで重要なのは、副葬品の内容と、周辺の古墳との関係である。

まず、豊富な武器や甲冑が副葬されていた。当時、甲冑は倭王権が社会の統合を表象する器物として、各地に分配していたものなので、武人的な性格で倭王権とつながっていた、と考えられている。また、最新の金工品である銀装の胡籙《ころく》（矢を収納する矢筒の一種）も副葬された。その中に納められていた鉄鏃とあわせて、朝鮮半島のいずれかの社会――系譜の特定はむずかしい——から入手した可能性が高い。

天神山七号墳の位置する小丘陵には、古墳群（酒生《さこう》古墳群の天神山支群）がひろがる。きずかれた時期が七号墳よりも古い古墳は見あたらない。七号墳を契機として古墳群が営まれたようである。七号墳の耳飾りを着けた人物の代になって、彼（彼女）が率いる集団が、古墳群を営むまでに成長を遂げた、ということだろう。

おそらくこの人物は、武人的な性格をそなえるとともに、活発に対外交渉を重ねていた。そして、朝鮮半島や倭王権、各地の有力者たちとコネクションを持ち、先進の文化を受容していた。その実力によって、地域社会の中で上位の地位をにぎった新興の有力者、と評価できそうだ。

〈宮崎県下北方五号地下式横穴〉　次に紹介するのは、九州南部の宮崎市下北方《しもきたかた》五号地下式横穴である（宮崎市教育委員会　二〇二〇）。宮崎平野の大淀川《おおよどがわ》下流域に位置し、大淀川をくだれば日向灘へ出ることができる。「地下式横穴」は聞きなれない用語だろう。九州南部に特徴的な埋葬施設で、当時朝鮮半島からつたわっていた先進の墓制（埋葬空間に出入り口を設けた横穴系の墓制）を受容する中で成立した（橋本　二〇二一a）。

金製の耳飾り（図47－3）は、死者の頭部付近から、着装しているような状態で出土した。その特徴は、細身の主環と遊環、空球と鎖を組み合わせた中間部、周縁に刻目帯をめぐらせた心葉形の垂れ飾りと、典型的な大加耶系の耳飾りである。

下北方五号地下式横穴にも、豊富な甲冑や武器、そして朝鮮半島系の文物が副葬されていた。特に、先進の馬具が、轡、鐙、鞍、杏葉《ぎょうよう》（馬を飾るためのペンダント）などと、フルセットで出土している。朝鮮半島諸社会との交渉の中で入手したと考えられ、その中の鐙は、百済・大加耶系だ（諫早　二〇一二a）。

地下式横穴の規模は、九州南部において最大級であり、宮崎平野一帯における上位の有力者が葬られたと考えられている。甲冑を介した倭王権のつながりからみて、倭王権の外交に参与した可能性が高い。その一方で、近隣の海沿いの砂丘にひろがる集落では、朝鮮半島系の土器などが出土し、朝鮮半島系の渡来人が居住していた可能性もある。

したがって、倭王権とのつながりの中で、九州の東海岸ルートを駆使して、近隣の地域社会や朝鮮半島と交渉を重ねていたようだ（橋本　二〇二〇）。

## 群像２　渡来人と関係が深い有力者

序章でも説明したように、五世紀前半ころ、朝鮮半島から多くの人びとが、倭の各地に渡来し定着していった。彼（彼女）らと現地の人びとは、たがいに交流し「雑居」するようになり、その中で、さまざまな情報や技術、道具が地域社会にもたらされた。

この渡来人たちをまとめていた、地域の中間クラスの有力者たち――朝鮮半島系の血縁をもつかもしれない――が、大加耶系の耳飾りを身に着けることもあった。

〈兵庫県宮山古墳〉そのような人物が葬られた古墳の代表例が、兵庫県姫路市の宮山古墳である（姫路市埋蔵文化財センター編 二〇一六）。瀬戸内海へそそぐ市川の下流域に位置する直径三〇㍍《メートル》ほどの円墳である。古墳がきずかれた丘陵からは、平野と海を望むことができる。抜群の立地だ。

調査によって三基の竪穴式石室（主体部）が確認された。そのうち、第二、第三主体部で、それぞれ死者の頭部付近から耳飾りが出土した（図47－1・2）。さらに朝鮮半島とのつながりをしめす、次のような特徴が認められた（高田 二〇一七）。

・竪穴式石室の構造は、朝鮮半島の東南部に系譜を求めることができる。
・石室に納められた木棺の組み立てに、釘や鎹《かすがい》を使っている。これは五世紀になって朝鮮半島からつたわった道具である。
・多種多様な朝鮮半島系の副葬品も出土している。また土器が石室の中に数多く副葬されていた。埋葬施設に土器を副葬する行為は、朝鮮半島からつたわった新しい葬送儀礼である。
・第二主体部では、主人の死に際してその従者も一緒に葬られた可能性が高い。

最後の特徴について補足しておく。第二主体部では、大加耶系の耳飾りとさまざまな玉

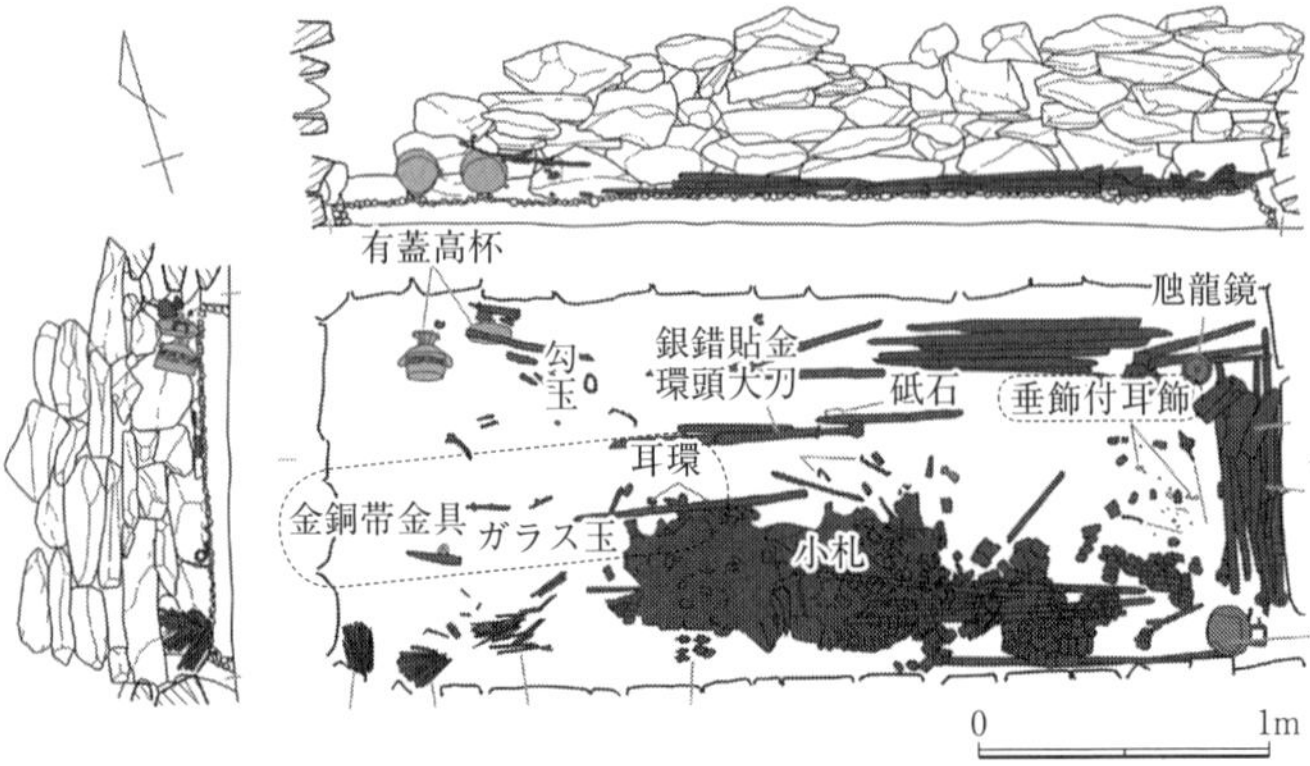


図48　宮山古墳第２主体部（竪穴式石室　姫路埋蔵文化財センター編　2016）
垂飾付耳飾りが東側で，素環の耳飾り＋ガラス玉＋帯金具が西側で出土している.

をつづった首飾りが石室の東側より出土し、主人の頭の位置が推定できた。それとは別に石室の西側、主人の足元近くで、耳飾＋小玉類（首飾りもしくは衣服の飾り）＋草葉文を透かし彫りした帯金具、という装身具のセットが確認された。主人の足元に、おそらく主人につき従う人物が埋葬されていたと考えられる（図48）。

このような埋葬の仕方は、新羅や加耶の有力者の墓ではよくみられるが、倭ではほとんど確認できない。朝鮮半島からつたわったけれども定着はしなかった慣習なのだろう。

日本列島を見渡してみても、宮山古墳は、朝鮮半島東南部の墓制の影響をもっとも色濃く受けた古墳である。また、甲冑など倭王権とのつながりをしめす副葬品も出土している。

さらに、古墳が位置する市川下流域では、新来のカマドをそなえた住居や朝鮮半島系の土器が出土する集落もひろがり、渡来人たちが現地の人びとと「雑居」していた様子をうかがうことができる。

近隣には、墳丘長一四二・八メートル《メートル》を誇る前方後円墳、壇場山《だんじょうさん》古墳が位置している。そこに葬られた最上位の地域有力者にしたがう中間クラスの有力者とみるのが、自然だ。市川下流域に定着した渡来系の集団をまとめながら、瀬戸内の航路を活用して、倭王権や近隣の地域社会、そして朝鮮半島などとの交渉を実際に担っていたのだろう。

彼（彼女）らが、大加耶系の長鎖の耳飾りを着けていた。

**群像3　倭に定着した渡来人**

群像1と2の場合、大加耶系の耳飾りは、それを身に着けた有力者と大加耶（の王権やそこから渡来した集団）とのつながりの中で、手に入れたアクセサリーである。

それに対して、大加耶から倭の各地に定着した渡来人が身に着けていた、と判断できる例もある。

〈群馬県剣崎長瀞西一〇号墳〉　それをしめすのが、群馬県高崎市の剣崎長瀞西《けんざきながとろにし》遺跡にある一〇号墳だ（高崎市教育委員会　二〇〇二）。この遺跡では、中小の円墳群と、その北東側に空白地をはさんで方形の積石塚《つみいしつか》群が確認された。積石塚は調査範囲の中で八基がまとま

図49　剣崎長瀞西遺跡の全景（高崎市教育委員会）
手前に積石塚群，奥に円墳群がひろがる．

っていた（図49）。積石塚は、朝鮮半島から日本列島へ渡ってきた人びとの墓であることが多い。それなので、剣崎長瀞西遺跡では、現地の人びとの墓地（中小円墳群）と、渡来人の墓地（積石塚群）が区別されていたようである。

積石塚の中で規模の大きい一〇号墳――といっても一辺九×八・二メートルと、ほかの耳飾りが出土した古墳よりもちいさいが――から、大加耶系の長鎖の耳飾りが出土した（図47－4）。葬られたのは渡来人たちのリーダー格の人物だろう。

この遺跡では集落も確認されていて、朝鮮半島系の日常土器が数多く出土する。また、轡をつけた馬を埋葬した墓もある。おそらく一帯をおさめる有力者が、地域を経営していく中で、馬、鉄、治水などの技術をもたらす存在として招き入れた集団だ（若狭　二〇一五）。

このように、大加耶と倭の交渉の中で日本列島の各地へ渡り、地域社会の成長の一翼を担った渡来人たちが存在した。そのリーダーたちが、みずからの出身地で身分を表象した耳飾りを手放さずに、倭で身に着けることもあった。

**トレンドとなった耳飾り**

以上が、五世紀前半に大加耶系の耳飾りを着けた人びとの群像である。くりかえすが、群像の1・2の場合、この耳飾りは、五世紀前半の大加耶とのつながり、倭王権や各地の有力者とのつながり、そしてみずからの対外的な能力などを、多面的に演出していた。また、群像の3については、着装者の出身地における身分とともに、定着した地域の中での特別な地位を演出することもあっただろう。

**悩ましい製作地の問題**

それでは、五世紀前半にいちはやく倭につたわった大加耶系の耳飾りは、どこでつくられたのか。

これまで紹介してきた四つの耳飾りの中で、下北方地下式五号横穴と剣崎長瀞西一〇号墳のものについては、大加耶の長鎖の耳飾りと意匠やつくり方が同じなので、耳飾りそのものが大加耶から持ちこまれたと判断する。

その一方で、天神山七号墳の耳飾りのように、鎖が非常に長くて五世紀後半の「倭風」の耳飾り（次章4節で詳述）のさきがけのような印象を受けるものがある。また、宮山古墳第二主体部の耳飾りのように、垂れ飾りに大加耶にはみられない飾りをつけるものもある。その製作地が問題となる。

天神山七号墳の耳飾りには、次のような特徴がある。

① 鎖が非常に長い。これは鎖を継ぎ足して長くしているからである。上から一段目の鎖を観察すると、上半と下半で鎖ひとつひとつの大きさが異なっていて、その境で鎖を継ぎ足している。

② 中間部の下端の空球に切り込みを入れて、そこに垂れ飾りを食いこませている。

まず①について、大加耶圏でこれまで出土した耳飾りをみる限り、これほど鎖の長いものは確認できないし、鎖を継ぎ足したようなものもない。したがって、大加耶の耳飾りの鎖をもっと長くしようと、意図的に鎖を継ぎ足した可能性が考えられる。その「美」をさらに強調しようとしたのだろう。

②も、これまでのところ大加耶の耳飾りではみられない技法である。倭ではほかに宮山古墳の第三主体部の耳飾りでも確認できる（図47－2）。これを倭の独特な技法と判断する見方もある（金宇大　二〇一七）。けれども、大加耶の南方、慶尚南道の咸安《ハマン》郡一帯を本拠地とした阿羅加耶《アラカヤ》では、五世紀前半ころの墳墓（咸安道項里《トハンリ》〈慶考研〉一一号墓）から、同じ技法をもちいた長鎖の金製耳飾りが出土している（図50）。そして阿羅加耶の金工品

は、大加耶や百済の影響を強く受けている。

このように考えると、天神山七号墳の耳飾りについて、大加耶から贈られた耳飾りだけれども、着装者の「倭風」の好みに合うように、鎖が継ぎ足されたものと、とりあえずは考えたい。大加耶の側がそのような注文を受けたのかもしれないし、大加耶から贈られた後に倭で——朝鮮半島から渡ってきた工人の手によって——補修されたのかもしれない。この点についてはよくわからない。

もうひとつの宮山古墳第二主体部の耳飾り（図47－1）には、垂れ飾りの表裏に空球を取りつけてその周囲に刻目帯をめぐらせる、という特徴がある。このような飾りも、大加

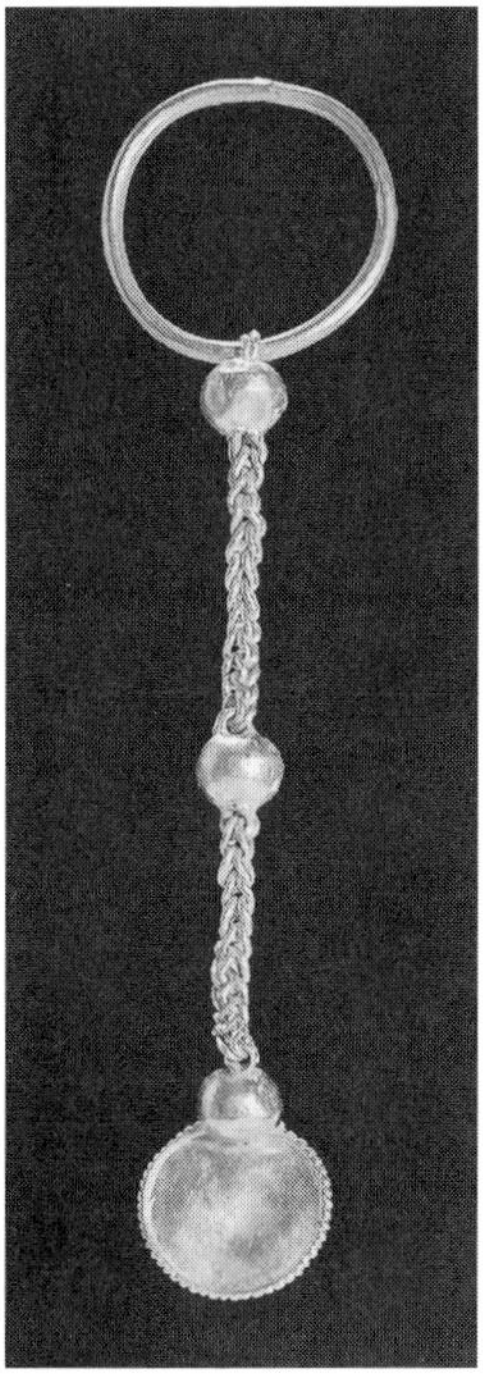

図50　咸安道項里（慶考研）11号墓の耳飾り（咸安博物館・国立金海博物館）

空球に切れ込みを入れて、そこに円形の垂れ飾りをはめこむ。

耶の耳飾りでは確認できない。一方で、倭では五世紀をとおして確認できる技法だ。したがって、五世紀後半の例については、倭において大加耶系の渡来工人によって製作された、とみることも可能である（金宇大　二〇一七）。

ただし、五世紀前半、トレンドになりはじめたころの宮山古墳第二主体部の耳飾りについても、大加耶で確認できない技法があることを根拠として、倭でつくられたと確定してしまうことには、正直とまどいを覚える。大加耶では五世紀前半の資料はまだすくないし、たとえばソウルの三星美術館 Leeum には、同じような技法が確認できる出土地不明品が所蔵されている。もうすこし加耶の耳飾りの資料が増えて、より細かく技法の系譜が検討できるようになるまでは、判断を留保したい、というのが正直なところだ。

実に悩ましい問題だけれども、筆者は、宮山古墳が朝鮮半島南部の墓制の影響を最も色濃く受けていることや、その多彩な朝鮮半島系の副葬品を重視する。埋葬された有力者は、朝鮮半島系の血縁をもっていたかもしれない。どちらか立場を決めろ、と言われれば、大加耶から贈られた耳飾りの可能性が高い、と答えたい。

ただ、倭で渡来工人によって製作されたとしても、その工人の技術の系譜は大加耶にある。彼（彼女）らの渡来と活動が、倭と大加耶の交渉の中で実現したことは確かなので、当時の両者のつながりを演出する耳飾りだったことに変わりはない。

# 5　百済と倭をつなぐ

## 百済の耳飾りを身に着けて

五世紀前半の倭では、これまでみてきた新羅や大加耶のアクセサリーとくらべると、百済のアクセサリーはすくない。そのことも遠因となって、百済から倭へおもむいた人びとの実態には、いまひとつよくわからないところがある。

けれども、百済の耳飾りを着けた人物が葬られた墓には、彼（彼女）が朝鮮半島（百済を中心として）と倭の交渉を担っていた、という履歴が、よく反映されている。このことを紹介したい。取り上げるのは二つの古墳、香川県女《め》木《ぎ》島《しま》丸山《まるやま》古墳と、福岡県堤《つつみ》蓮《はす》町《まち》一号墳である。

### 女木島丸山古墳に葬られた人物

香川県高松市の女木島は、備讃瀬戸の多島海に浮かぶ周囲九㌔ほどの小島である。島の大部分は丘陵で、南北に二つの峰があり、それをむすぶ尾根筋に丸山古墳は位置している。

直径一四・五〜一六㍍の小さな円墳で、墳丘の全面をこぶしほどの角礫《かくれき》で覆い、付近で取れる板石を組み合わせた石棺を埋葬の施設としていた。その内部には葬られた人の骨がのこっていて、鉄刀、鉄鎌、そして二点の金製の耳飾りが出土した。耳飾りは死者に着装された状態だった（森井　一九六六）。

一点の耳飾りは、主環＋遊環＋臼玉《うすだま》の中間飾り＋心葉形の垂れ飾りという素朴ながらも精巧なつくりである（図3）。これは典型的な漢城期百済の垂飾付耳飾りである。朝鮮半島でのひろがりをみると、朝鮮半島中西部にまとまり、百済の勢力圏と一致する。各地の有力者の百済への帰属意識を演出するアクセサリーだった。丸山古墳の耳飾りもまた、死者と百済のつながりを表象したものだろう。

前著では、そのことに加えて、丸山古墳は角礫で覆われていて積石塚――渡来人（と密接な人物）の墓であることが多い――に近いことから、耳飾りを着けた人物は、百済から倭へ渡ってきた渡来人、もしくは百済と密接な関係にあった現地の有力者であり、倭と百済の間を往来しながら両者をつなぐ役割を担っていたと考えた（高田　二〇一七）。

丸山古墳からの眺望は抜群である。南は高松港や屋島、五剣山、紫雲山、北は備讃瀬戸の多島海、そして対岸の岡山県の児島、さらには西北の瀬戸大橋まで遠望できる。その眺望を意識して古墳をきずいたことは明らかだ。

## 瀬戸内のネットワークと百済

また、備讃瀬戸の多島海を通過する航路の寄港地として利用できること、農耕地として利用できる平野がきわめてせまいことなども考えあわせると、女木島には海上交通や漁撈をなりわいの基盤とした海村（武末　二〇〇九）が存在し、女木島丸山古墳の造営にかかわっていた、と考えられそうである。

五、六世紀の瀬戸内地域には、瀬戸内海を介した人・モノ・情報をやり取りするネットワークがひろがり、それが朝鮮半島へもつながっていた。1・4節で紹介した兵庫県行者塚古墳や宮山古墳に葬られた人びとも、このネットワークを活用して朝鮮半島との交渉を重ねていた（高田　二〇一七）。

ネットワークの詳細は前著にゆずるが、想像をふくらませば、百済から倭へ渡る人びともまた、瀬戸内海沿岸に点在する集団と交流を重ねながら、このネットワークを活用して航海したのだろう。その中で、水先案内を現地の人びとに依頼したり、女木島のような航路沿いの港を寄港地としたり、任務途中で死をむかえた人を葬ったりしていた可能性が高い。

**福岡県堤蓮町一号墳**

日本列島では、女木島丸山古墳と同じ意匠の耳飾りが、もう一点、福岡県朝倉市の堤蓮町一号墳で出土している（甘木市教育委員会　一九九九）。北部九州地域の主体的な対外交渉を考えるうえで重要だ。

一号墳と二号墳からなる堤蓮町古墳群は、筑後平野の東の朝倉地域に位置する。南には有明海から筑後川をさかのぼって豊後へといたる東西の交通路が走り、博多湾から内陸へいたる交通路も利用できる。龍文透彫帯金具が出土した月岡古墳の位置する浮羽《うきは》地域とともに、北部九州の内陸交通の要衝である。

一号墳は、直径二〇㍍《メートル》ほどの円墳で、激しい盗掘を受けていたが、埋葬施設の竪穴系横口式石室（竪穴式石室に出入り口をもうけたもの）から、垂飾付耳飾りが出土した（図51左）。主環が金銅製で、ほかの部品は金製である。主環＋遊環＋空球の中間飾り＋細身で小ぶりの心葉形の垂れ飾りという意匠で、典型的な漢城期百済の耳飾りである。

また、三累環頭《さんるいかんとう》も出土した（図51右）。もともと大刀の把頭につけられた飾りである。この三累環頭大刀は五、六世紀に新羅圏で流行した。一号墳の事例のように小ぶりで三累環の断面がクサビ形のものは、五世紀前半の初期のもので、洛東江の下流域、釜山での出土がめだつ。釜山地域とのつながりの中で入手した可能性が高い。

図51　堤蓮町1号墳の副葬品（朝倉市教育委員会）
左：百済系の耳飾り　右：三累環頭

ちなみに、二号墳では、墳丘だけではなくて、埋葬施設の中からも須恵器が出土している。先ほど紹介したように、土器の埋葬施設への副葬も、朝鮮半島からつたわった新たな葬送儀礼だ。このように朝鮮半島とのつながりが色濃い堤蓮町古墳群に葬られたのは、どのような人物たちだったのだろうか。

## 北部九州の対外交渉を支えた人物

堤蓮町古墳群の近くには、朝倉地域をまとめた有力者が葬られた堤当正寺《つつみとうしょうじ》古墳（墳丘長七〇《メートル》の前方後円墳）や、地域色豊かな須恵器を生産した朝倉古窯址群、その操業にたずさわった渡来人たちの墓地（池の上・古寺墳墓群）が位置している。

須恵器は、朝鮮半島とのつながりの中で、倭に定着したやきものである。五世紀前半にそれを焼く窯が西日本各地に点在するようになり、その操業には渡来人たちの関与が必要だった。二号墳から出土した須恵器も朝倉古窯址群で生産された可能性が高い。

発掘調査を担当した吉武孝礼氏は、次のように述べている。

堤蓮町の墓域を形成した者は、池の上・古寺の被葬者集団を率いてきた指導者的な立場で、独自な地位・存在・権威であったこと、これには半島とのコネクションが保たれていたこと、鬼の枕（同じ丘陵に六世紀中ごろにきずかれた前方後円墳：筆者註）の段階で在地化し、地域の首長的立場に発展したこと、を考えることができる（吉武一九九九、七二頁）。

この指摘に同感だ。堤蓮町一号墳の副葬品からみると、百済（耳飾り）や新羅（もしくは釜山　三累環頭）など、その「半島とのコネクション」は多角的なものである。また、朝倉地域における堤当正寺（地域をまとめる有力者）―堤蓮町（渡来系集団のリーダー格）―池の上・古寺（渡来系集団）という関係の中で、朝鮮半島と交渉を重ねていたと考えることができる。

堤当正寺古墳に葬られた有力者がつみ重ねていた独自の交渉の結果、朝鮮半島からさまざまな文化がもたらされたと考えるのが自然だ。そして堤蓮町古墳群に葬られた人びとは、多角的なコネクションを活かして、その対外交渉を実際に担ったのだろう。朝鮮半島系の血縁をもっていたのかもしれない。

百済の耳飾りを着けながら、百済と倭を往き来し、たがいをつなぐ人びとの姿を、女木島丸山古墳や堤蓮町一号墳から描くことができる。

# 6　倭系古墳に副葬された百済の冠帽と飾り履

**朝鮮半島西南海岸の倭系古墳**

五世紀前半に倭と百済をつなぐ人びとの足跡は、朝鮮半島の西南海岸にものこされている。倭から栄山江流域、百済へとつづく沿岸航路にそってひろがる「倭系古墳」である。倭系古墳とは韓国考古学の用語で、「倭の墓制を総体的に取りいれてきずいた墳墓」のことを指す。二〇〇〇年代にはいってから、存在が明らかとなったもので、葬られた人物の性格やきずかれた歴史的な背景について議論がつづく。その特徴は次のとおりである（高田　二〇一七・二〇一九ａ）。

・海を望む丘陵の頂や多島海の小島にきずかれている。
・いずれも中小の円墳で、墳丘に葺石が葺かれていることが多い。葺石は倭の墓制を取りいれたものだ。

・埋葬施設は、竪穴式石室や箱式石棺（板石を箱状に組み合わせたもの）である。その特徴は北部九州との関連が深い。

・倭系の甲冑が副葬されている。おおむね五世紀前半に製作された甲冑である。また、倭系の武器も出土することが多い。ほかにも、竪櫛《たてぐし》や勾玉《まがたま》という装身具のセットや、甲冑と鏡をともに副葬する慣習がみられる。これらも、倭の墓制と共通する。

## 現地の人びとのなりわいとネットワーク

当然、このような倭系古墳は、現地の人びとが葬られる墳墓とはちがう。現地の伝統的な墳墓は、平面が方形や細長い台形の低い墳丘に、木棺や木槨《もっかく》（木材を箱状に組み合わせて設けた埋葬施設）を納めたものである。数基から一〇数基ほど群集することが多い。

また、朝鮮半島西南部の各地には、海村と呼べるような臨海性の高い集落が確認できる。そこでは外来の土器も出土する（高田　二〇一九a）。海上交通を経済的な基盤とし、東西に活発な交易をおこなう集団が点在し、人やモノが往来するネットワークがひろがっていた。多島海でせまい海峡がつづき、強い潮流が発生する西南海岸をつたって航海するためには、複雑な海上地理を正確に把握する必要がある。それを熟知していたのは、西南海岸の各地に、もともとから居住していた地域集団だった。

西南海岸の地域集団とくらべることで、倭系古墳に葬られた人物の姿がくっきりとする。倭系古墳は単独で立地し、その周りに墳墓がつらなることはまずない。現地に長く定住していて死をむかえたというよりも、現地の人びとにとって何か異質な存在として葬られたのだろう。

また、海を望む地勢ということは、葬られた人が海上交通にたずさわっていたことを暗示させる。そして、北部九州の中小古墳の墓制にのっとってきずかれ、さらに倭王権とのつながりをしめす甲冑が副葬されている。

## 倭系古墳はなぜきずかれたのか

倭系古墳の特徴にみあう死者の姿とは、倭の対百済、栄山江流域の交渉を実際に担って、海へくり出したけれども、航海の途中で死をむかえたような人物だろう。

西南海岸を円滑に航海するためには、複雑な海上地理を熟知する現地の集団の仲介や協力が不可欠だったはずだ。おそらく、倭系集団は西南海岸にひろがるネットワークを活用し、航路沿いに点在する現地の集団と交流を重ねながら、港を寄港地とすることや水先案内を依頼していたのではないか。

そして、倭系集団と現地の集団がともに「雑居」するような状況がうまれ、その関係の中で倭系古墳はきずかれた。

以上が、筆者の考える倭系古墳の性格である。なんだ、アクセサリーが出てこないじゃないか、と思われるかもしれない。実はこの倭系古墳の中で、百済のアクセサリー、それも百済王権から贈られた優品が副葬された事例がある。高《コ》興《フン》吉《キル》頭《ドウ》里《リ》雁《アン》洞《ドン》古墳だ（全南大学校博物館ほか　二〇一五）。

## 高興吉頭里雁洞古墳

雁洞古墳は、朝鮮半島西南部の南海岸に突き出た高興半島に位置する。半島の東には海《ヘ》蒼《チャン》湾がはいりこんでおり、その沿岸の低い丘陵の頂に立地する。墳丘に立つと――今は干拓された農地がひろがるが――湾を望む絶好の地にきずかれたことがよくわかる（図52下）。

二〇〇六年に全南大学校博物館によって発掘調査がおこなわれた。直径三六《メートル》ほどの円墳で、墳丘斜面に葺石が葺かれていた。埋葬施設は独特な竪穴式石室で内部に木棺が納められていた。

石室の構造は、似たような例をなかなか探せない（図52上）。ただし、西短壁の背後に墓道（作業路）がのびていた可能性や、壁面を赤く彩色していること、そして木棺の組み立てに百済圏では一般的な鎹《かすがい》や釘をもちいていないことから、倭、特に北部九州の竪穴系横口式石室の影響を受けた埋葬施設かもしれない。

ともあれ、竪穴式石室からは豊富な副葬品が出土した。木棺の内部から出土し、死者が身に着けていたと考えられるものは、金銅製の耳飾り（垂れ飾りのない素朴なもの）、鉄刀くらいであり、頭部の近くに鏡が置かれていた。

木棺と石室の壁の間（棺外）に副葬されたものは、倭系の甲冑のセット（眉庇付冑《まびさしつきかぶと》と長方板革綴短甲《ちょうほうばんかわとじたんこう》、頸甲や肩甲などの付属具）、素《そ》環頭《かんとう》大刀や鉄鏃などの武器類、鉄斧、鉄製

図52　高興吉頭里雁洞古墳（全南大学校博物館）
上：竪穴式石室（手前が西短壁）　下：古墳から海蒼湾（今は干拓地）を望む.

の柄をもつサルポ、そして冠帽と飾り履である。ちなみにサルポとは、本来は水田の畔切用の道具をさすが、儀仗《ぎじょう》としてもちいられた。

棺外の主要な副葬品は、倭系のものと百済系のものに区別できる。倭から持ちこまれた可能性が高いものには、甲冑のセットがあり、百済系のものとしては、素環頭大刀、儀仗の鉄柄サルポ、冠帽、飾り履などである。

興味深いことに、埋葬施設の中で、甲冑のセットが木棺と東短壁の間から出土したのに対して、冠帽と飾り履は反対側の西短壁付近で確認された。着装した人物の社会的な身分を演出する甲冑（倭系）とアクセサリー（百済系）が、副葬の際に区別して取りあつかわれていた。

### 雁洞古墳に副葬された百済のアクセサリー

冠帽（図53）と飾り履（図54）を観察しよう。冠帽は金銅製で、草葉文を連続して透かし彫りした二枚の側板を準備し、その上縁をフレームで固定して本体としている。その後面と側面に、やはり草葉文を透かし彫りした立飾りを取りつけている。下縁に裾板がめぐる。そして、本体の頂部に伏鉢装飾をフレームに貫通させて固定している。

飾り履は金銅製で、底板＋左右二枚の側板という構成をとる。二枚の側板はつま先とかかとの中央で、青銅糸をもちいて綴《と》じられていた。底板には菱形、側板にはT字文を連続

図54　雁洞古墳の飾り履（全南大学校博物館）

図53　雁洞古墳の冠帽（全南大学校博物館）

して透かし彫りした文様が、それぞれほどこされている。また底板の裏にはスパイクがそなわっている。

第一章2・4節と照らし合わせると、冠帽と飾り履ともに百済の意匠やつくり方の特徴をしめす。当時の金工技術の粋《すい》をあつめた優品であり、おそらく百済の王権が管理する工房でつくられて、雁洞古墳に葬られた人物に分配されたのだろう。

倭王権とのつながりをしめす甲冑と、百済王権とのつながりをしめす冠帽と飾り履の両方を保有した人物を、どのように考えればよいのだろうか。

### 雁洞古墳に葬られた人物の性格

この時期の百済には、倭との提携を進める必要があった。広開土王碑文に記されているように、百済は三九六年に高句麗に大敗してしまう。「五八城七百村」を奪取され、多くの奴隷や織物を高句麗に献上し、服属することを誓わされた。けれども、翌年にはこの高句麗との誓いをやぶり、王子である腆支を倭に「質」として派遣している。百済は度重なる高句麗の進攻に対する対応策のひとつとして、倭との提携を進めた。

雁洞古墳に葬られた人物が、倭の対百済、栄山江流域の交渉を担っていたことは、ほかの倭系古墳に葬られた人びとと同じだったはずだ。さらに、百済への帰属を演出する最高級のアクセサリーが、百済王権から贈られているということは、百済王権の側も彼（彼女）の活動に大きな期待を寄せていたことがうかがえる、実際に、その期待に応えるだけの働きをみせていたのだろう。

したがって、彼（彼女）は、常に倭の意向だけで活動していたわけではなさそうだ。時には百済の側に立って動くなど、倭、百済、そして栄山江流域社会の境界で活動し、それぞれを取りむすぶ交渉人のような役割を担っていた。そう考えたほうがしっくりくる。

そうだとすれば、ほかの倭系古墳に葬られた人びともまた、このような境界性と複属性をそなえていた可能性が高い。近年、鈴木一有《かずなお》氏が、倭系古墳のひとつ、高興野幕《コフンヤマク》古墳――高興半島北側の高興湾を望む地にきずかれた――に葬られた人物の姿を、次のように鮮明に描いている。

野幕古墳被葬者は、全羅南道地域と九州地域を繋ぐ広域交流網を駆使しえた人物であり、この特性を前提に倭王権とも政治的な関係を取り結んだものと捉えられる。武装具の集積に交流能力の高さを見出すなら、野幕古墳の被葬者が担っていた特別な職掌とは、九州と朝鮮半島南西部の海浜部を結ぶ海上交通を円滑に進める水先案内人としての役割であったと結論づけられるだろう（鈴木　二〇一八、一二五頁）。

筆者も賛成する。そして、倭王権だけではなくて、百済王権や栄山江流域社会とも政治的な関係をむすぶことがあった、とつけ加えてみたい。

# 第三章　交流と葛藤を演出する

## 五世紀後半

# 1　高句麗の進攻をしめす

## 五世紀後半の情勢

五世紀後半の朝鮮半島の情勢を一言で表すと、朝鮮半島中部への南下政策を進める高句麗と、それに対抗して連携する百済、新羅、そして大加耶の対峙といえる。高句麗への対抗策のひとつに、倭とのつながりもあった。高句麗の動きが遠因となって、百済、新羅、大加耶と倭のつながりが緊密になった、という側面がある。

高句麗と境界を接する新羅や百済にとって、その進攻がいかに脅威だったのかを暗示するアクセサリーがある。

図55　本章でとりあげる遺跡

## 二つの高句麗系耳飾り

それは二つの耳飾りだ。忠清北道《チュンチョンプクド》の清州《チョンジュ》市上《サン》鳳里《ボンリ》から出土したものと、鎮川《ジンチョン》郡会竹里《フエチュクリ》から出土したものだ（図56　パクヨンボク・キムソンミョン　一九九〇）。現在は、国立中央博物館に展示されている。残念なことに、出土した遺跡の詳細はよくわからないが、おそらく副葬品だろう。新羅の耳飾りと似ているけれども、小環を組み合わせた花籠形の中間飾りのつくり方が異なること――4節でくわしく説明する――や、小さな錘《すい》形の垂れ飾り（上鳳里）をもつなど、細かな点でちがいがある。朝鮮半島北部や中国東北部によく似た例を探すことができるので、高句麗の耳飾りと考えられる。

図56　中原地域で出土した高句麗系の耳飾り（国立慶州博物館）
左：清州上鳳里　右：鎮川会竹里

つくられた時期は、五世紀中ごろから後半にかけてだろう。

**中原高句麗碑**

この二つの耳飾りが出土したのは、朝鮮半島中部の内陸、忠州《チュンジュ》市を中心とした中原《チュンウオン》地域にあたる。実は、高句麗が一時《いっとき》、この地を掌握していた。そのことをしめすのが、一九七九年に忠州市で発見された、中原高句麗碑である。高句麗によって、中原地域の支配を目にみえるものとするために立てられた石碑で、高句麗と新羅の関係が、高句麗の立場から碑文に記されている。

長年の研究によって、その内容は四点に要約できる（篠原　二〇〇〇、井上　二〇〇〇など）。

・高句麗を兄、新羅を弟とする上下の関係、高句麗を中心として新羅はその「東夷」である、という高句麗の国際認識が、碑文に反映されている。
・新羅王をふくむ新羅の人びとに対して、忠州かその周辺で、高句麗の官位をしめす衣服が与えられている。特に新羅王には、「□翟鄒」という冠帽の一種とされるアクセサリーが下賜された。
・新羅領内に派遣された高句麗の軍官の記載、「新羅土内幢主」がみられる。
・高句麗の軍官は軍事的な必要から、新羅の人びとを徴発、編成した。

中原高句麗碑は、高句麗が中原地域に実際に駐屯したこと、新羅をみずからの勢力下に位置づけようと画策したことを如実にしめす。石碑が立てられた時期については、四四九年とみる説が有力だ（篠原　二〇〇〇）。

### 高句麗の人びとの墓地とアクセサリー

考古学的にも高句麗の中原駐屯の一端をしめす遺跡が確認されている。そのひとつに忠州豆井里《トウジョンリ》遺跡B地域がある（図57）。二〇〇七、二〇〇八年に中原文化財研究院によって発掘調査がおこなわれ、六基の横穴式石室墳が確認された。また、そのすぐ南にオンドル（L字形の煙道をもつカマド）状の遺構もあった（中原文化財研究院ほか　二〇一〇）。

調査の報告者は、ゆるやかな丘陵の平坦面にほぼ等間隔で石室がきずかれていること、

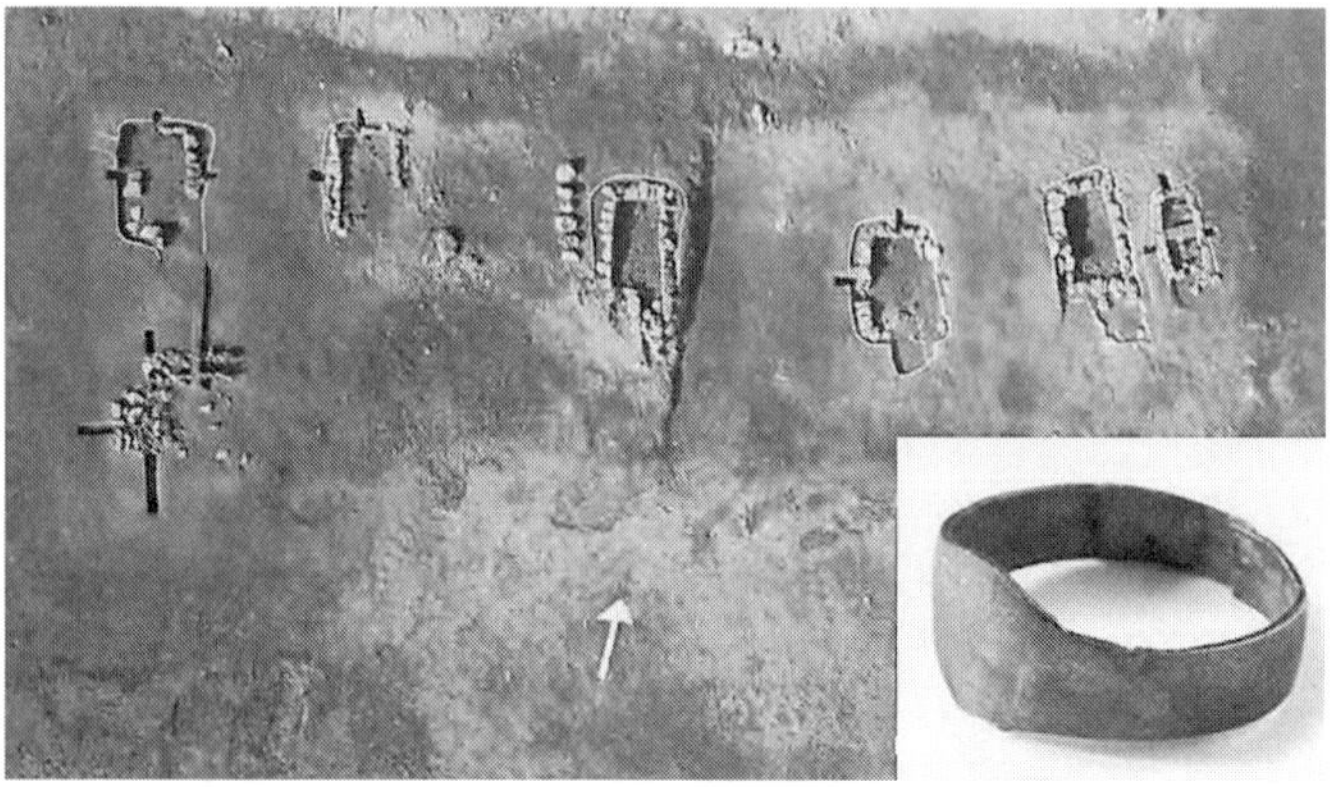

図57　忠州豆井里遺跡Ｂ地区と４号石室墳出土の指輪（中原文化財研究院）

石室の壁面に白色の粘質土（漆喰《しっくい》）が塗られた痕跡がみられること、そして副葬品が高句麗の土器（二号、六号）やアクセサリー（銀製の指輪　四号）に限られることから、高句麗の墳墓群と評価している。銀製の指輪は、輪の中心が幅ひろく菱形状になるもので、新羅のものとよく似ている。オンドル状の遺構からも、高句麗の土器が出土した。

墳墓やオンドル状の遺構がきずかれたのは、五世紀の後半ころで、中原高句麗碑が立てられた時期と重なる。高句麗の駐屯にともなって移動してきた高句麗の人びとによって営まれた墓地や施設と考えてよさそうだ。

**新羅の脱高句麗化**　このようにみてくると、冒頭でみた二つの高句麗系の耳飾りもまた、豆井里四号石室墳の銀製指輪と同じように、中原地域におもむいた高句麗の有力者が身に着けていた、と考えられそうだ。その姿を新羅の人びとはどのような眼でみていたのだろうか。

高句麗の中原駐屯の期間は、五世紀後半と考えられている。まさにこの時期、新羅は、高句麗の影響下から脱しようと、北辺の地で高句麗の軍将を殺害したり、百済と手をむすぶなど、さまざまな動きをみせはじめる。それが達成されたのが、六世紀初めころだった。この一連の動きを「脱高句麗化」（井上　二〇〇〇）とよぶ。そのひとつに倭との交渉もあったようだ。

## 2　新羅と加耶のはざまで

### 謎の耳飾り

韓国に留学していたころ、ずっと頭の片隅で気になっていた謎の耳飾りがあった。図58がそれである。今は国立金海博物館に展示されている。金製で、細身の主環に遊環を二つぶら下げ、空球の中間飾り＋鎖＋円形の垂れ飾り（刻目帯がめぐる）、という部品の構成だ。お気に入りの耳飾りのひとつである。

第一章1節のテキストをめくりながら、どこの耳飾りが考えてみてほしい。そうすると、二つの答えがみつかると思う。

ひとつは、空球の中間飾りと鎖で中間部をつくっているから大加耶だろう、という答え。もうひとつは、漢城期百済の耳飾りの意匠のひとつ、主環（＋遊環）＋中間飾り＋鎖＋垂下飾り（円形）に当てはまるから、百済のものではないか、という答え。この二つが正解だ。新羅でつくられた可能性は、きわめて低い。

部品の構成が同じ耳飾りが、数はすくないけれども、百済と大加耶の両方で出土している。それなので、どちらか一方とは決めにくい。今後の資料の増加を待ちながら、とりあえず百済・大加耶系とみておくのが自然だ。

これが謎なのか、と問われるかもしれないが、そうではない。この耳飾りをはじめてみた時に、百済あるいは大加耶でつくられたもの、ということは、判断がついていた。それよりも不思議だったのは、出土した場所だった。洛東江の下流域、釜山（東萊《トンネ》）地域の有力者の墳墓から出土した。福泉洞《ボクチョンドン》古墳群の（東）一号墳で、五世紀中ごろにきずかれた。

なぜ、百済でも大加耶でもない釜山地域から、この耳飾りが出土したのか。それが謎だった。

図58　釜山福泉洞（東）1号墳の耳飾り
（国立金海博物館）

## 福泉洞古墳群を訪ねてみよう

話は脱線するが、釜山を訪れた方は多いだろう。でも福泉洞古墳群まで足をのばした方はどれくらいいるだろうか。釜山の場合、一九七〇、八〇年代ころの急速な開発のために、発掘調査はおこなわれても、遺跡じたいはのこっていないことが多い。けれども、福泉洞古墳群は史跡として整備され、博物館も付設されている。誰でも自由に見学できる。

行き方は簡単だ。釜山の地下鉄に乗り東萊駅で降りて、一五分ほど東へ歩けば到着である。案内板はあるし、今はスマートフォンの地図で簡単に探せる。ただ最後は上り坂がつづくので、ちょっとしんどいかもしれない。

福泉洞古墳群では、金官加耶の王陵群である大成洞古墳群（図36）と同じように、ひとつの丘陵に墳墓を連綿とつくりつづけた。現地に立てば、その様子がよくわかる。発掘当時の状況も野外展示室で見学できるし、博物館には古墳群から出土した副葬品が数多く展示されている。ぜひ一度訪れていただきたい。

そして、博物館の見学が終わった後、北の裏手の山道を五分ほど、東萊邑城《ウブソン》の北将台《プクジャンデ》まで登ってほしい。そこから南を望むと、古墳群はもちろんのこと、釜山の街並みがよくみえる。そしてさらに南には、海向こうの倭がひろがる、と想像してみてほしい（図59）。

### 釜山地域は新羅か加耶か

話をもどす。今もそうだが、釜山地域は倭と古代朝鮮の交流の窓口、いや単なる窓口ではなくて、かなめとなった地域社会である。五世紀に倭へもたらされた朝鮮半島系の品々の中には、福泉洞古墳群の副葬品に系譜をたどれるものが多い。これまでの研究では、それを金官加耶と倭の交渉を反映するも

図59　釜山福泉洞古墳群

の、と考えていた。釜山地域は金官加耶の一翼を担う有力な勢力だったという理解だ。

しかし、このほとんど通説だった理解が、二〇〇〇年代にはいると揺らぎはじめる。洛東江下流域の東側に位置する釜山は、その対岸の金官加耶の中心、金海とはちがって、新羅によって早い段階に統合された、という説が提示された。この説はかなりの説得力をもっている。その是非をめぐって今も議論がつづく。整理してみよう。

### 対照的な二つの見方

新羅王権が洛東江以東の各地を統治したことをしめす指標は、プロローグの「新羅という社会」で触れたように大きく三つある。各地にきずかれた高大な墳丘をもつ墳墓群（高塚群）、「洛東江以東様式」と呼ばれる新羅系土器群の普及、そしてアクセサリー（をふくめた馬具などの金工品）の分配である（李熙濬二〇一九）。

それぞれの地域社会が新羅王権と政治的につながったことで、墓制や副葬土器が新羅の中心たる慶州と似かようようになり、王権から「地方」の有力者へアクセサリーが分配された、という理解である。

この指標に当てはめると、釜山地域ではおそくとも五世紀初めには新羅系の土器が副葬されている。新羅と政治的なつながりをもちはじめていたようだ。そのつながりをどのように考えるのかについては、さまざまな見方があるけれども、ここでは対照的な二つを紹介する。

ひとつめは、釜山地域の主体性を重視する見方である。新羅に加担しながらも完全に服属するのではなくて、かなりの政治的な主体性をもっていたという立場である。そして釜山地域で大規模な墳墓群の造営が停止した時に、新羅に完全に統合されたとみる。長年、加耶考古学をリードした申敬澈《シンギョンチョル》氏は、釜山地域を「親新羅系加耶」と表現したことがある（申敬澈　一九九五）。

二つめは、すでに新羅王権に間接支配されていて、新羅の一地方だったという見方である（李熙濬　二〇一九など）。間接支配とは、その地域の政治経済的な既得権をある程度保障しながら支配することである。そのかわりに地方の有力者は、新羅王権の意図に沿う形での活動が求められた。

**考古学的な事象**　これまでの研究で確認された、新羅と釜山地域の関係をしめす考古学的な事象は次のとおりである。

・四世紀後半になると、新羅特有の積石木槨《もっかく》（木槨を周囲の石積みで保護したもの）とよばれる埋葬施設が、福泉洞古墳群ではじめて出現する。ただし、それはごく少数で、その後につづかない。

・五世紀にはいるころには、金官加耶の有力者の間でやりとりされた文物、筒形銅器

（長柄の武器や儀仗の柄の先端に取りつけられたもの）の副葬が終了する。
・馬具の様相も金海地域とはちがいをみせはじめ、新羅圏と似かようようになる（諫早二〇一二a）。また、新羅系土器も数多く副葬される。

このような変化をみる限り、五世紀にはいるころには、釜山地域は新羅王権とのつながりを深めたことは確かだ。

そして、五世紀中ごろに新羅王権からアクセサリーが、それも新羅の各地の最高有力者が身に着ける金銅製の出字形冠が、釜山地域に贈られる。それだけ新羅王権が釜山地域を重視したことのあらわれだ。その冠が副葬されたのが、あの謎の耳飾りが出土した福泉洞（東）一号墳だった（図60－1）。

ここで冒頭と話がつながる。新羅王権による釜山統治を演出する出字形冠が副葬された墳墓から、なぜ百済あるいは大加耶から贈られた耳飾りが出土したのか。この謎が頭の片隅から離れなかった。

## 釜山福泉洞（東）一号墳

福泉洞（東）一号墳は、五世紀の中ごろ、古墳群の造営が終わりをむかえつつあった時期にきずかれた。長八・三×幅一・四メートルという長大な竪穴式石室――これは五世紀中ごろ以降の釜山地域に特徴的な埋葬施設――から、多種多様な副葬品が出土した。アクセサリーに注目すると、死者の頭から胸にかけて、二点の出字形冠、耳飾り、そして新羅でよくみ

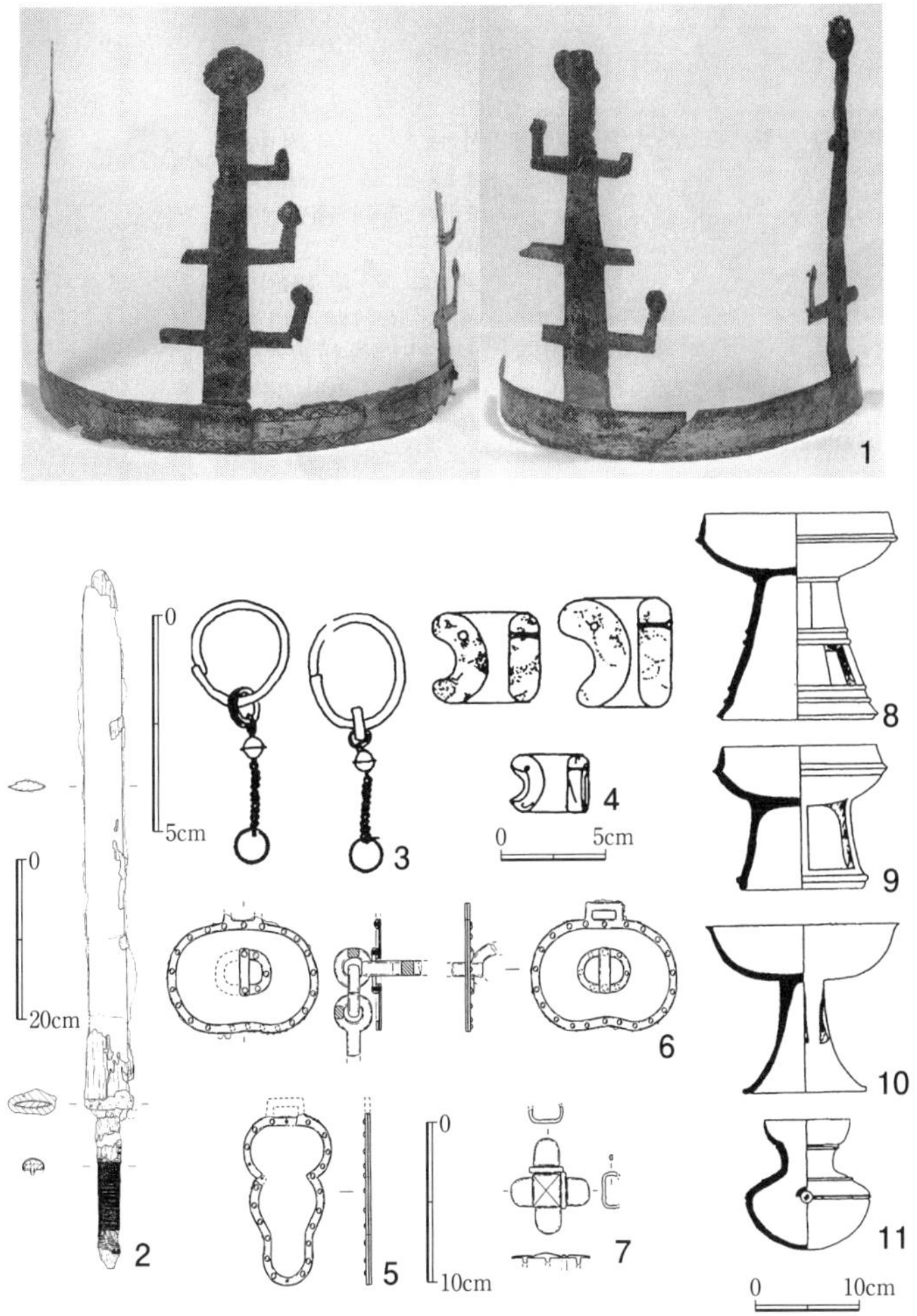


図60　釜山福泉洞（東）1号墳の副葬品（国立慶州博物館）
1：金銅冠　2：鹿角装鉄剣　3：耳飾り　4：翡翠製勾玉　5～7：馬具
8・9：新羅系の高杯　10：小加耶系の高杯　11：䃅

られる翡翠《ひすい》の勾玉を中心飾りとする首飾り（図60―4）が、着装したような状態で出土していた。

新羅への帰属をしめす冠や首飾りとともに、百済・大加耶系の耳飾りを身にまとった死者は、どのような性格なのか。

## ほかの副葬品の系譜

筆者なりの答えをみつけることができたのは、ずっと後、二〇一二年のことだった。ある雑誌に、韓国考古学の三国時代研究を紹介することになった。テーマのひとつにこの問題を選んだ。

福泉洞（東）一号墳は一九六九年に宅地の造成工事のさなかに発見され、東亜大学校博物館によって緊急に発掘調査がおこなわれた。翌年、報告書が刊行されている（東亜大学校博物館　一九七〇）。

その報告書を久しぶりにめくった。すると、新羅系を中心とした副葬土器の中に、異質な土器があることに気がついた。それは小加耶（現在の慶尚南道固城《コソン》郡一帯を中心とした加耶のひとつ）系の土器（高杯《たかつき》と𤭯《はそう》　図60―10・11）だった。

馬具をみた。鏡板《かがみいた》（轡《くつわ》の部品、馬にくわえさせたハミがはずれないように、その両端につけられた板）が、楕円形で下縁が内側にゆるくカーブする形（内彎楕円形《ないわんだえんけい》）だった（図60―6）。これも新羅圏ではみられないものだった。馬具を専門とする諫早直人氏に連絡すると、大加耶との関連が想定できるとのことだった。

死者にそえるように副葬された「太剣」もあった。倭系の鹿角の装具をもつ鉄剣のようだった（図60－2）。このことは後に金宇大氏によって確認された（金宇大 二〇一七）。

かつては耳飾りにだけ目が行き、ほかの副葬品の種類や系譜をきちんとみていなかった。福泉洞（東）一号墳の副葬品は、確かに新羅系のアクセサリーや土器が中心だが、耳飾り、副葬土器の一部、馬具、そして鹿角装の鉄剣などは、大加耶あるいは百済、小加耶、そして倭など、外の社会から手に入れたものだった。

**葬られた人物と耳飾り**

この多様な系譜の副葬品と釜山地域の地勢を関連づけた時、福泉洞（東）一号墳に葬られた人物の姿が、次のように像を結んだ。

彼（彼女）は、単に新羅の一地方の有力者というわけではない。その影響下にありながらも、地の利を活かして積極的に外の社会とつながり、交易などの既得権益や政治的な主体性を確保しようとした人物である。そして、福泉洞古墳群では高塚の墳墓を造営しないことや、地域独自の竪穴式石室を固守することも、みずからの墓制を選択するだけの自律性を有していたことをしめす。

長年の疑問の答えを自分なりにみつけることができたことに満足し、雑誌の文章を次のように結んだ。

以上のような推定が妥当であるとすれば、福泉洞段階の東萊地域は新羅の強い統制下にあったというよりも、洛東江以東地域に慶州を核として形成された政治ネットワーク（広域新羅）に属しつつ、自らの葬制を選択し、地域間交渉を盛んに行うだけの自律性を有していたと推定できよう（高田　二〇一二、二二九頁）。

こう考えれば、なぜ新羅王権が釜山地域を重視したのか、についてもある程度の答えが出る。第二章3節でも紹介したように、新羅王権の側にも倭と連携しようとする動きがあった。その交渉の仲介や窓口の役割を、もともと倭とのつながりが深い釜山地域に期待したのではないか。

福泉洞（東）一号墳の百済・大加耶系の耳飾りは、新羅の圧迫に対する葛藤の中で、外の社会との交流を深めて生き残りをはかろうとする、着装者の意志を演出していた。

## 3　新羅と北部九州をつなぐ

**典型的な新羅の帯金具**

五世紀後半の新羅と倭、特に北部九州をつなぐ飾り帯がある。福岡県飯塚市に所在する櫨山《はぜやま》古墳で出土した、金銅製の三葉文帯金具である（図61）。日本列島で唯一の例である。第一章3・6節で紹介したように、三葉文帯金具は五世紀後半の新羅でひろく普及したもので、着装者の社会的な身分を演出するものだった。

櫨山古墳の帯金具を観察すると、方形板と心葉形の垂れ飾りという組み合わせの飾り板、その大きさ、方形板に透かし彫りした三葉文や心葉形の垂れ飾りのモチーフ、バックルの形など、新羅のものと同一である。そして、飾り板の裏面には帯本体の織物がのこっており、飾り帯として副葬されたことがわかる。

図61　櫨山古墳の三葉文帯金具（複元品）（東京国立博物館）

典型的な新羅の飾り帯を身に着けて、櫨山古墳に葬られた人物は、はたしてどのような性格だったのか。この問いにせまる研究が近年さかんだ。それを紹介しながら、考えてみたい。

## 櫨山古墳の評価

櫨山古墳は、筑豊地域の平野部を流れて響灘《ひびきなだ》へとそそぐ遠賀川《おんがかわ》の上流域に位置する。嘉穂盆地の北部にあたる。一九二一年、宅地造成の工事中に発見された。副葬品は東京帝室博物館（今の東京国立博物館）に収蔵されたが、墳丘や埋葬施設の詳細は長らく明らかではなかった。一九九一年に嶋田光一氏が、のこされた資史料を検討する中で、丘陵の斜面を掘りこんでつくった横穴墓の可能性が高いことを指摘した。

嶋田氏は、櫨山古墳の帯金具について「畿内に存在せず、北部九州の遠賀川上流域で、単独に出土していることからすれば、この櫨山古墳の帯金具（中略）は、畿内大和政権を経由することなく、朝鮮半島から直接にもたらされた可能性が強い」（嶋田　一九九一、五四三頁）と評価する。

そして、当時の緊迫した朝鮮半島情勢――高句麗の南進の動きとそれに対応する新羅、百済、加耶の連携とまとめられる――を背景として、その被葬者の姿を政治的に移住、亡命してきた人物と把握し、「新羅王朝内でも重くもちいられていた、人物であった可能性が高い」（嶋田　一九九一、五四三頁）、「航海や造船の技術にも秀でた集団の長」（五五一頁）とみた。

三〇年も前に、このような的確な評価を下した嶋田氏の先見性におどろく。

## 五世紀後半の遠賀川上流域と新羅

櫨山古墳が位置する遠賀川上流域では、さまざまな朝鮮半島系の副葬品や埋葬施設が確認できる（図62）。特に新羅とのつながりが濃厚だ。たとえば、櫨山古墳のほど近くにきずかれた小正西《おばさにし》古墳（直径二八・五ｍ《メートル》ほどの円墳）の一号石室では、今のところ日本列島で唯一のタイプの新羅系鐙が出土している（図62－1右）。

嘉穂盆地の東方、同じく遠賀川上流域にあたる田川盆地の猫迫《ねこざこ》一号墳やセスドノ古墳も、大邱達城《タルソン》古墳群（大邱は新羅の有力な地域社会）に系譜を求められる竪穴系横口式石室を埋葬施設としている（図62－3・4）。セスドノ古墳では、新羅でも有力な古墳に限って副葬される馬具のペンダント（金銅製の偏円魚尾形杏葉《へんえんぎょびがたきょうよう》）も副葬された（図62－3右上）。

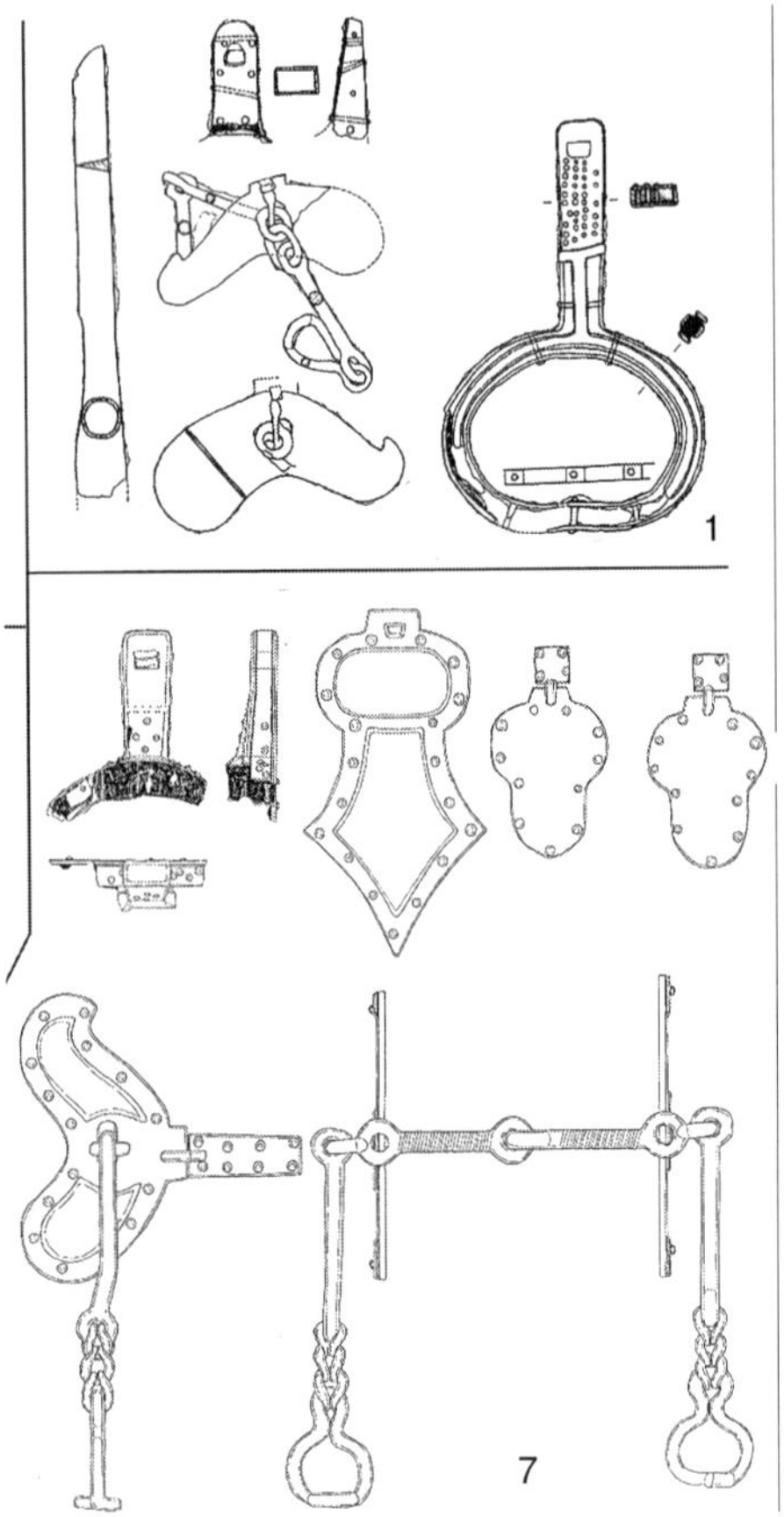
1
7

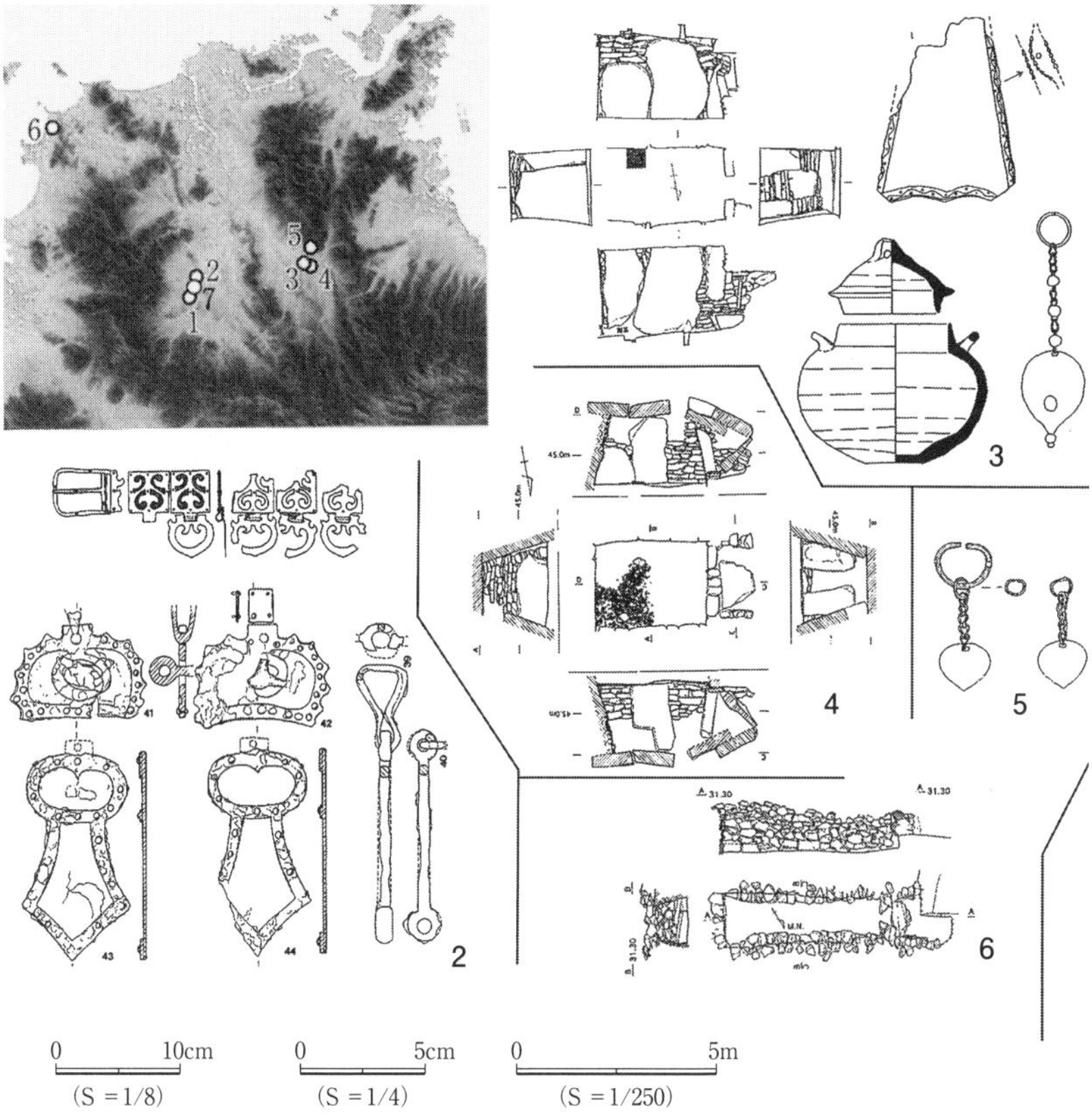


**(埋葬施設：S ＝1/250　馬具・武器：S ＝1/8　土器・装身具 S ＝1/4)**

図62　遠賀川上流域における朝鮮半島系の埋葬施設と副葬品

1：小正西古墳　2：櫨山古墳（横穴墓）　3：セスドノ古墳　4：猫迫１号墳　5：長畑1号墳　6：勝浦井ノ浦古墳　7：山の神古墳

### 山の神古墳と櫨山古墳

櫨山古墳とほぼ同じころにきずかれた、嘉穂盆地一帯をまとめていた有力者の古墳がある。山の神古墳だ（図61－7）。墳丘長約八〇《メートル》の前方後円墳である。古墳は古くに調査されていたが、二〇一五年、その副葬品についての総合的な報告書が刊行された。研究代表者の辻田淳一郎氏は、その有力者の姿を次のようにまとめている。

> この時期に北部九州各地で共有されていた北部九州型初期横穴式石室を構築し、鋳造鉄斧や胡籙金具を多数副葬している点などからも、大加耶地域や洛東江以東地域をはじめとする半島南部諸地域との交渉に関わり、かつ中央政権ともつよいパイプを持った在地の有力者であるとみられる（辻田　二〇一五、三三六頁）。

山の神古墳と櫨山古墳は、たがいの距離が二《キロ》も離れていない。きずかれた時期も五世紀後半ごろで、生前はともに活動した人物たちが、それぞれ葬られたと考えてよい。

嘉穂盆地からは、遠賀川水系をたどって北へ下れば響灘に出ることができる。また陸路で東へ向かったり、あるいは日田盆地を経由することで、周防灘沿岸の各地へ抜けたりすることもできる。南北と東西の交通路の結節点である。

この地勢も考慮すると、朝鮮半島や倭王権と強いパイプをもって主体的な対外交渉を重ねながら嘉穂地域をまとめた最高有力者（山の神古墳）と、その傘下にいて新羅をはじめとする朝鮮半島諸社会との交渉を実際に担った人物（櫨山古墳）という関係を描くことができそうである。

先に紹介したセスドノ古墳に副葬された偏円魚尾形杏葉を「再発見」し——もともと冠片とされてきた——、北部九州と新羅の関係について精力的に研究を進める齊藤大輔氏も、セスドノ古墳や櫨山古墳などに葬られた人物について、次のように評価する。

新羅王権で一定の社会的役割を担った人物が祖国の財を携えて北部九州、とくに田川・嘉穂両盆地を中心に渡来したと考える。そこには、王権レベルの交流にかぎらない、新羅の有力者と北部九州勢力の接触があった。そして、その接触こそが当地域の五・六世紀史を形づくる遠因となったのである（齊藤　二〇二〇、三四五頁）。

**地域社会で対外交渉を担う**

ここまで読み進めてきた読者の中には、嘉穂盆地の山の神—櫨山と同じような関係が五世紀前半にもあったな、と気づかれるかもしれない。その通りだ。第二章4節で、地域社会の対外交渉を担った有力者の古墳として紹介した兵庫県宮山古墳の近くには、一帯をおさめた有力者が葬られた壇場山古墳がある。また第二章5節で紹介したように、北部九州の朝倉地域では、堤当正寺（地域をまとめる有力者）—堤蓮町（渡来系集団のリーダー格）という関係がみられる。

五世紀に朝鮮半島との交渉に積極的だった地域社会には、このような朝鮮半島との多角的なコネクションをもって交渉の実際を担う人物――朝鮮半島との血縁をもつ可能性も高い――が存在した。そして彼（彼女）らは、金銀のアクセサリーを身に着けることが多かった。

櫨山古墳の飾り帯もまた、新羅と北部九州のつながりを表象していて、着装者にとっては、みずからの社会的な性格――嘉穂地域の対外交渉を担うに足る人物だということ――を演出するアクセサリーでもあった。

五世紀後半の新羅と北部九州のむすびつきが、のちの「磐井の乱」の際に、新羅が九州の最高有力者たる磐井と手をむすぼうとした動きへとつながっていくようだ。次章6節で検討する。

# 4　倭のトレンドアクセサリー

五世紀後半になると、長鎖の耳飾りが、倭各地の有力者の間でトレンドとなる。第二章4節で紹介した大加耶の耳飾りを基本の意匠とし、もっと鎖を長くつなぎ、より華やかに飾り立ててアレンジしたもの、いうなれば「倭風」の耳飾り（高田　二〇一四）が流行した。金製だけではなくて、銀や金銅でつくられたものもある。その多くは、金工に長けた渡来人の関与のもとで、倭で製作された可能性が高い（金宇大　二〇一七）。そのひとつを調査した経験から話をはじめる。

## 「倭風」の耳飾り

### 一本の電話から

二〇一二年から四年間、専修大学二部の非常勤講師をしていた。やはり専修大学の非常勤講師をされていた右島和夫さんと、会合で一緒になった。上毛野《かみつけの》地域（今の群馬県）をフィールドにして、古墳時代研究に長らく取り組まれている研究者だ。はじめてお会いするので、ちょっと緊張した。人見知りが激しい筆者だが、しだいに右島さんのぼくとつとしたオーラと地域社会から倭の社会を考える研究の姿勢に魅了されていった。父とほぼ同じお歳ということは、後で知った。

二〇一六年四月下旬、その右島さんから電話があった。安中《あんなか》市教育委員会が梁瀬《やなせ》二子塚古墳の企画展示を開催するので、その図録に論考を書いてほしい、テーマは副葬品からみた朝鮮半島との関係でどうか、とのことだった。

梁瀬二子塚古墳は、安中市一帯で最初につくられた前方後円墳で、墳丘の長さは八〇メートルほどである。碓氷《うすい》峠をこえて信濃へぬける陸路沿いという内陸交通の要衝にきずかれた。時期は五世紀の終わりから六世紀初めころだ。

垂飾付耳飾りとおぼしき破片や、百済に出土例が多い金箔ガラス玉の連珠玉《れんじゅだま》などが出土していることは知っていた。けれども、実物を観察したことはなかった。これ幸い、と右島さんのお誘いを受けた。安中市教育委員会のご配慮のもと、右島さんにご案内いただき、七月一六日の午後に調査することとなった。

### 梁瀬二子塚古墳の耳飾り

耳飾りの破片は計六点出土している。いずれも錆《さび》で覆われていて、注意深く観察する必要があった。発掘調査の報告書に、この破片についての観察結果が記され、図面も載っているので、それを参考にした（安中市

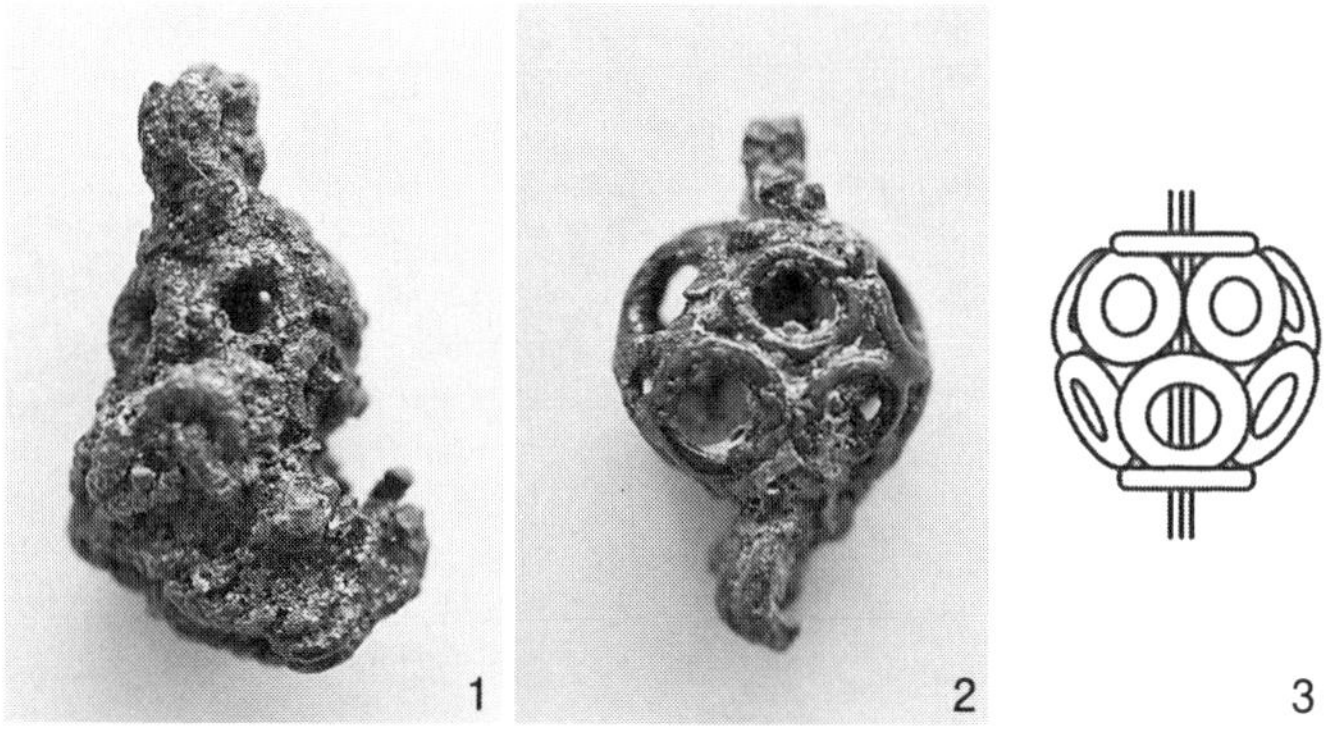


図63　簗瀬二子塚古墳の耳飾りと花籠形中間飾りの構造（小森谷とく氏所蔵，安中市教育委員会寄託）
1：鎖＋花籠形中間飾り　2：花籠形中間飾り（内部に連結金具）　3：花籠形中間飾りの構造

教育委員会　二〇〇三）。

観察の眼が慣れてくると、一二個の小さい環をつなぎあわせた花籠形の飾りの中に糸状の連結金具を通したものが一点（図63－2）、さらにその上下に鎖をつないだものが三点（図63－1）、そして鎖だけの破片が二点あることがわかった。鎖のひとつひとつ（単位）は、錆のためよくわからなかったが、一〇単位ほど確認できた。本来はもっと長かったはずだから、数個の中間飾りを鎖でつなぐ長鎖の耳飾りだろう、と判断した。

残念ながら、耳に取りつける主環や、一番下の垂れ飾りは出土していない。もしかすると、衣服や頭部を飾るものかもしれない。でも、五世紀後半から六世紀初めころの倭の耳飾りには、似た例がいくつかある（図65）。おそらく耳飾りと考えてよいだろう。そうすると、長鎖を多用する大加耶の耳飾りをモチーフとしたものだから、垂れ飾りは細長の心葉形や三翼形かもしれない、と考えをまとめていった。

## 花籠形中間飾りの系譜

次に中間飾りを観察した。金属線を曲げてつくった小環六個をもちいて、上（下）面に一個＋側面に五個をめぐらせた半球体を二つつくる。次に、上半球と下半球を組み合わせてひとつの球体とする。この時、側面の小環が互い違いに接するように組み合わせる。このようなつくり方だった（図63－3）。同じような飾りは朝鮮半島のどこで出土しているのか。第一章では話が煩雑《はんざつ》になるので省いてしまった。ここで説明しておく。

簗瀬二子塚のような花籠形の飾りは、これまでのところ大加耶では確認されていない。新羅と百済に例がある。ただ、新羅の花籠形の中間飾りは、上半球と下半球の間に刻目帯を別にめぐらせるのが一般的だ（図6－1）。簗瀬二子塚のそれとは、つくり方や意匠にちがいがある。

高句麗に、似たような中間飾りをもつ耳飾りがいくつかある。1節で紹介した高句麗の耳飾りもこの種類だ（図56）。新羅にもごく少数だが、高句麗から持ちこまれている。それをつくる技術が、高句麗から新羅を経由して、倭につたわった可能性はのこる。

一方で百済では、公州武寧王陵の首飾りや、扶余王興寺《プヨワンフンサ》（五七七年に百済の威徳《ウイドク》王が建立）の木塔址から出土した舎利供養具（図64下）などに例がある。一二個という小環の数、側面の小環が互い違いに接する意匠が共通する。最近では、漢城期百済の地域有力者の墓、公州水村里八号墓でも出土している（図64上　ただし小環は九個とすくない）。

百済の花籠形の飾りには、もうひとつ大きな特徴がある。それは、小環と小環の接点の左右に細粒をつけている――ひとつの小環に五つの細粒がつくのが基本――ことだ。簗瀬二子塚にはみられないが、後で触れるように、倭のいくつかの耳飾りに確認できる。

図64　百済の花籠形飾り
上：公州水村里８号墓（国立公州博物館）
下：扶余王興寺木塔址（国立扶余博物館）

考えをめぐらせていく中で、簗瀬二子塚の花籠形の中間飾りは、どちらかといえば百済系だろう、と判断した。

## 材質がちがう

ここまでは、右島さんから連絡をもらった後に、報告書の記載や図面からある程度考えていたことだった。実物の調査によって確かめられたことに満足した。

ひととおり観察を終えて、記録写真を撮りはじめた。ファインダー越しに耳飾りをみつめていると、ふとおかしなことに気がついた。鎖は錆のために単位がよくわからないのに、花籠形の中間飾りには錆があまりなくて、小環ひとつひとつがよく確認できた。カメラを置いてもう一度観察した。

報告書には金銅製という記載がある。鎖や中間飾りの中を通る連結金具は、銅特有の錆（緑青《ろくしょう》）に覆われていて、そのすき間から金のかがやきがみえる。金銅でつくられたことは確かだった。けれども、中間飾りには緑青が出ていない。そのかわりに全体に黒ずんでいた。まちがいない、材質が鎖と中間飾りでちがう。この黒ずんだ感じは……銀ではないか。

ほかの破片も調査した。結果は同じだった。肉眼の観察によるかぎり——材質を確定するには自然科学的な分析が必要だ——、簗瀬二子塚の耳飾りは、鎖と連結金具は金銅で、花籠形の中間飾りは銀でつくられたものだった。部品によって材質を変えることで光彩の変化をもくろんだのだろう。このような例をほかには知らなかった。

簗瀬二子塚古墳の耳飾りは、大加耶の意匠や百済の中間飾り、そして金銅と銀という材質がハイブリッドされたものだった（高田　二〇一六）。

## 親子のような会話

それまで観察を見守ってくれていた右島さんに、予想以上の成果を挙げた（と自分では思った）ことをつたえた。こんな口調だったはずだ。

「中間飾りと鎖をつなぐ全体の意匠は大加耶系だと思うんですけど、花籠形は大加耶に例がなくてどちらかといえば百済系なんですよね。それと部品の材質に金銅と銀を使い分けているんですよ。鋳の雰囲気がちがうじゃないですかぁ。鎖と連結金具は金銅で、花籠形は、この黒ずんだ感じだと、おそらく銀だと思うんですよねー。」

今ふりかえると赤面してしまう。けれども、「おお、そうか、なるほどねぇ」と興味深そうに相づちを打ってくれる右島さんと、熱く語る筆者。右島さんには失礼かもしれないが、まるで親子の会話だった。

その後、百済系とおぼしき金箔ガラス玉や倭王権とのつながりをしめす捩《ねじ》り環頭大刀など、いろいろな副葬品をいっしょに観察し、夕刻までかかって調査を終えた。安中市教育委員会の方にお礼を述べたあと、高崎駅前まで移動して、東京行きの最終の新幹線の時間まで、お酒をご一緒した。右島さんのこれまでの調査や研究、博物館活動の経験談を一対一できかせてもらう、ぜいたくな時間だった。

## 倭の類例

簗瀬二子塚古墳とよく似た耳飾りは、日本列島でほかに四点確認できる（図65）。出土した古墳を列挙すると、千葉県祇園大塚山《ぎおんおおつかやま》古墳、長野県畦地《あぜち》一号墳、奈良県新沢千塚出土とつたわる資料、そして和歌山県大谷《おおたに》古墳である。この四点の耳飾りの特徴をまとめると次のようになる。

・いずれも銀製で、花籠形（や空球）の中間飾りと鎖を組み合わせた中間部に、細長の心葉形や三翼形の垂れ飾りを取りつけた長鎖の耳飾りである。垂れ飾りは大加耶系だ。

・花籠形中間飾りのつくり方が共通する。一二個という小環の数、上半球と下半球の小環が互い違いに接するように組み合わせて球体をつくることが同じだ。

・祇園大塚山と新沢千塚の中間飾りには、小環と小環の接点の左右に銀の細粒がつく。先ほど紹介したように、百済にみられる技法である。

・さらに祇園大塚山の中間飾りには、歩揺（小さい金属板を垂らした飾り）も取りつける。歩揺をさげた耳飾りが多いのは、新羅である。

・畦地一号、新沢千塚、大谷の垂れ飾りの下端に、臼玉のようなリングをはめて、その

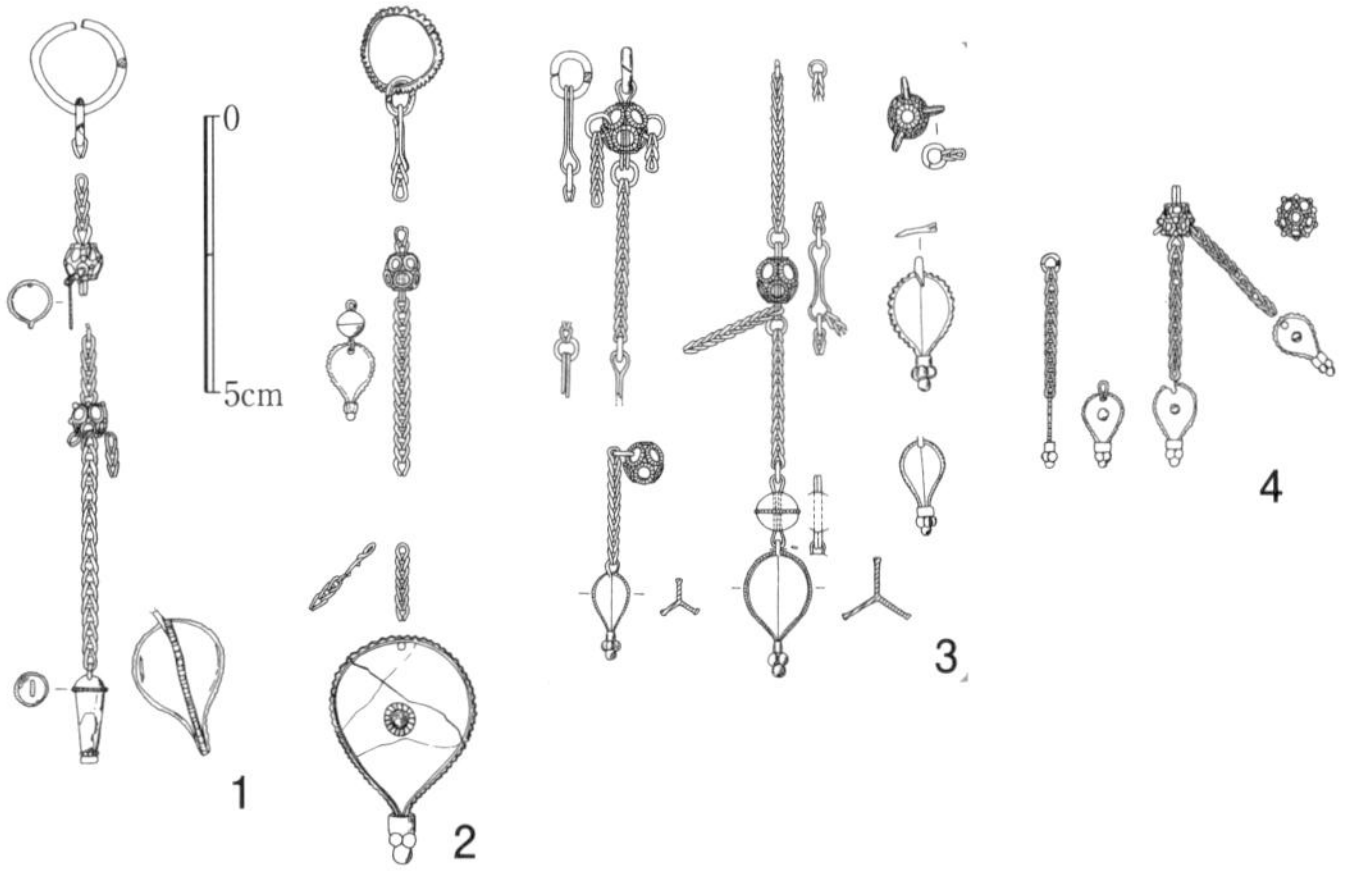


図65　花籠形中間飾りをもつ耳飾り（野上　1983）
1：千葉県祇園大塚山古墳　2：長野県畦地一号墳　3：和歌山県大谷古墳
4：伝 奈良県新沢千塚

下に銀粒を取りつけている。

このように、簗瀬二子塚をふくめた五つの長鎖の耳飾りはよく似ている。

### 製作地はどこか

「他人の空似」ではなくて、耳飾りの意匠や製作技術の共通性が高い（金宇大　二〇一七）。今の資料による限り、朝鮮半島諸社会、特に百済や大加耶で、材質、意匠、細かい部分のつくり方が、すべて合致する耳飾りは確認されていない。

今後出土する可能性はのこる。正直に告白すれば、はじめて倭の耳飾りについて論文を発表した一九九八年当時、筆者は、朝鮮半島で銀や金銅製の耳飾りが新たに発見される可能性は高い、と考えていた（高田　一九九八）。けれども二〇年以上たった今でも、それらは朝鮮半島できわめて少数である。今後も新しい資料に注意する必要はあるけれども、そろそろ製作地の第一候補として倭を挙げることができそうだ。

## 「倭風」の耳飾りが語ること

五世紀後半の朝鮮半島とのつながりの中で、アクセサリーの製品や部品の入手だけではなくて、金工に長けた工人を倭に招《まね》いて、彼（彼女）らを主体とした工房をつくるようなことがあったのだろう。その工房の実態については、「百済や大加耶の混成工房であった可能性など、さまざまなパターンを検討していく必要」（金宇大　二〇一七、一四八頁）がある。

想像をふくらませよう。大加耶や百済、そしておそらく新羅などから渡って来た工人、もしくはその子孫のような渡来系の工人を主体とした工房があって、倭の有力者の好みにあうように、鎖を長くつなぎ、より華やかに飾りたてようと、工人それぞれがもつ意匠や技術をふんだんに取り入れて、ハイブリッドな耳飾りが創り出した、のかもしれない。

それを入手した倭各地の有力者の側からみれば、倭王権やほかの地域有力者、朝鮮半島との多面的なつながりを演出するとともに、傘下の人びとに先進文化を提供する能力をアピールする格好のトレンドアクセサリーだったのだろう。

# 5　倭王権の外交の一翼を担って

五世紀後半、倭の外交の一翼を担う中で、百済や大加耶系のアクセサリーを取りそろえた地域有力者がいる。熊本県江《え》田《た》船山《ふなやま》古墳に最初に葬られた人物だ。金色にきらめく優品の冠、耳飾り、帯金具などが古墳から出土している。その系譜や特徴を紹介しながら、この有力者の姿を描く。あわせて五世紀の倭の対朝鮮半島交渉を考えてみたい。

## 熊本県江田船山古墳

江田船山古墳は熊本県玉名郡和水町にある墳丘長六二メートルの前方後円墳である。有明海にそそぐ菊池川の中流域の台地にひろがる清原古墳群に属する。埋葬施設（家形の石棺式石室）が一八七三年に開かれて、その中から多彩な副葬品が出土した（菊水町史編纂委員会編　二〇〇七）。それは東京国立博物館に収蔵、展示されている。

アクセサリーは当時の技術の粋をあつめたものばかりだ。五世紀後半ごろ（冠帽、帯冠、長鎖の耳飾り、龍文の帯金具など）と、六世紀前半ころ（広帯二山式冠、耳飾り、飾り履など）に、それぞれ副葬された。別の人物を飾るアクセサリーと考えるのが自然で、ここでは前者、最初に葬られた人物が身に着けたアクセサリーをあつかう。その特徴と系譜をていねいに、ちょっとマニアックにみていこう。第一章のテキストを準備してほしい。

**耳飾り**　主環に一条（左条とする）、主環につないだ遊環から二条（中央条、右条とする）、あわせて三条の飾りをつないだ華麗な金製耳飾りである（図66）。中央条と右条は、それぞれ遊環＋空球中間飾りと鎖を組み合わせた中間部＋細長の心葉形の垂れ飾りという構成をとる。左側の一条は、遊環＋空球中間飾りと鎖を組み合わせた中間部＋釣りの浮きのような垂れ飾り（浮子形）である。

全体的な意匠、空球と鎖をつないだ中間部、そして垂れ飾りの形は、大加耶の耳飾りにみられるものなので、大きくは大加耶系と評価できる。

けれども、次に挙げる特徴は独特だ。

①　全長が一五センチにも達する。

②　垂れ飾りに飾りがつく。中央条の垂れ飾りの表裏には、半球を取りつける。右条の垂れ飾りには、縦の中心線にそって刻目帯をつける。そして左条の浮子形垂れ飾り

には、緑色のガラス玉や歩揺を取りつけている。

③　左条では空球中間飾りのひとつひとつに、それぞれ三つの歩揺を取りつけている。

まず①について、大加耶の耳飾りで一番長いものは、陜川玉田《ハプチョンオクチョン》二八号墳から出土したもので、一〇センチである（図12－1）。その一・五倍も長い。②については、垂れ飾りの表裏に半球を取りつけるものは、第二章4節で紹介したように、これまでのところ倭の大加耶系耳飾りでしか確認できない。ガラス玉で飾る浮子形垂れ飾りもまた、大加耶にはみられない。ただ、新羅や百済の耳飾りにはガラス玉を組み合わせる例はすくなくない。③の空球に歩揺をつける飾りも、大加耶では確認されておらず、

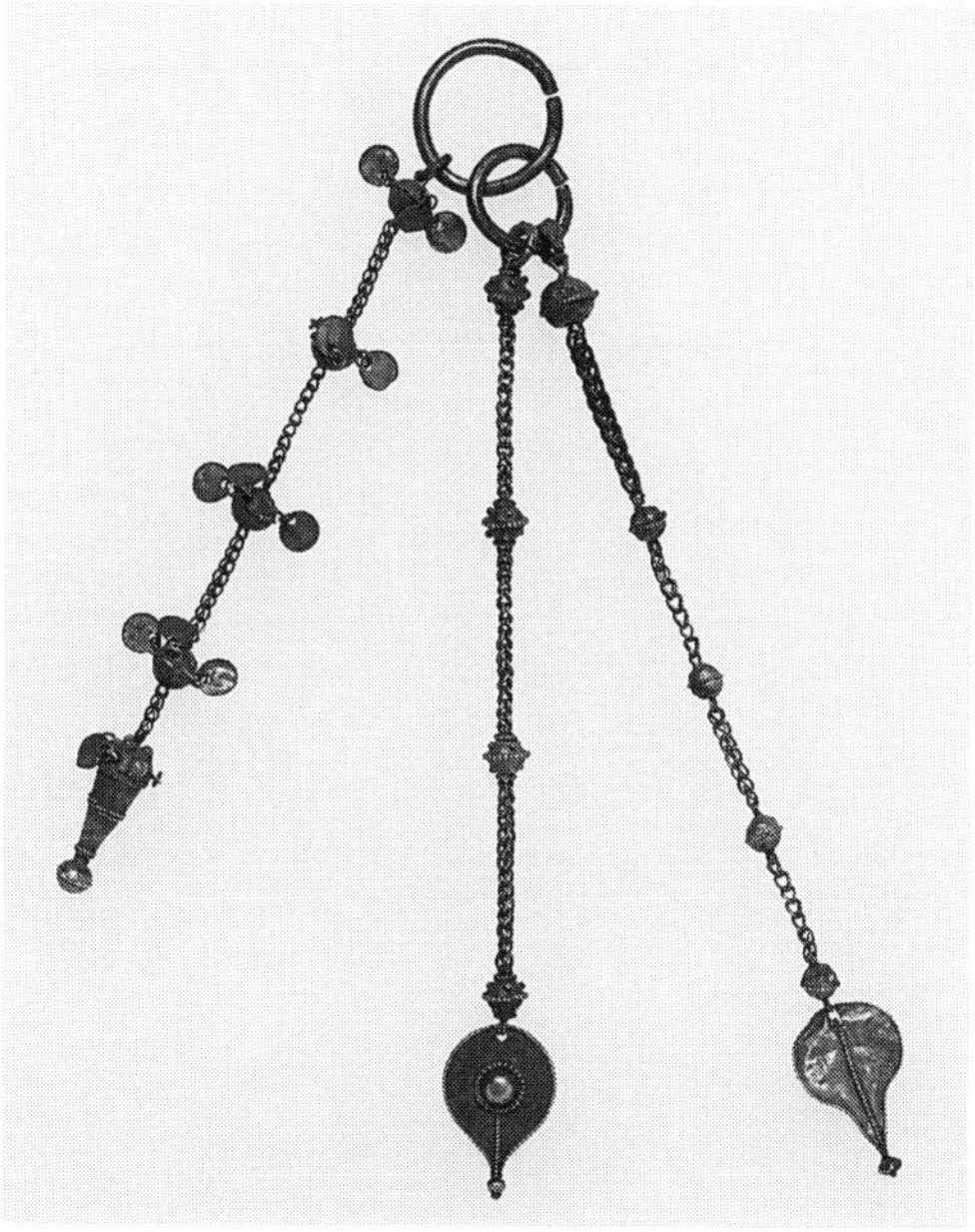

図66　江田船山古墳から出土した長鎖の耳飾り
（東京国立博物館）

新羅の首飾りのビーズに例がある。ただし、歩揺のつけ方がちがう。

きわめつけの特徴は、全体は金でつくられているのに対して、主環につながれた遊環と、右条の一段目の空球中間飾り＋鎖だけ、材質が銀である点だ。右条の一段目とそれより下の鎖の単位をくらべると、一段目のほうが大きい。

すなわち、金製の耳飾りをつくった後で、銀製の空球や鎖を継ぎ足して、右条の鎖を長くしている。おそらく、中央条と長さをそろえて全体のプロポーションを整えるべく、鎖を継ぎ足したり、遊環を追加したりしたのだろう。

細かい説明がつづいてしまった。①〜③の特徴、そして銀製の部品をもちいた補修を考え合わせると、江田船山古墳の長鎖の耳飾りは、大枠は大加耶系だけれども、「倭風」にアレンジされたものと評価できそうだ。

ひとつの仮説だが、もともと金製の耳飾り（の基本的な部品）が、大加耶で製作されて倭に贈られたのではないか。そして、前節で考えたような、さまざまな出自をもつ渡来系工人が主体となった混成工房で、鎖をより長くしたり、飾りを華麗にしたり、アレンジを加えたのかもしれない。

## 冠帽

冠帽は金銅製で、烏帽子《えぼし》のような側板二枚の上縁をフレームで固定して本体としている（図67）。側板に透かし彫りされた文様をみると、からみあう二匹の龍を中心に置き、その周囲に火焔のような文様を連続してめぐらせている。本体の下縁には裾板がめぐり、本来は立飾りもついていたようだ。さらに、後面には伏鉢装飾が鋲で固定されている。

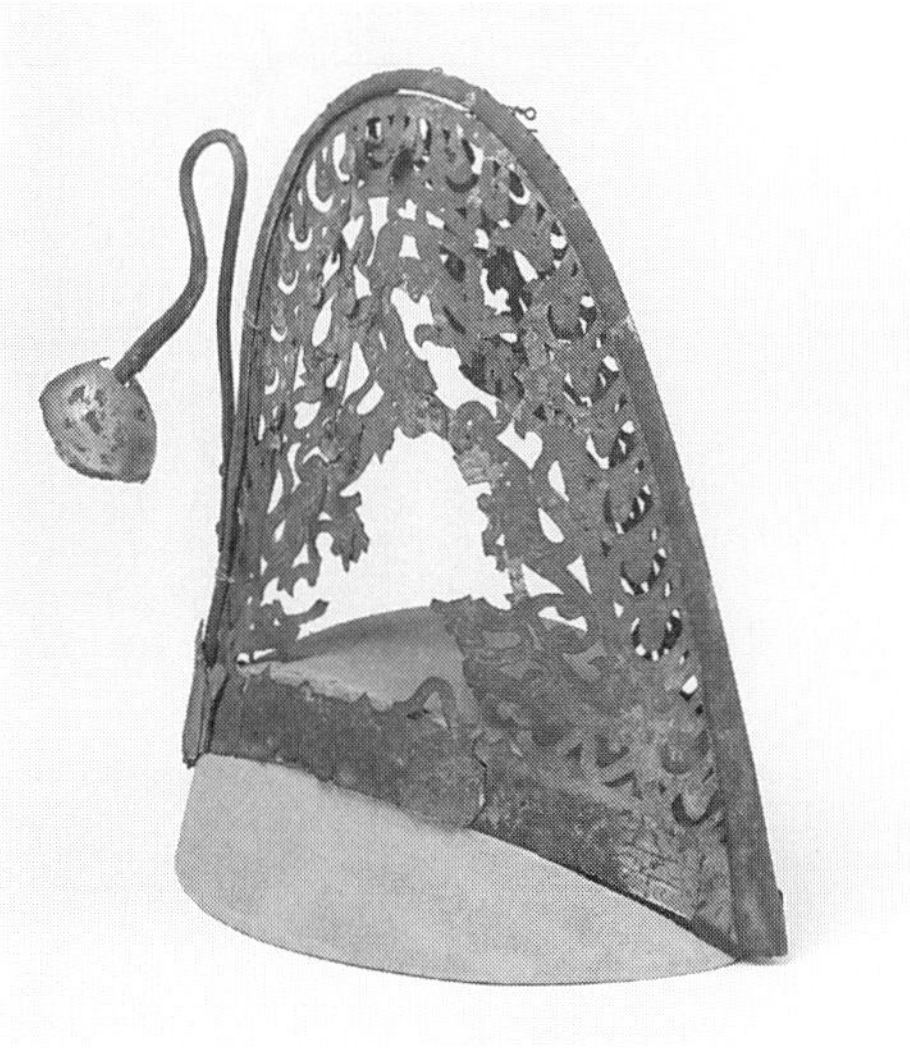

図67　江田船山古墳の冠帽（東京国立博物館）

図68　江田船山古墳の帯冠（東京国立博物館）

ここまで読み進めてきた方ならば、これが百済系の冠帽であることは、すぐわかるだろう。部品の構成や組み立て方、龍や火焔の文様などの共通性が高く、その精巧なつくりからも百済から贈られたものとみてよさそうだ。

### 帯　冠

大きな宝珠形の立飾りを正面にそなえた金銅製の帯冠である（図68）。帯と立飾りは、一枚の金銅板から一体で切り出されている。

文様をみると、帯の上下の縁《ふち》に列点文、その内部に菱形（斜格子）の文様がほどこされている。立飾りも周縁に列点文、その内部に蓮《はす》の花を横から見たような蓮華文が表現されている。いずれの文様も、先が丸みを帯びたキリのような道具で、裏面から点を連続して打ち出して表現している（点打ち彫金）。また、立飾りや帯に円形の歩揺を取りつけている。

宝珠形の立飾り、点打ち彫金による斜格子文や蓮華文などの特徴は、大加耶の帯冠と似ている。ただまったく同じ例は確認できない。百済の飾り履にも斜格子文をほどこす例があり、羅州《ナジュ》新村《シンチョン》里《リ》九号墳の冠帽（図16上）の側板にもよく似た蓮華文が表現されている。それなので江田船山の帯冠は、百済・大加耶系と考えられる。

### 龍文帯金具

金銅製で、飾り板に「C」字形の龍文を立体的に表現している（図69）。縁には綾杉《あやすぎ》文とよばれる刻み文様がめぐる。帯本体に留めるための鋲が確認できるので、飾り帯として副葬されたのだろう。

龍文を飾った帯金具としては、第二章2節で紹介した龍文透彫帯金具がある。その系譜は三燕―高句麗―新羅とたどれる。それと比較すると、龍の細かな表現が異なるし、つくり方も文様を飾った薄い銅板をつくる「精密鋳造」の技法をもちいている（金跳咏　二〇二〇）。龍文透彫帯金具とは、異なる技術でつくられている。

今のところ朝鮮半島の類例は、第一章3節で大加耶の帯金具として紹介した小倉コレクションの資料（図26）に限られる。けれども、百済や大加耶のほかの金工品には、同じようなモチーフの龍や綾杉文が表現されたり、「精密鋳造」でつくった可能性が高いものもある。それなので、とりあえずは百済・大加耶系の帯金具と評価できる。

図69　江田船山古墳の帯金具（東京国立博物館）

### 葬られた人物の姿

百済や大加耶系の冠帽、帯冠、耳飾り、帯金具をそろえた江田船山の人物は、どのような性格だったのか。手がかりは、副葬された七五文字を象嵌《ぞうがん》した大刀である。その釈文と内容については豊かな研究史がある。筆者は、江田船山古墳に最初に葬られたのは、「ムリテ」という名をもつ人物で、雄略大王（ワカタケル）に「典曹人」（官人として役所に勤務する者）として仕えていた、という見方に賛成する。吉田晶氏はその姿を次のように描く。

その副葬品に中国・朝鮮系の優品が数多く含まれていることからすると、ムリテは有明海を通じて朝鮮地域と積極的に交流していたことがうかがわれる。おそらくそのことを通じて倭王権と緊密な関係を持つようになり、ワカタケルの宮廷で「典曹人」としての地位を得たものであろう（吉田　一九九八、一六九頁）。

すなわち、主体的に朝鮮半島の諸社会、特に百済や大加耶と交渉を重ねながら、一方で倭の外交を補佐し一翼を担うような地域の有力者が、江田船山古墳に葬られた。その対外交渉の能力を演出するのに、百済や大加耶系のアクセサリーは格好のアイテムだったはずだ。

それとともに、百済や大加耶も彼（彼女）の動きを把握していて、その交渉能力、倭王権とのつながりを仲介するような役割に期待するところが大きかったのではないか。だから百済王権から最高級の冠帽が贈られた、と考えてみたい。

## 五世紀の倭の対朝鮮半島交渉

江田船山古墳ほどではないにしても、百済や大加耶系のアクセサリー（前節の「倭風」の長鎖の耳飾りもふくむ）を副葬した有力者の古墳は、倭王権のおひざ元の畿内地域以外でも、瀬戸内（岡山県牛文《うしぶみ》茶臼山古墳）、紀伊（和歌山県大谷古墳）、若狭（福井県向山一号墳・西塚古墳　図70）、東京湾東岸（千葉県祇園大塚山古墳）、武蔵（埼玉県埼玉稲荷山古墳）、そして上毛野（群馬県梁瀬二子塚古墳）など、日本列島の各地で確認できる。いずれの古墳にも朝鮮半島との直接、間接的な交流を通して、さまざまな文化を地域社会に定着させていった有力者が葬られていた。

それとともに、甲冑や中国鏡（「倭の五王」による中国南朝への遣使の際に手に入れたと考えられる鏡）など、倭王権との政治的な関係をしめす文物も副葬されることが多い。

したがって五世紀には、倭王権と地域社会が時には協力し、時には競い合いながら、い

図70　福井県向山1号墳の耳飾り（若狭町歴史文化館）

うなれば「呉越同舟」のような関係の中で、朝鮮半島の諸社会と交渉を重ねることがあったのだろう（高田　二〇一七）。

倭王権の側からみれば、対外交渉を円滑に進めるには、地域社会の航海技術や朝鮮半島とのコネクションを活用していくことが必要だった。地域社会の側からみれば、倭王権に積極的に参加して「倭」という交渉主体を形づくることは、単独で交渉するよりも安定して朝鮮半島系の文化を受容できるメリットがあった。

倭王権と地域社会の複雑な力学関係、利害関係、緊迫した朝鮮半島情勢がからみあって、五世紀の倭の対朝鮮半島交渉はおこなわれていた。

# 6　大加耶と百済のはざまで

本章の最後に、大加耶と百済のはざまに位置した有力者のアクセサリーを紹介する。そこから、両社会の微妙な関係を読みとりたい。

### 大加耶の内陸路と阿英盆地

五、六世紀に倭と交渉を重ねる大加耶は、南の海に出るために、大きく三つのルートを駆使していた。新羅との境を流れる洛東江《ナクトンガン》をつたうルート、圏域の中央を流れる南江《ナンガン》をつたうルート、そして圏域の西、百済や栄山江流域社会との境を流れる蟾津《ソンジン》江《ガン》をつたうルートである（高田　二〇一七）。

圏域の北東、高霊を王都とする大加耶王権が、西に進んで南江ルートや蟾津江ルートを活用して南の海に出るためには、両ルートをつなぐ東西の内陸路も確保する必要があった。そのため、内陸路沿いに点在する地域集団と緊密につながっていた。仮に百済が西から進攻して、この内陸路を押さえてしまうと、とたんに対外交渉が難しくなってしまうし、王都まで攻めこまれてしまう危険性も高かった。

特に、内陸路の中ほどにひろがる阿英《アヨン》盆地（今の全羅北道南原《ナモン》市）の一帯は、かなめの地だった。そこにはいくつかの有力な集団が居をかまえており、月山里《ウォルサンリ》古墳群や斗洛里《トゥランリ》古墳群（正確には西谷里《ユゴンリ》・斗洛里古墳群）、清渓里《チョンゲリ》古墳群などを営んでいた。

**南原斗洛里三二号墳**

そのひとつ、斗洛里古墳群では、四〇数基の墳墓が確認されている。その三二号墳が、二〇一三年に全北大学校博物館によって発掘調査された（図71　全北大学校博物館ほか　二〇一五）。東西二一メートル、南北一七・四メートルの楕円形の墳丘である。竪穴式石室一基（主石槨と副葬石槨）が確認され、豊かな副葬品が出土した。きずかれた時期は、五世紀後半である。

副葬された土器は、「高霊様式」とよばれる大加耶系の土器一色だった。王都の高霊から運ばれたものと、現地でつくられたものがある。副葬された馬具や武器なども、加耶によくみられるものだ。それに加えて、長大な竪穴式石室、内部の木棺の組み立てに鎹や釘をもちいることなども、大加耶の埋葬施設の特徴なので、大加耶の墓制にのっとってきずかれた墳墓と評価できる。

葬られた人物やその傘下の集団（以下、斗洛里集団とする）は、基本的には大加耶に帰属し、大加耶の西の要衝を確保していたのだろう。

## 百済の飾り履

しかしながら、斗洛里集団は百済ともつながっていた。阿英盆地が大加耶と百済の境に近い地なので、百済とのつながりについて指摘されることは多かったが、考古学的な物証にとぼしかった。それが、三二号墳の主石槨から、百済系の飾り履が出土したことによって、現実味を帯びてきた。

図71　雪景色の斗洛里32号墳

三二号墳出土の飾り履は金銅製で、葬られた人物の足元から出土した。残念ながら後に盗掘された際に破片となってしまっていて、全体の姿は復元できない。それでも、側板に点打ち彫金で斜格子文が表現されていること、円形の歩揺がつけられていること、二枚の側板をつま先やかかとの中央で鋲留めしていること、そしてスパイクをそなえていることが確認できる（図72上）。

このような特徴の飾り履は、第一章4節で紹介したように、百済系である。益山《イクサン》笠店《イプジョン》里《リ》八六―一号墳や羅州新村里《ナジュシンチョンリ》九号墳の飾り履（図28下）とよく似ている。

**斗洛里一号墳の首飾り**

斗洛里古墳群の中でもうひとつ、百済のアクセサリーを出土した古墳がある。六世紀前半の例になってしまうが、一九八八年に全北大学校博物館が調査した五号墳である（全北大学校博物館ほか　一九八九）。直径一〇メートルほどの小円墳だが、竪穴式石室から、銀製の首飾りとそれに付属するガラス玉や黒玉が出土している。

図72　斗洛里古墳群のアクセサリー
1：32号墳の金銅製飾り履（側板とスパイク）（全北大学校博物館）　2：5号墳の銀製首飾り（国立全州博物館）

銀の棒の両端を長く引きのばして環をつくり、その余りを環の根元に巻き付けた部品を組み合わせた独特なつくりである（図72下）。これに青色ガラス玉や黒玉をつないで、首飾りとしていたようだ。

大加耶ではほかに出土例はない。その一方で、公州武寧王陵で同じつくり方の金製首飾りや銀製腕輪が確認できるので、百済から贈られたものと考えられる。

図73　斗洛里32号墳から出土した中国鏡（全北大学校博物館）

## 三二号墳の中国鏡

もうひとつ、アクセサリーではないが、斗洛里三二号墳には斗洛里集団の対外交渉をしめす副葬品がある。中国の南朝でつくられた鏡だ（図73）。倭が、「倭の五王」の中国遣使の際に、さかんに求めた鏡とおなじもので、死者の頭部付近に置かれていた。

どのように手に入れたのか、については、中国南朝からその鏡を入手した倭王権が贈ったという見方と、いやそうではなくて百済王権が贈ったという見方のふたつがある。

倭王権を贈り手とみる理由は、朝鮮半島の諸社会では、倭のように鏡の分配を社会の統合にもちいることはないからだ。そもそも鏡を副葬する慣習がほとんどない。また斗洛里三二号墳の中国鏡には、赤い顔料が塗られているが、このような例は倭ではいくつか確認できる。鏡の副葬に際し、なにか共通の儀礼がおこなわれていた可能性がある。

一方で、百済王権を贈り手とみるのは、百済は倭よりも中国南朝とのつながりが密接だったことと、六世紀前半の公州武寧王陵で中国鏡が出土しているためである。

東アジアの鏡の社会的な意味あいを研究する上野祥史氏は、次のように述べる。


斗洛里三二号墳出土の南北朝鏡を中国からの入手とすれば、直接入手は困難で、百済を介した入手を想定することになる。全北南原の一被葬者に対して、百済（忠清道地域）では王に限定的な鏡が分与され、極めて異例の特異な扱いということになる。当墳で百済系の金銅製飾履が出土していることは、それと符合する一面を示すことになるのだろう（上野　二〇一九、三〇三頁）。

その一方で、上野氏は、当時の日本列島と朝鮮半島における中国鏡のひろがりをみると、倭王権から贈られたとみることもまた、整合的と判断する。贈り手がいずれかであったのか、については まだ確定的ではない。仮に、倭王権から直接贈られたとするならば、斗洛里集団は、大加耶、百済にくわえ、倭とつながるほどの政治的な自律性をもっていたことになる。

## 大加耶に帰属し、百済ともつながる

話がややそれたが、ともあれ、斗洛里三二号墳の飾り履、五号墳の首飾りは、いずれも百済から贈られたアクセサリーである。それを贈った意図は、おそらく、大加耶圏の西のかなめを押さえる斗洛里集団に対する懐柔にあったとみてよい。

五世紀後半の百済と大加耶の関係は、おおむね良好だったけれども、それは高句麗の進攻への対処という一点で協調していただけ、ともいえそうだ。より微視的にみれば、たがいの境界地域をめぐってしのぎを削っていたようである。その葛藤を斗洛里集団に贈られた百済のアクセサリーから読みとることができる。

逆に、斗洛里集団の有力者の側からみれば、大加耶に帰属する一方で、百済とのつながりも担保しておくという、したたかな政治的な立ち振る舞いをしめすアクセサリーともいえるだろう。二つのせめぎあう社会のはざまに位置する集団にとって、片方の社会に帰属しながら、もう一方との社会とつながりも維持しておくということは、いつの時代でもよくみられることだ。

そして百済は、このような策謀をめぐらせながら、六世紀前半に蟾津江流域へ進出する。

これによって大加耶と百済の対立が表面化する。その中で、両社会のはざまの地域集団は、どのように動いたのか。それについては次章1節で紹介しよう。

# 第四章　緊迫した情勢の中で　六世紀

## 六世紀前半の情勢

四七五年に王都の漢城を高句麗に奪われ、滅亡の危機に瀕《ひん》した百済だが、熊津に都を移し、しだいに勢力を盛りかえす。五一〇年代には大加耶の西のかなめだった蟾津江《ソンジンガン》流域へ進出する。朝鮮半島西南部、栄山江《ヨンサンガン》流域の統合も進め、六世紀中ごろにはほぼ達成する（高田　二〇一九a）。

百済との対立が表面化した大加耶は、洛東江《ナクトンガン》東側の地歩を固めた新羅に接近し、五二二年には結婚同盟をむすぶ。けれども、わずか七年で破棄されてしまう。このころに新羅が加耶へ進攻し、五三二年にまず衰退の途にあった金官加耶を降伏させる。これによって百済と新羅の対立も深まった。

百済が主導する形で、金官加耶の復興をめざした、いわゆる「任那復興会議」が開かれるものの、会議に参加した社会それぞれの思惑のずれから、特段の成果をあげることはできない。新羅と百済、双方の圧迫を受けた大加耶は急速に衰退し、その内部も親百済派と親新羅派に分裂していく。そして五六二年、大加耶は新羅の軍門にくだった（田中　一九九二）。

この情勢の中で、倭王権は百済や大加耶と友好的な関係を維持しながら、倭の外交権の掌握にのりだす。五世紀後半には、有力な地域社会だった吉備の中心勢力を押さえこみ、河川、海上交通に長けた吉備各地の地域集団と直接の関係をむすぶ。

図74　本章でとりあげる遺跡

そして、九州各地の有力者の連携をリードし、朝鮮半島と主体的な交渉を重ねていた「筑紫君磐井《つくしのきみいわい》」と、加耶をめぐる外交政策で対立し、抗争にいたる。勝利をおさめた倭王権は、外交権の一元化に成功する。

六世紀前半、朝鮮半島諸社会と倭の情勢は、このように緊迫の度合いを深めた（高田　二〇一七）。その後、新羅、百済、倭、そして高句麗という王権間の外交が、ひとまずは日朝関係の中で大きな比重を占めていった。

けれども、そこまでの過程で、それぞれの社会がくっついたり離れたりと、「遠交近攻」のようなことをくりかえす。その中で活躍した集団や個人がいたこともまた確かである。そのことをしめすアクセサリーを紹介しながら、当時の流動的な情勢の小状況を描いていきたい。

# 1　キャスティングボードをにぎる

## 順天という地

五一〇年代に百済が進出した蟾津江下流域の西に、順天《スンチョン》という地がある。まさに百済と大加耶（そして栄山江流域社会）の境界だ。南の海に面して、周りを丘陵にかこまれた南北に細長い平野がひろがる。

平野の北の丘陵に雲坪《ウンピョン》里《リ》古墳群が営まれた。一帯をまとめた集団（以下、雲坪里集団）の墓地である。五世紀の終わりから六世紀前半にかけて、丘陵の尾根には高塚の墳墓がきずかれ、斜面には中小の墓がひろがる。

古墳群のふもとには順天西川《ソチョン》が流れていて、それをたどれば、南の海に容易に出ることができる地勢だ。途中から東の陸路へ進んでも、南の海（光陽湾《クアンヤン》）に出ることができる。

この海につづく交通の要衝にきずかれた雲坪里古墳群のアクセサリーが、大加耶と百済のはざまに生きた集団の性格をよくしめす（順天大学校博物館　二〇〇八・二〇一〇・二〇一四）。

## 雲坪里M二号墳

調査された墓の中で、時期が古い高塚の墳墓は、M二号墳である。五世紀終わりから六世紀初めにきずかれた直径一九メートル《メートル》ほどの円墳だ。中心の埋葬施設は横穴式石室である。副葬土器は大加耶系で占められ、その中には大加耶の王都、高霊から運ばれてきたものもある。墳丘の儀礼にもちいられた大型の土器（筒形器台　図75－2）も、大加耶系だ。雲坪里集団は、大加耶との政治的なむすびつきを背景にして、高塚の墳墓をきずくようになった。

M二号墳の石室から、二点の金製耳飾りが出土している。一点は、主環＋遊環＋空球中間飾り＋鎖＋三翼形の垂れ飾りという構成である（図75－3）。第一章1節（三）で紹介したように、大加耶系と判断できる。大加耶王権と雲坪里集団のつながりを直接にしめすアクセサリーだ。

問題は、もう一点の耳飾りである。主環＋遊環＋小環をつないだ立方体形の中間飾り＋表裏に小さな副飾りがつく横長の心葉形垂れ飾り、という構成のものだ（図75－4）。どこの耳飾りか、次の答えを読む前に、ぜひ第一章1節をめくり返して答えをみつけてほし

図75　順天雲坪里Ｍ２号墳（順天大学校博物館）
1：横穴式石室と小石室　2：墳丘上で破砕された筒形器台　3・4：耳飾り

答え合わせをすると、立方体形の中間飾りと、副飾りをそなえた横長の心葉形の垂れ飾りという特徴は、大加耶系ではない。百済にもみられない。それに対し、新羅では一般的なものだ。全体の意匠からみても、まずまちがいなく、新羅でつくられた耳飾りである。

M二号墳では、大加耶系の耳飾りと新羅系の耳飾りが一点ずつ出土した。このような例をほかには知らない。残念ながら、後の盗掘の時にほられた穴から出土したので、ひとりの死者が身につけていたものなのか、それともそれぞれ別の死者のものだったのか、よくわからない。

前者の場合、左右の耳に大加耶と新羅の耳飾りをひとつずつさげて、それぞれとのつながりを演出するような有力者の姿が思い浮かぶ。後者だった場合は、大加耶と新羅それぞれとつながる二人の有力者が、横穴式石室に葬られていたことになる。

いずれにしろ、雲坪里集団は大加耶だけではなくて、新羅とも何らかのコネクションを持っていた可能性が高い。

外の社会とつながっていた証拠は、ほかにもある。

### 雲坪里集団の縮図

M二号墳では、中心の横穴式石室を取り巻くように、一二基の小石室が墳丘の中にきずかれた（図75－1）。横穴式石室と同時のものもあれば、後に追加されたものもある。それは六世紀前半までつづいた。おそらく横穴式石室に葬られた有力者たちに付き従う人びとが埋葬されたのだろう。雲坪里集団の縮図のようだ。

小石室には、いろいろな土器が副葬された。小石室の死者それぞれの出身地や血縁を、ある程度反映する。その系譜をみると、大加耶を主体としながらも、新羅、阿羅加耶もしくは小加耶、そして百済、さらには栄山江流域と、実に多彩である。次に紹介する六世紀前半のM四号墳でも、大加耶系の土器といっしょに、小加耶系の土器が副葬されている。雲坪里集団は、さまざまな出身地や血縁をもつ人びとで構成されていたのだろう。

### M四号墳の耳飾りの秘密

雲坪里古墳群ではもうひとつ、垂飾付耳飾りが出土した（図76）。六世紀前半にきずかれたM四号墳（直径一三メートルほどの円墳）の副葬品だ。主環＋空球の中間飾り＋二条の鎖＋空球の垂れ飾りという素朴な耳飾りである。空球と鎖をつなぎあわせていることから、大加耶系と判断できる。よく似た耳飾りは、陜川玉田七五号墳から出土している（図12－2）。けれども、このM四号墳の耳飾りには、ひとつ秘密がある。二つをくらべて、それがおわかりになるだろうか。

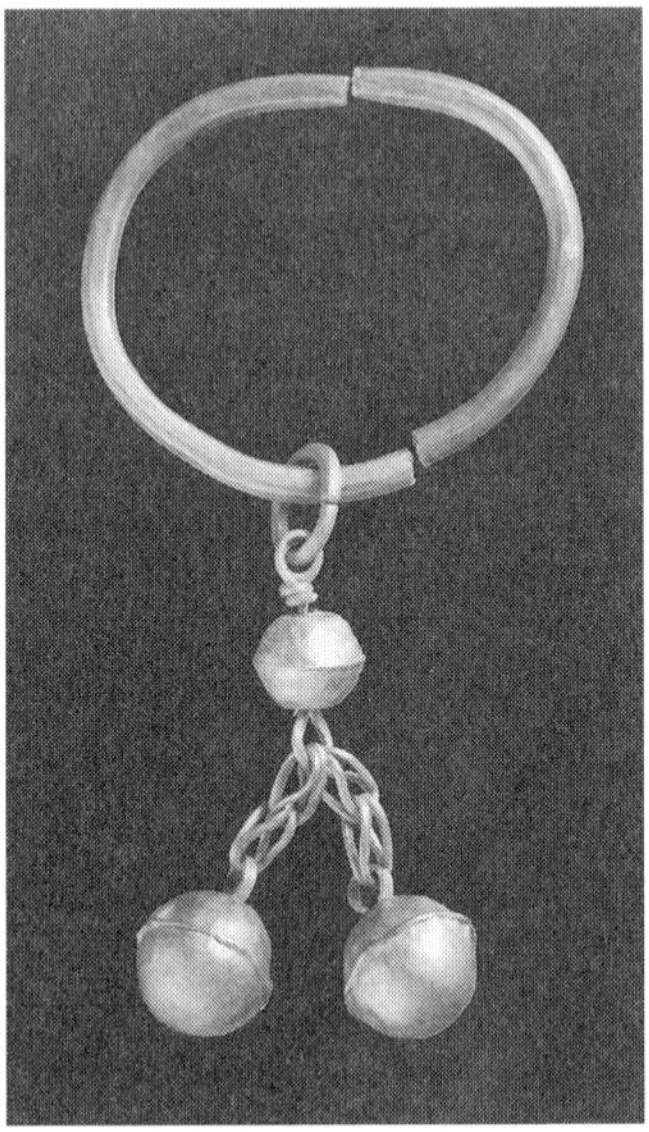

図76　雲坪里M４号墳の耳飾り
（順天大学校博物館）

筆者は二〇一六年二月二六日に、順天大学校博物館で調査した。見た瞬間に、典型的な大加耶の耳飾りだ、と思った。けれどもなにか違和感があって、もう一度じっくりと観察して、ようやく気がついた。その時の驚きはまだのこる。

正解は……、遊環に空球中間飾りをつなぐ方法、すなわち連結金具の形が両者でちがう。玉田七五号墳では、細長い金板の両端を輪のように曲げた連結金具である。これは大加耶によくみられる。

それに対して、雲坪里M四号墳のものは金糸でつくられている。金糸の上端で二重の輪をつくり遊環を通した後、あまった端を輪のつけ根に二回ほど横に巻きつけている。これは、第一章１節（二）でみたように、百済に特徴的なものだ。

全体の意匠や部品は大加耶系だが、連結金具だけは百済の技法でつくられた耳飾りが、大加耶と百済のはざまの地で出土した。なにか示唆的だ。

大加耶では、この百済の技法をもちいた耳飾りは、ほかに二例が確認されている。大加耶の工房に、百済の金工技術をもつ工人たちが一定数ふくまれていた（金宇大　二〇一七）とみるのが、もっとも論理的だろう。この場合、大加耶王権と雲坪里集団のつながりをしめすアクセサリーとなる。

## 雲坪里集団の立ち位置

それが、この耳飾りの性格の基本であることは確かだ。けれども、もしかすると、大加耶と百済のはざまの地の有力者、M四号墳に葬られた人物が、わざわざハイブリッドな耳飾りを、大加耶（もしくは百済）の工房に注文したのかもしれない。パッとみただけでは気づかない細部に、みずからの立ち位置を演出する仕掛けをひそませた、とみるのは深読みだろうか。

ともあれ、百済が蟾津江流域に進出した後でも、雲坪里集団は大加耶とのつながりを深めながら、その地の利をいかして、さまざまな社会や集団と多角的につながっていた。大加耶と百済が、一帯の領有をめぐってせめぎあっていることを把握していたはずだ。その状況下で、したたかに立ち振る舞い、時にはキャスティングボードをにぎろうとした地域集団の姿が描けそうである。

## 2　百済と倭の蜜月な関係をしめす

### 六世紀の百済と倭

六世紀にはいると、倭の各地で、上位有力者の古墳に百済系のアクセサリーが副葬されるようになる。六世紀前半の百済と倭の蜜月な関係をしめす。本章の冒頭でみたように、新羅や大加耶と対峙するようになった百済は、倭との友好関係を深めていく。その中で、アクセサリーを倭の有力者に贈ったり、金工の工人を派遣したようだ。その代表例、滋賀県鴨稲荷山《かもいなりやま》古墳の飾り履と耳飾り、熊本県大坊《だいぼう》古墳の耳飾りを紹介しよう。

### 滋賀県鴨稲荷山古墳

鴨稲荷山古墳は、琵琶湖の西岸、今の高島市の平野部に位置する。六世紀前半に営まれた墳丘長四五㍍《メートル》ほどの前方後円墳である（京都大学文学部考古学研究室編　一九九五）。

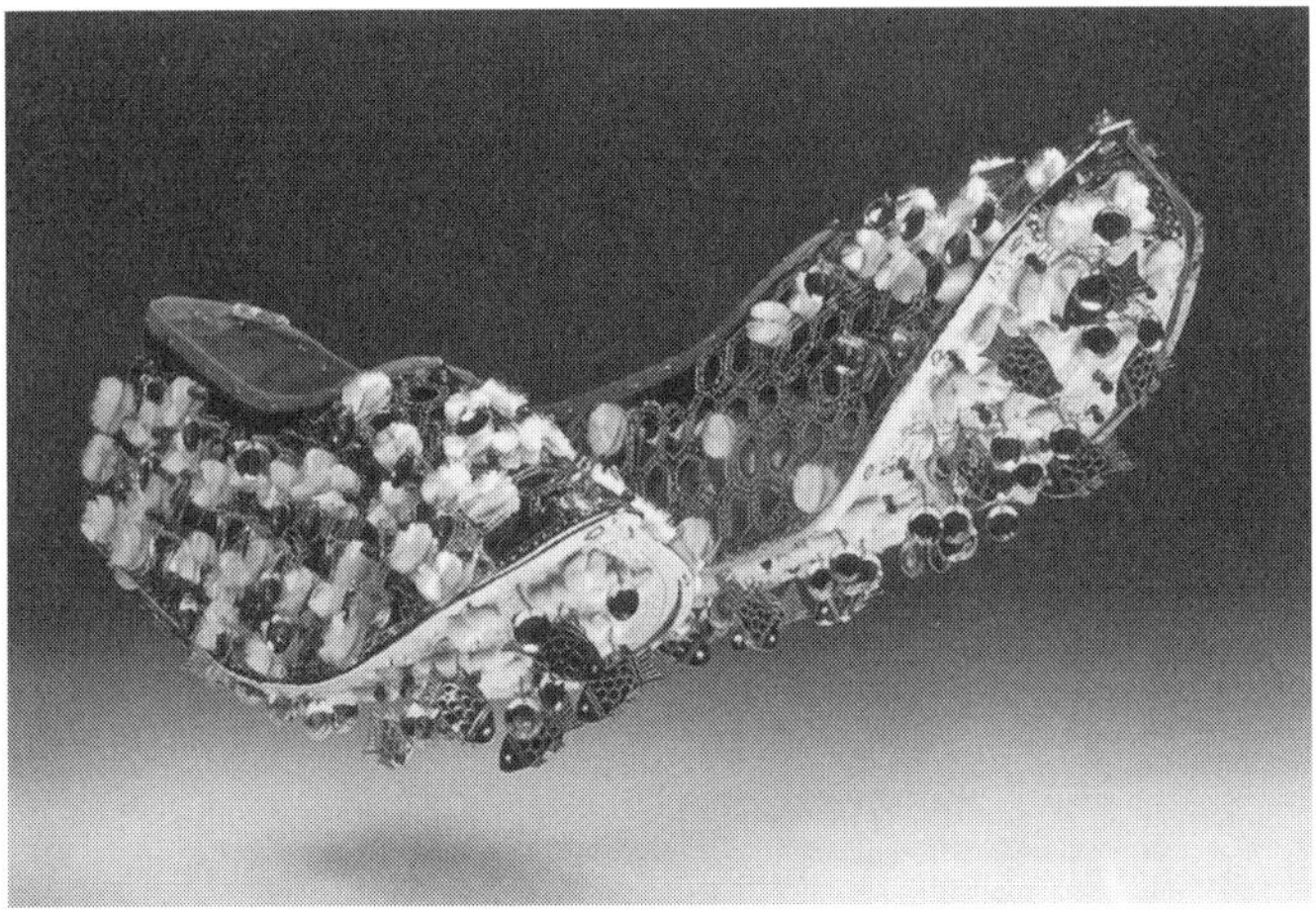

図77　滋賀県鴨稲荷山古墳の飾り履（複元品）（滋賀県立安土城考古博物館）

湖岸まで二キロほど内陸にあるが、もともとはちかくまで湖がせまっていたようだ。湖上交通を意識した立地であり、琵琶湖をとおって淀川をくだれば、瀬戸内海へ出ることができる。北西へ向かえば、若狭街道を経て日本海の若狭湾沿岸にいたる。このような交通の要衝にある古墳から、飾り履と耳飾りが出土した。

**飾り履**

飾り履は金銅製で、二枚の側板と底板で構成される（図77）。側板はつま先側とかかと側で金銅線によって連結されている。第一章4節で述べたように、これは百済の飾り履の特徴である。円形や魚形の歩揺を取りつけたり、側板の基本文様が六角形を連続させた亀甲文であることからみても、大きくは百済系と判断できる。ただし、次のような、百済にはみられない特徴もそなえる（吉井　一九九六）。

①　底板にスパイクをそなえていない。

②　側板の亀甲文が不規則である。かかと側やつま先側で、六角形がくずれたり、文様の間にすき間が生じたりしている。

③　側板や底板に、糸の束でつくった菊花状の飾りや、ガラス玉を数多く取りつける。

①について、百済の飾り履にはたいていスパイクがつく。②のような不規則な亀甲文は、百済の飾り履にみられない。これまで確認された資料は、すべて整然とした六角形が連続する亀甲文である。

③の飾りについて補足すると、百済のアクセサリーのうち、耳飾りや冠ではガラス玉を飾ることはよくある。けれども、飾り履では確認できていない。また、菊花状の飾りのモチーフは、亀甲文（六角形）の中心に彫金された花形の文様と思われるが、それを糸束などの有機質で表現した例は、百済ではみつかっていない。その一方で、一緒に出土した、倭でひろまる冠（広帯二山式冠、次節で紹介）には、③の飾りがつけられている。

以上の特徴から、百済系の技術を習得した倭の工房――百済系の工人もふくまれる――で、独特のアレンジをほどこしてつくられた飾り履である可能性が高い。

**耳飾り**　いずれの部品も金製である（図78）。主環に、金糸の連結金具をもちいて花笠形（第一章1節（二）を参照）の中間飾り＋花笠形にガラス臼玉をはめこんだ中間飾りをつるす。

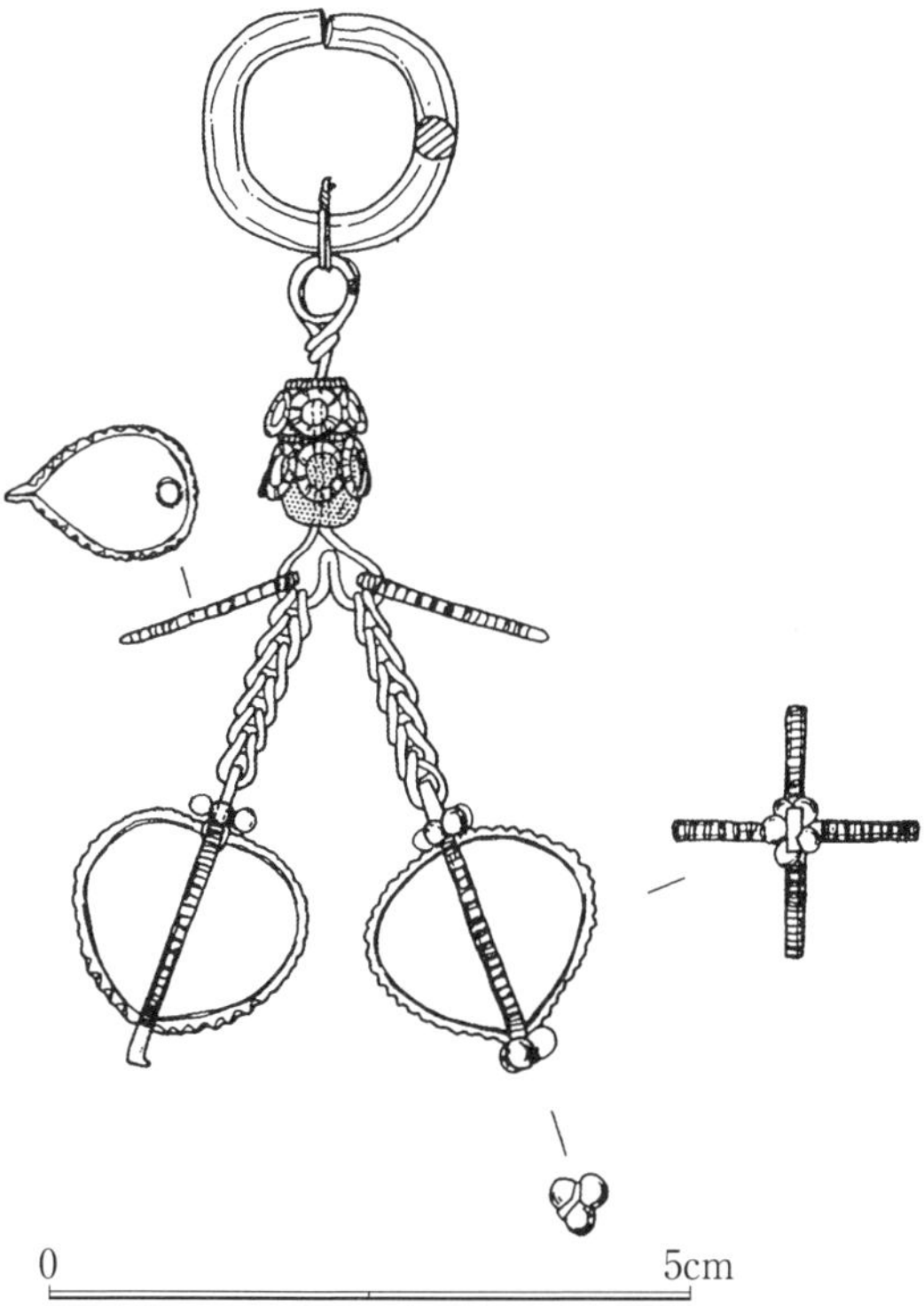


図78　鴨稲荷山古墳の耳飾り

そのつるし方は、連結金具の上端で二重の輪をつくり主環（もしくは遊環）を通した後、あまった端を輪のつけ根に二回ほど横に巻きつけている。今は主環とそのほかの部品は離れてしまっているけれども、1節の雲坪里M四号墳の耳飾りにもみられた百済の技法である。連結金具の下端ではハートを逆にしたような環をつくり、そこに二条の鎖＋四翼形の垂れ飾りと、二点の歩揺をさげている。

主環（＋遊環）＋花笠形やガラス臼玉をもちいた中間飾り＋鎖＋四翼形の垂れ飾りという構成は、公州武寧王陵の王妃の耳飾り（図11－左）と同じだ。意匠やつくり方が、熊津期百済と共通する耳飾りと評価できる。飾り履と一緒に倭でつくられたとみる余地もあるが、倭風にアレンジした部分はなく、百済から贈られたものだろう。

## 倭王権と鴨稲荷山古墳

鴨稲荷山古墳は、淀川―琵琶湖（高島地域）―若狭街道―若狭湾沿岸という、畿内地域と日本海をむすぶ交通路沿いの要衝にきずかれた。高島地域は、倭王権が日本海へとつづく交通路を掌握するためには、かならず押さえなければならない。

鴨稲荷山古墳が、六世紀前半の高島地域に突如としてつくられた前方後円墳であることや、奈良県の二上山で採れる凝灰岩でつくられた家形石棺を埋葬施設にしていることを考えると、鴨稲荷山古墳をきずいた集団と倭王権は、緊密な関係にあったことは確かだ。

高島地域では、朝鮮半島系の土器や初期の須恵器、新たな炊事道具の蒸し器（甑《こしき》）などが出土する五世紀代の集落が営まれている。朝鮮半島系のさまざまな文化を受け入れていたようである。

おそらく、日本海を介する外交の一元化を試みる倭王権と、安定した先進文化の受容を模索する高島地域の集団の思惑が合致したことによって、鴨稲荷山古墳はきずかれた。葬られた有力者は、日本海を介した近隣の地域社会との交渉や、百済や大加耶をおもな相手とする対朝鮮半島交渉に一役買ったとみるのが自然だ。

六世紀前半には、倭王権のおひざ元の工房で、金工品の製作も軌道にのりつつあった。飾り履はそこでつくられて、倭王権から贈られた可能性が高い。耳飾りも、倭王権が百済から手に入れて――あるいは飾り履と一緒に製作して――、それを鴨稲荷山古墳に葬られた人物に贈ったのかもしれないが、もしかすると彼（彼女）が、実際に倭王権の外交の一環で百済へおもむき、そこで百済王権から直接贈られた、とみることもできる。どちらかには絞りにくい。

**大坊古墳の百済系耳飾り**

もうひとつ、九州中部、熊本県の菊池川下流域に位置する玉名市大坊古墳でも、百済系の耳飾りが出土している。六世紀前半にきずかれた墳丘長五四メートルの前方後円墳である（田添　一九六七）。

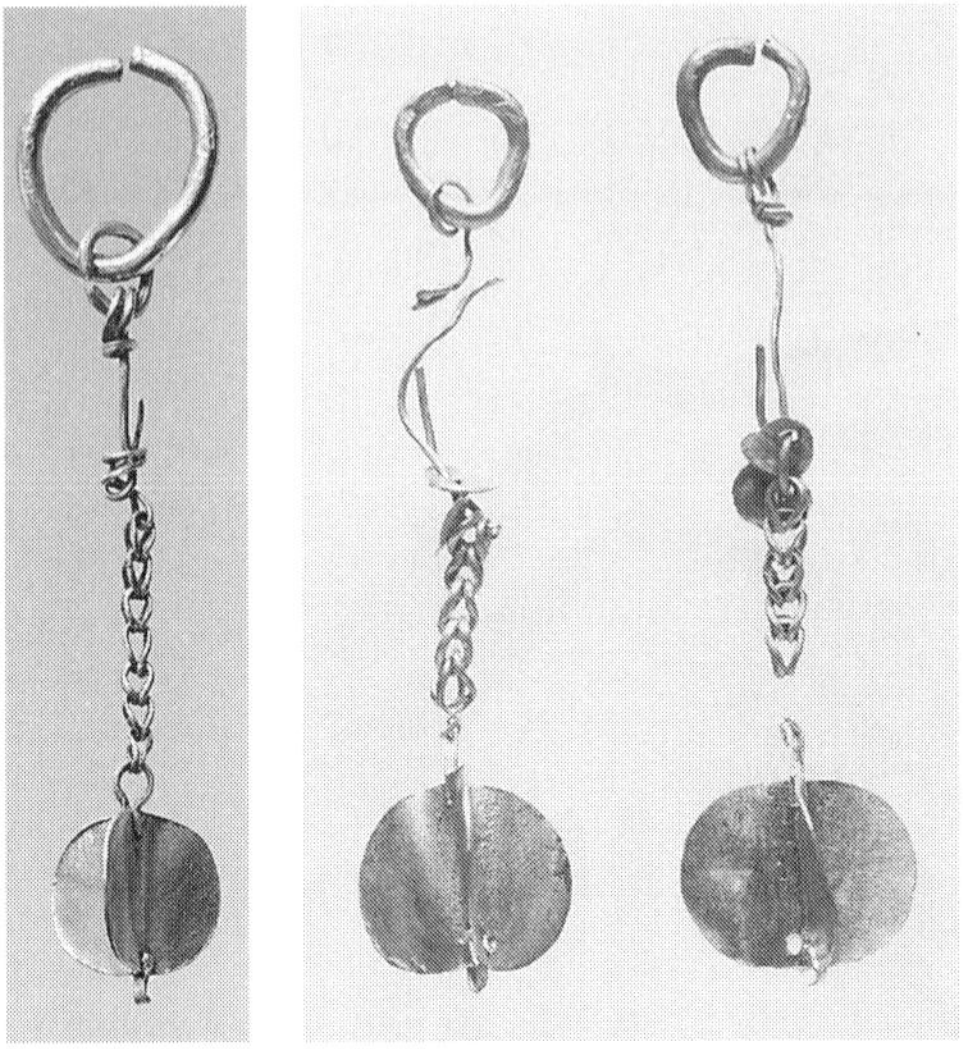

図79　大坊古墳（左）と羅州伏岩里丁村古墳（右）の耳飾り（玉名市立歴史博物館こころピア・国立羅州文化財研究所）

耳飾りは金製で、主環＋遊環＋金糸の連結金具（百済系）＋鎖＋三翼形の垂れ飾りという構成である。鴨稲荷山古墳とおなじ金糸の連結金具の特徴から、百済系と判断できる。実際、百済圏や栄山江流域の益山笠店里八六―一号墳、羅州伏岩里丁村《ジョンチョン》古墳などから、そっくりな耳飾りが出土している（図79）。

鴨稲荷山古墳や武寧王妃の耳飾りと比べると、似ても似つかないようだが、主環（もしくは遊環）に金糸の連結金具＋鎖＋三翼形もしくは四翼形の垂れ飾りをさげる、という構成が一致する。それに歩揺や花笠形の中間飾り、ガラス臼玉、金粒などでより華麗に装飾したものが、鴨稲荷山や武寧王妃の耳飾りである。意匠や製作技術を共有する工人たちで構成された、百済王権おひざ元の工房でつくられた可能性が高い。百済から贈られたものとみてよいだろう。

大坊古墳は、百済・大加耶系のアクセサリーが多く出土した江田船山古墳と、距離的に近い。第三章5節でみたように、江田船山古墳に最初に葬られた人物は、倭王権の外交の一翼を担っていた。次節で紹介するが、六世紀前半に葬られた人物もまた百済系のアクセサリーを手に入れている。江田船山と大坊、それぞれに葬られた地域有力者たちは、外交権の一元化をめざす倭王権と連携していたのだろう。

## 3　贈ったのは百済か新羅か

### 江田船山古墳の耳飾りと飾り履

ここで取りあげる江田船山古墳の耳飾りと飾り履は、六世紀前半に葬られた人物が身に着けていたものである。

飾り履をみると、底板＋左右二枚の側板という構成、つま先とかかとの中央で二枚の側板を連結すること、底板の裏のスパイク、そして側板に細かい列点で表現された亀甲文など、いずれも百済の飾り履と共通している。これほど製作技術、意匠、文様が百済と共通する飾り履は、倭では本例だけなので、百済から贈られたと考えてよい（図80、土屋　二〇一八）。

耳飾り（図81－1）についても、公州武寧王陵から出土した武寧王の耳飾り（図33）とよく似ていることから、百済から贈られたものと早くから評価されてきた。飾り履とともに

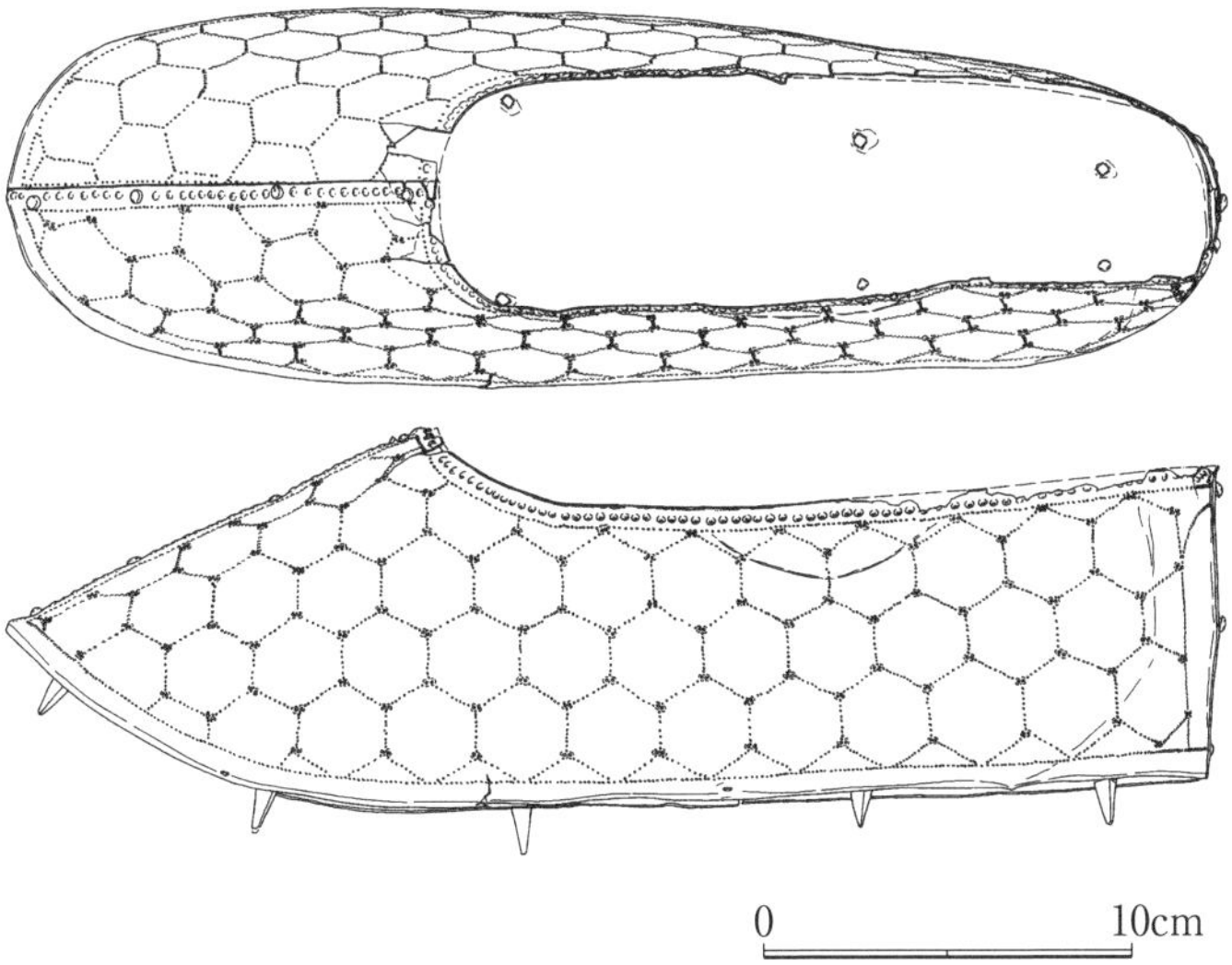


図80　江田船山古墳の飾り履（菊水町史編纂委員会編　2007）

に、六世紀前半の倭と百済の蜜月な関係をしめすアクセサリーと考えられてきた。筆者もそのように考えたひとりである（高田　一九九八）。

**耳飾りは新羅系**　けれども、第一章1・6節で紹介したように、武寧王の耳飾りの製作技術や意匠は、いずれも新羅の耳飾りの特徴をしめすことが、ここ二〇年の研究で明らかとなった（李漢祥　二〇〇一、高田　二〇一四、金宇大　二〇一七など）。百済ではほかに例のない耳飾りなので、素直に考えれば、新羅で製作した、もしくは百済の工房で新羅の金工技術をもつ工人がつくったものである。

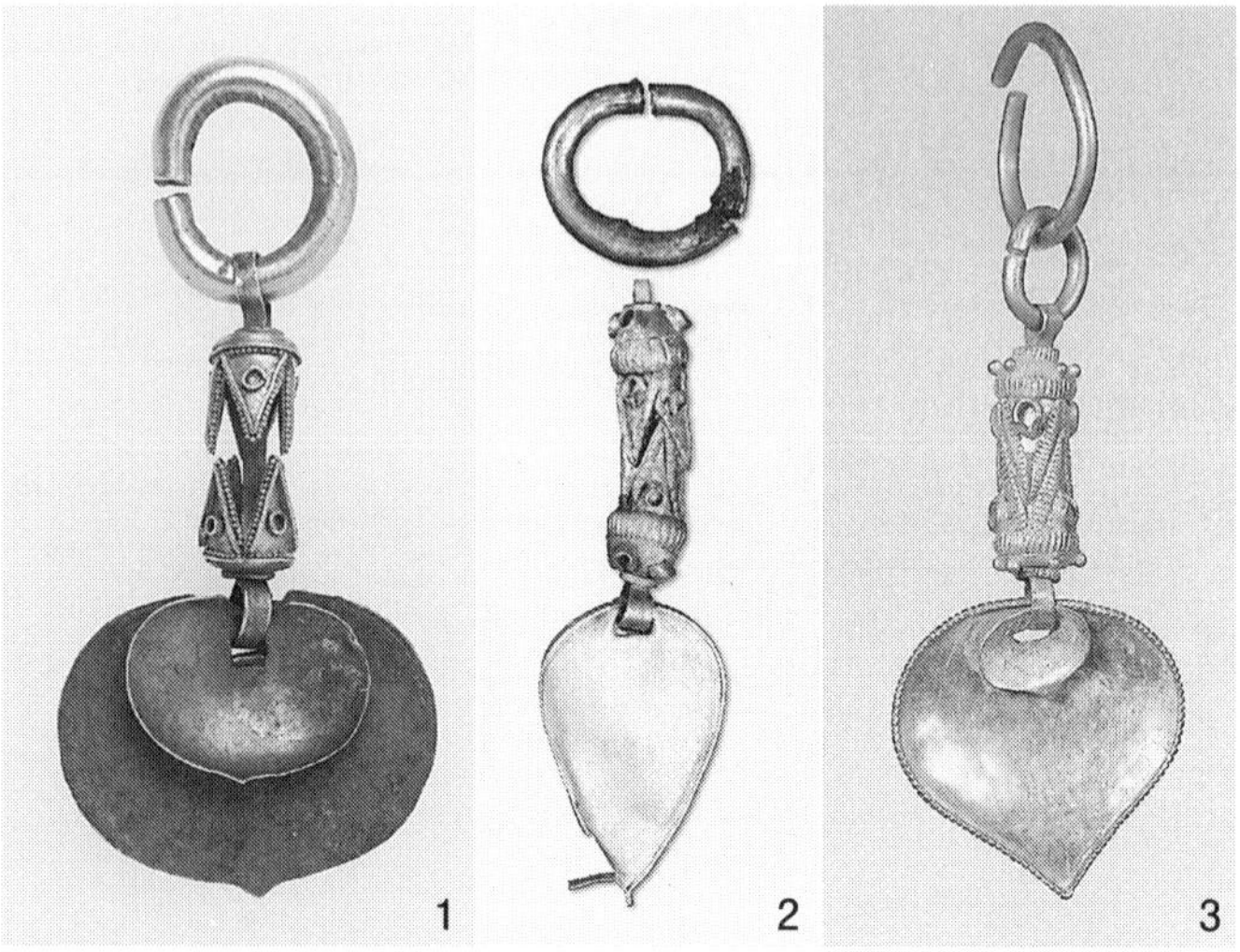


図81　江田船山古墳の耳飾りと類例

1：江田船山古墳の新羅系耳飾り（東京国立博物館）　2：密陽林川・金谷A地区３地点17号墓（国立金海博物館）　3：大邱飛山洞65号墳（国立大邱博物館）

それと同じことが、江田船山古墳の耳飾りにもぴったり、いやそれ以上に当てはまる。おもな特徴を挙げてみよう。

①　主環＋花弁形の中間飾り＋副飾りをそなえた横長の心葉形という構成である。武寧王の耳飾りと同じように、全体の意匠が新羅と共通する。

②　花弁形の中間飾りは、長三角形の花弁をもつ。同じ意匠は、新羅圏の密陽林川《ミリヤンイムチヨン》・金谷《クンゴク》A地区三地点一七号墓（図

81－2）や、大邱飛山洞《ピサンドン》六五号墳（中間飾りは円筒形だが、上下の花弁が組み合った意匠を表現する　図81－3）などで確認できる。

③　太めの主環だけが金銅製で、それ以外の部品は金製である。

③について補足すると、金銅製でやや太めの主環に、金製の中間飾り＋垂れ飾りをさげる垂飾付耳飾りは、筆者の知る限り六世紀前半、熊津期の百済では確認できない。新羅では数はすくないけれども、いくつか例がある。先に挙げた密陽林川・金谷A地区三地点一七号墓もそのひとつだ。

①〜③から判断すれば、江田船山古墳の耳飾りは、新羅系と判断するのが妥当である。部品を飾り立てる度合いからみれば、江田船山古墳の耳飾りが、武寧王のそれよりも早くにつくられた可能性すらある。そうすると、耳飾りの分析だけでいえば、新羅から倭へ贈られた耳飾りという評価が、むしろ自然だ。

**状況論としては**　ただし、第一章6節で述べたように、六世紀前半の新羅と百済は、加耶の権益をめぐってぎくしゃくした関係の中でも、アクセサリーを贈りあったり、それをつくる工人を派遣しあっていた。また、江田船山古墳では、アクセサリーのほかにも百済系の馬具や土器が出土するけれども、新羅系の文物は皆無である。やはり六世紀前半、飾り履と耳飾りがセットで百済から贈られたと考える方が、状況論としては理解しやすい。

耳飾りを贈ったのは百済かそれとも新羅か、これを確定させるためには、もうすこし同じ意匠の耳飾りの類例が増えることに期待するしかなさそうだ。

# 4　朝鮮半島の前方後円墳から出土した「倭」の冠

## 栄山江流域の前方後円墳

五世紀の終わりから六世紀前半にかけて、朝鮮半島の西南部、栄山江流域に前方後円墳がつくられた。ご存じの方もいらっしゃるだろう。今のところ、一四基ほどが確認されている。その存在が確定的となった一九九〇年代前半から今にいたるまで、葬られた人物の性格や造営の歴史的な背景について、議論がつづく。詳細は、拙著『「異形」の古墳』(高田　二〇一九a)で紹介した。

筆者は、前方後円墳をきずいたのは、栄山江流域各地の集団――出身地や血縁は多様だった――と考えている。当地の統合をもくろむ百済に対して、その同盟相手だった倭とのつながりを前方後円墳でアピールし、みずからの政治経済的な主体性を守ろうとした(田中　二〇〇二)、とみている。関心のある方は、ぜひ拙著をお読みいただきたい。

図82　咸平新徳1号墳（国立光州博物館）
右端の円墳が2号墳

栄山江流域の前方後円墳の中で、葬られた人物が身に着けたアクセサリーのほぼ全容が明らかなのが、咸平新徳《ハンピョンシントク》一号墳である。特徴や系譜を紹介しながら、それを身に着けることで何をもくろんでいたのか、考えたい。

**咸平新徳一号墳**

栄山江の中流にそそぐ大支流のひとつに古幕院《コマクウオン》川《チヨン》がある。その上流域に新徳一・二号墳からなる新徳古墳群が営まれた。一号墳は、六世紀前半にきずかれた墳丘長五一・四メートル《メートル》の前方後円墳である。倭の古墳では一般的な葺石《ふきいし》が、墳丘に葺かれている（図82）。埋葬施設も北部九州系の横穴式石室であり、北部九州から渡ってきた石室工人がつくった、もしくは現地の人びとに指導をしたようだ。

石室には二人ほど埋葬されている。最初に

葬られた人物が身に着けていたアクセサリーには、金銅製の冠や飾り履、金製の耳飾り、そして数多くの玉がある。

図83　咸平新徳１号墳から出土した飾り履の破片（国立光州博物館）

**百済系の玉、飾り履、耳飾り**

玉は多彩な色で、材質もガラス、琥《こ》珀《はく》、翡翠《ひすい》などさまざまだ。首飾りや衣服の飾りにもちいられたのだろう。特に、百済でよくみられる金・銀箔ガラス連珠玉がふくまれているので、百済から贈られた可能性が高い。

飾り履は、側板（もしくは底板）の破片（図83）と、つま先（もしくはかかと）の側板の破片だけが出土している。全体形は復元できないけれども、彫金による列点で整然とした亀甲文が表現されていること、側板をつま先とかかとで連結していることからみて、百済の飾り履と判断できる。これも百済から贈られたアクセサリーとみてよい（高田　二〇一九b）。

したがって、飾り履と玉は、新徳一号墳に葬られた人物と百済王権とのつながりを演出するアクセサリーである。金製の耳飾りは、垂れ飾りをもたない素環のもので、やはり百済のものだろう。

## 広帯二山式冠

問題は冠だ。新徳一号墳の冠は、バラバラの破片で出土したが、全体形は広帯二山式という種類に復元できる。この冠は六世紀の倭でひろまる。五世紀の終わりから六世紀にかけて、各地の上位有力者の古墳に副葬されている。倭でその意匠がデザインされた独特な冠であり、倭王権と各地の有力者の政治的なつながりを演出するものと評価されている（森下　二〇一〇、高松　二〇一〇、土屋　二〇一八など）。2・3節で倭王権と緊密な関係にある古墳として取りあげた、滋賀県鴨稲荷山古墳や熊本県江田船山古墳でも出土している（図84－1）。

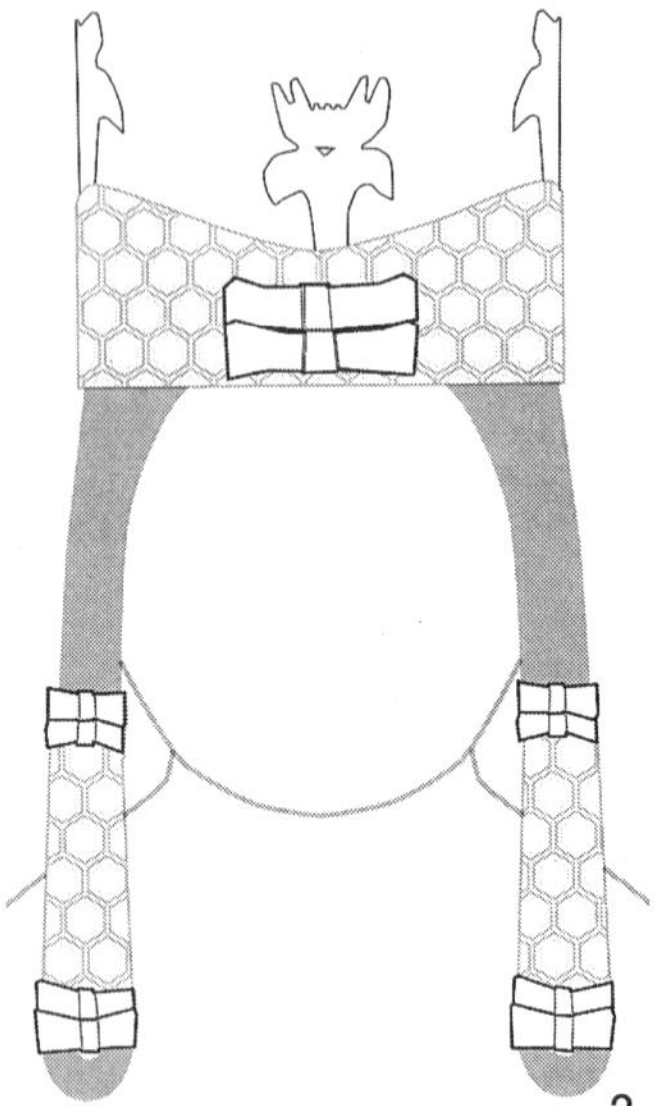

2

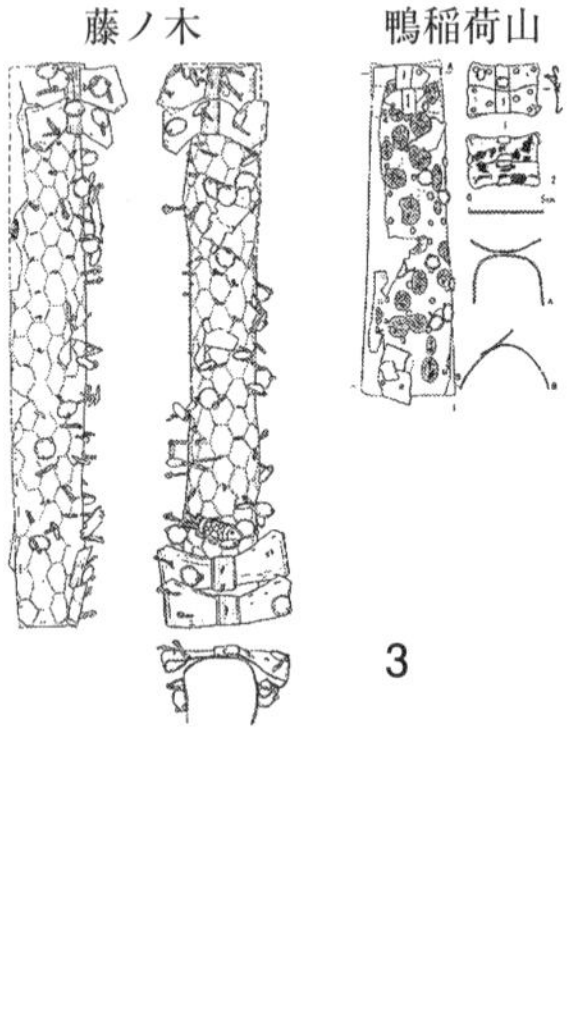


3

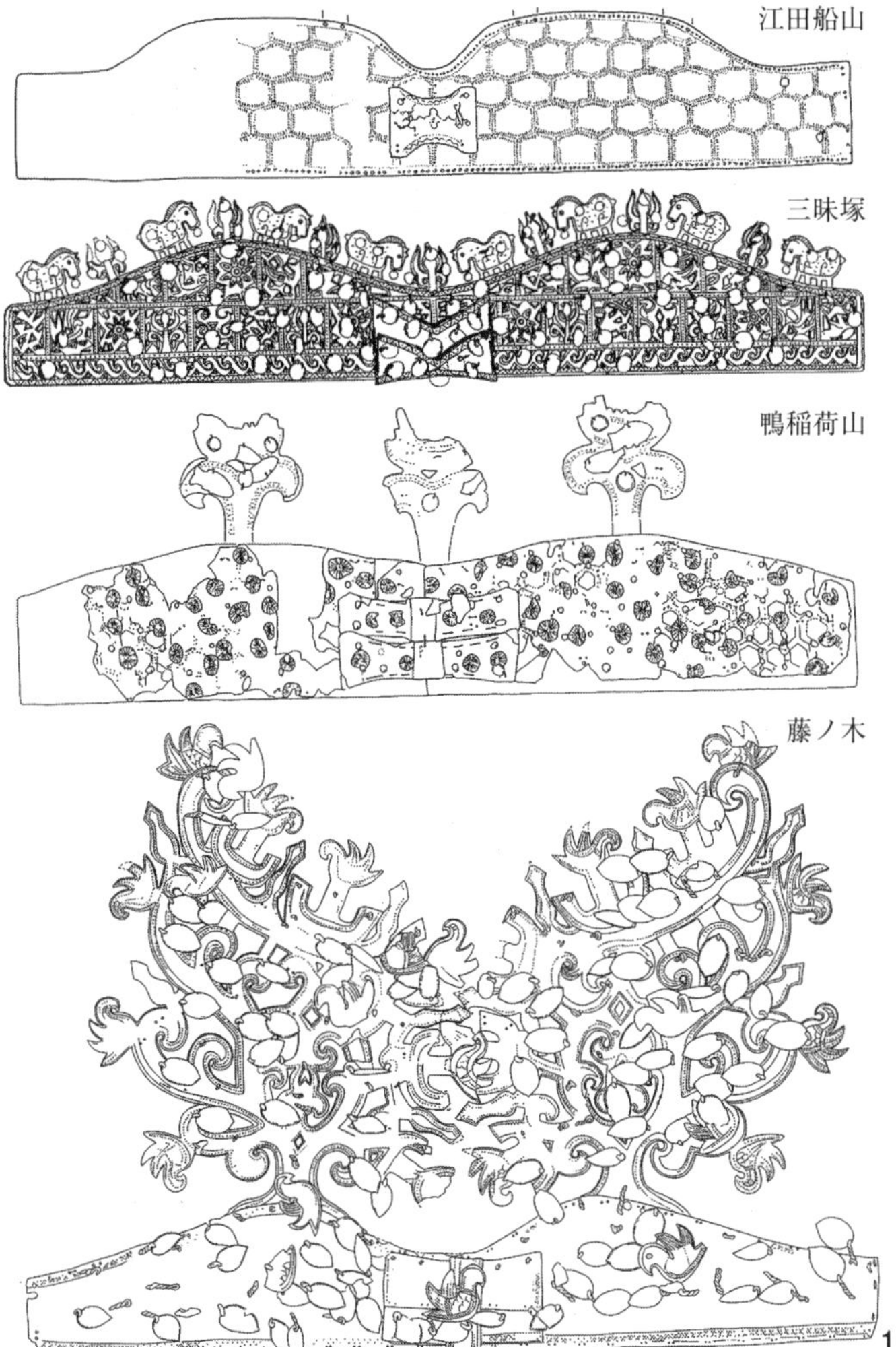


図84　倭の広帯二山式冠と半筒形金具（森下　2010）
1：広帯二山式冠　2：着装の復元案　3：半筒形金具

その意匠の原型は、倭にもともとあった織物製の冠とする見方が有力である（森下　二〇一〇）。図84－2のように、鉢巻き状の被り物を額の中央でむすぶ織物製の冠を、金属で表現したもの、という理解だ。織物のむすび目を表現しているのが、広帯二山式冠の本体に付く蝶形《ちょうがた》金具である。さらに、広帯二山式冠とセットになることが多い半筒形金具（図84－3）について、埴輪などによく表現される束髪（美豆良《みずら》）を覆う装飾品をまねたものとみている。

この見解を提示した森下章司氏は、次のように指摘した。

広帯二山式冠と半筒形金具は、金銅製品の製作技術・装飾技法など新技術を朝鮮半島南西部から導入しつつ、在来の織物製の冠と美豆良装飾品の形状を模倣し、日本でうみだされた（森下　二〇一〇、八頁）。

森下氏の指摘は妥当性が高い。朝鮮半島における確実な例が、今のところ新徳一号墳の資料に限られることからみても、その意匠は倭で創り出された、と考えられそうである。それならば、倭でつくられて新徳一号墳に葬られた人物へ贈られた、と判断できそうだが、ことはそう単純ではない。

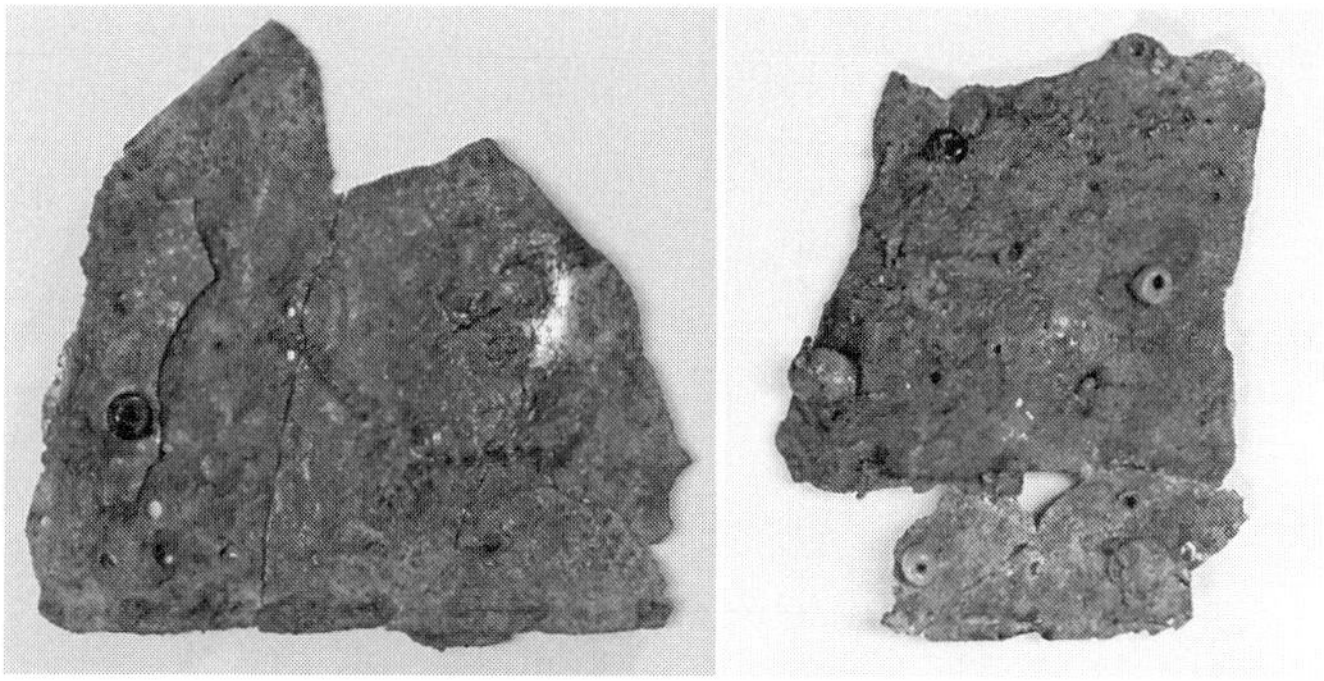

図85　咸平新徳1号墳から出土した広帯二山式冠の破片（国立光州博物館）
左：左端に蝶形金具の破片が付く．右：亀甲文や緑色のガラス臼玉の飾りつけが確認できる．

**新徳一号墳の広帯二山式冠**

くりかえすが、新徳一号墳の冠の全体形は、典型的な広帯二山式である。帯本体に付く蝶形金具の破片も確認できる。帯本体の文様は、内部に花文をもつ亀甲文である。立ち飾りが取りつけられ、円形や魚形の歩揺、紺や緑のガラス臼玉で飾りつけられている。ガラス臼玉は、有機質の紐で帯本体に留められている（図85）。

倭の資料と比較すると、次のような特徴を指摘できる。

① 広帯二山式冠の時期ごとの配列に当てはめると、亀甲文をほどこす広帯二山式冠の中で、最初期の資料である。

② 彫金の技術や、整然とした亀甲文（内部に花文をもつ）、帯をかざる円形や魚

形の歩揺は、百済の飾り履に駆使される技術、飾りである。

③　有機質の紐でガラス臼玉を留める方法は、倭の広帯二山式冠では確認できない。

**製作地の特定は難しい**

①〜③の特徴にくわえて、百済圏では、広帯二山式冠の「原型」となるかもしれない冠が出土している。第一章2節（二）で紹介した、益山笠店里八六―一号墳から出土した帯冠である（図16下）。帯本体の上縁が波打つようにいくつかの山形をなすもので、広帯二山式冠と似るところがある。

倭の冠の意匠と、百済で駆使される金工技術が融合したような新徳一号墳の冠は、はたしてどこでつくられたのか。倭に派遣された最新技術をもつ百済の工人によって製作された可能性とともに、いっしょに出土した飾り履とセットで百済の工房でつくられた可能性、その両方を考えることができる。後者の場合、倭王権もしくは新徳一号墳に葬られた人物から、冠の意匠や飾りについての注文（吉井　一九九六）があったのかもしれない。つくられた場所が百済か倭か、どちらかに確定することは今の段階では難しい、というのが正直なところだ。

**「倭」を演出する冠**

それでも、冠の意匠は「倭」を感じさせるものである。そうすると、首飾りや飾り履など百済から贈られたアクセサリーとともに、「倭」の広帯二山式冠を身に着けた有力者の姿を描くことができる。おそらく頭部の冠が、彼（彼女）の社会的な立ち位置を、それをみる人びとに対して、もっともあざやかに演出したはずだ。百済王権とつかずはなれずの関係を保ちながら、倭とのつながりを誇示する、新徳一号墳に葬られた地域有力者にピッタリの冠だろう。

### 六世紀後半には百済に統合

けれども、六世紀中ごろから後半に、新徳古墳群の一帯は百済に統合された。一号墳の前方部に接するかのようにきずかれた二号墳（直径二一メートルほどの円墳）は、「陵山《ヌンサン》里《リ》型横穴式石室」を埋葬施設としている。陵山里型石室は、このころの百済の王都、扶余の王族や貴族の墓によくもちいられる。栄山江流域の各地にも、この石室やそれをまねた石室を埋葬施設とする墓がきずかれた。そこには、地方支配の一環として百済王権に派遣された地方官のような人物が埋葬された、と考えられている。このことは新徳二号墳にもあてはまる。

新徳一号墳に葬られた有力者が抱《いだ》いた、倭とのつながりをアピールしてみずからの主体性を維持しようという思惑は、実らなかった。

## 5　大加耶と新羅のひとときの交流

**大加耶と新羅の境の地**　大加耶と新羅の境界である洛東江の中流の西に、陜川玉田《ハプチヨンオクチヨン》古墳群がある。洛東江にそそぐ支流、黄江《ファンガン》沿いに位置していて、大加耶の王都の高霊に次ぐ勢力をほこった地域社会の墓地である。大加耶の東のかなめの地であり、大加耶を構成した勢力のひとつ「多羅《タラ》」に比定されている。この玉田地域と洛東江をはさんで向かいあうのが、新羅圏の昌寧《チヤンニヨン》地域である。新羅の中で有力な地域社会、「比斯伐《ビサボル》」に比定されている。

**特徴的な耳飾り**　この洛東江をはさんだ二つの地で、独特な金製耳飾りが出土している（図86）。そのひとつ、玉田M四号墳の資料（図86－1）の特徴を列挙すると、次のようになる。

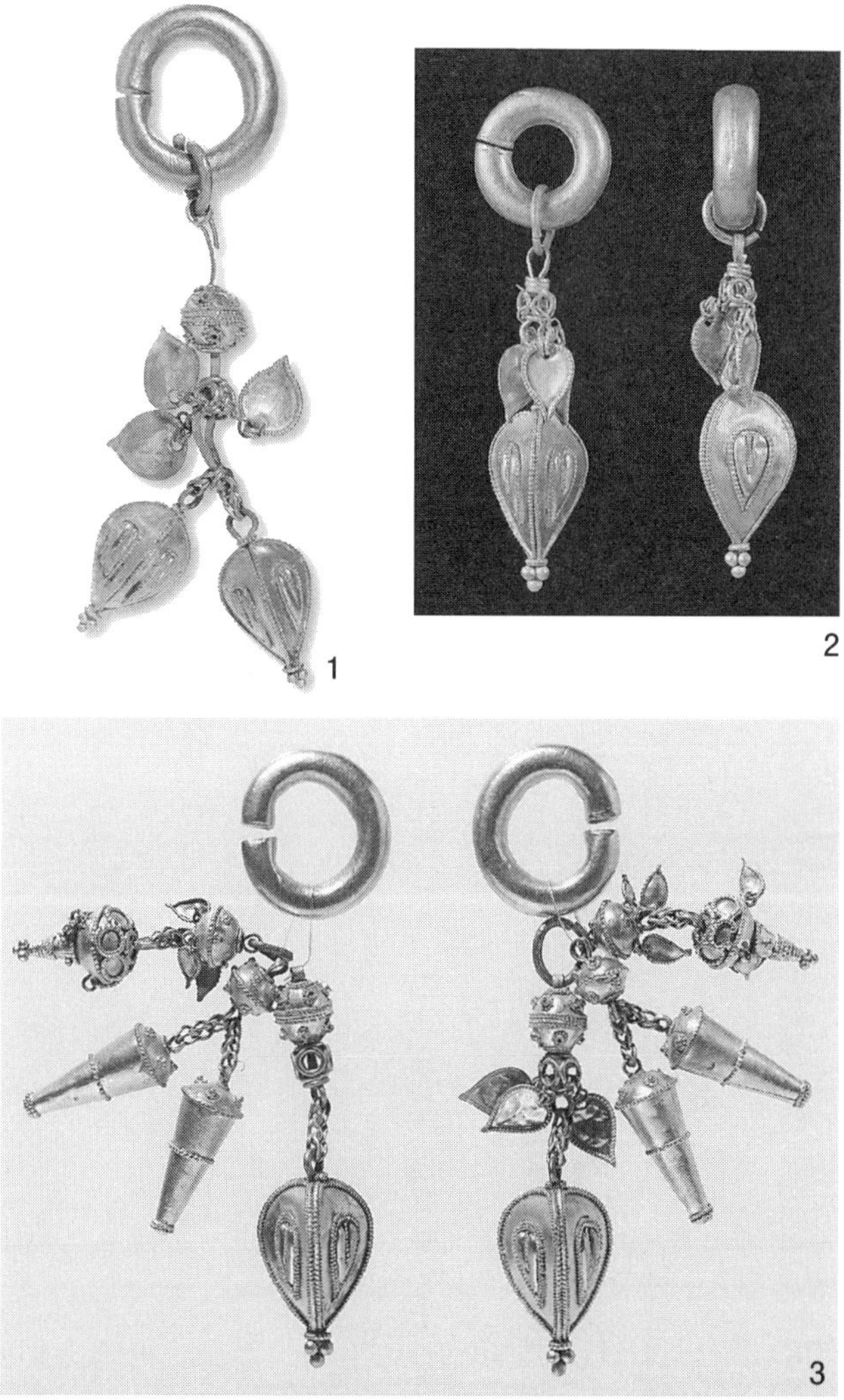


図86　大加耶と新羅をつなぐ耳飾り

1・3：陜川玉田Ｍ４号墳（慶尚大学校博物館・国立慶州博物館・国立中央博物館）　２：昌寧桂城Ａ地区１号墳（国立慶州博物館）

①　主環＋遊環＋空球の中間飾り＋立方体形の中間飾り＋二条の鎖＋山梔子《くちなし》形垂れ飾り、という構成である。
②　主環が中空で太めである。
③　立方体中間飾りに三つの歩揺をさげている。
④　板状の連結金具で部品をつなぐが、遊環に連結金具をつないだ部分を、別の幅広のリングで覆っている。

①～④からみて、どのような耳飾りであるか、おわかりだろうか。かなり上級者向けの問題である。もし正解にたどりついたら、古代朝鮮と倭の耳飾りの観察眼を手に入れたと思ってもらってかまわない。

正解を述べよう。まず、①について、山梔子形の垂れ飾りは大加耶に分布の中心がある。全体の意匠も共通的である。しかし、立方体形の中間飾りは、大加耶にはみられない。これは新羅系のものである。②のように、新羅の太環を思わせる主環は、大加耶では一般的ではない。一方で新羅の太環よりも細身ではある。分布の中心は、陜川と昌寧の地にある。③、④は、新羅の耳飾りの飾り方である。

したがって、大加耶の耳飾りの意匠、中間飾り、垂れ飾りと、新羅の主環、中間飾り、連結金具をハイブリッドした垂飾付耳飾りと評価できる。

大加耶と新羅の要素を組み合わせた耳飾りが、玉田地域で三例（玉田M四号で二例、M六号）、昌寧地域で三例（校洞《キョドン》三一号、校洞出土とされるもの、桂城《ケソン》A地区一号）確認されている。それがつくられて副葬される時期は、六世紀前半の中でも、五一〇〜五三〇年代と考える。

### 大加耶と新羅をつなぐ耳飾り

この耳飾りがつくられた社会が、大加耶なのか新羅なのか、については議論がわかれる。

筆者は、大加耶系の山梔子形の垂れ飾りをさげていること、玉田M四号墳のもう一点の耳飾り（図86－3）をみると、浮子形など大加耶系の垂れ飾りもさげていること、大加耶ではほかの地でも山梔子形垂れ飾りをもつ耳飾りが確認できること、それには新羅の要素は認められないこと、そして新羅では昌寧地域のほかに出土例がないこと、などを根拠として、大加耶の工房でつくられた、と判断している。

その工房は王都の高霊にあったとみるのが自然だが、もしかすると、玉田（多羅）の地にあったかもしれない。玉田古墳群では、高霊に営まれた王陵群、池山洞古墳群にひけをとらない豊かな金工品が出土している。

その是非はともかくとして、大加耶の工房に、新羅の耳飾り製作に長けた工人たちが派遣され、大加耶の工人とともに、このハイブリッドな耳飾りをともに創り出したと考えられる。そして、玉田地域と昌寧地域、洛東江をはさんで相対する地域社会の間で、この耳飾りを共有する動き、つながりを深めようとする動きがあったのだろう。連動するように、玉田M六号墳では新羅系の出字形冠が出土しているし、新羅圏でも、大加耶系の耳飾り（慶山校村里《キョンサンキョチョンリ》ダ―一〇号墳）や龍鳳文大刀（慶州壺杅《ホウ》塚《チョン》）が出土している。

本章の冒頭で、百済による蟾津江流域への進攻の後、大加耶が新羅に接近したことを紹介した。大加耶の求めに新羅が応じる形で、五二二年に結婚同盟がむすばれた。想像をふくらませると、玉田と昌寧の地で共有されたハイブリッドな耳飾りが、この大加耶と新羅の――たとえ一時的としても――友好関係を演出したのかもしれない。

けれども、この結婚同盟の間に、新羅は加耶、特に金官加耶一帯へ進攻したようである。五二九年、わずか七年で同盟は破棄となった。

# 6　耳飾りからみた「磐井の乱」

## 「磐井の乱」の経過と日朝関係

五二七年（五三一年とする説もある）に起こった、いわゆる「磐井《いわい》の乱」は、新羅の加耶進攻を契機とし、そこに北部九州と新羅のつながり、倭王権による外交権の一元化の動きなどがからみあって、勃発《ぼっぱつ》した抗争である。これに勝利することで、倭王権は北部九州の主体的な対朝鮮半島交渉を大きく制限することに成功した（高田　二〇一七）。

遺跡や遺物をあつかう考古学的な手法から、この事件の詳細を明らかにできるわけではない。けれども、文献資料を対象とする古代史の分厚い研究成果と総合化することで、より豊かに「磐井の乱」の内実にせまることは可能だ。近年の研究（田中　一九九二、山尾　一九九九、吉田　二〇〇五bなど）によると、「磐井の乱」の経過は、おおむね次のようにまとめられる。

①　五二四年以降、新羅は数度にわたって、「南《ありしひの》加羅《から》・喙己呑《とくことん》」（金海やその西方の昌《チャン》原《ウォン》など金官加耶圏）へ進攻する。それに対し、加耶は倭王権への軍事的な支援を要請したようである。

②　倭王権は要請を受けいれ、対新羅戦のための派兵を計画し、「近江毛野臣《おうみのけぬのおみ》」を渡海させようとする。

③　この時、倭王権は九州の最上位の有力者だった磐井に次の二点を要求したようだ（山尾　一九九九）。

・磐井が管理する玄界灘沿岸の港を倭王権の直属とすること。

・中北部九州に対して動員をかけること。

④　磐井は、その求めに応じるか、それとも反発するか迷いを重ねる。この時、新羅が磐井に対して密かに「貨賂《まいない》」を送り、派兵の阻止を要請した。

⑤　磐井は新羅の要請を受け入れ、倭王権の要求は拒否した。そして倭（倭王権）と朝鮮半島諸社会をつなぐ海路を遮断し、「近江毛野臣」の渡海阻止のために挙兵する。

⑥　翌年、「磐井の乱」は、中央から派遣された「物部麁鹿火《もののべのあらかい》」によって鎮圧される。

⑦　磐井の子の「筑紫君葛子《くずこ》」は、父の罪によって殺されることを恐れ、「糟屋屯倉《かすやのみやけ》」

を献上した。

この①〜⑦の経過は、考古学からみた日朝関係と、うまく符合する（高田　二〇一七）。①と②にみられる加耶と倭王権の緊密な関係はむろんのこと、④の新羅と磐井のやりとりも、たとえば第三章3節で紹介したように、五世紀後半以降の新羅と北部九州のつながりを反映する。また、⑤の状況は、北部九州が倭王権とはまた別に朝鮮半島の諸社会とのコネクションをもっていたことを裏づける。

そして、北部九州の垂飾付耳飾りからみても、「磐井の乱」と関連する可能性が高い二つの事象を確認できる。このことを紹介してみたい。

**福岡県長畑一号墳の新羅系の耳飾り**　まず、新羅と北部九州のつながりをうかがわせる耳飾りだ。福岡県田川郡香春町に所在する長畑一号墳から出土している（図87）。遠賀川上流域の田川盆地の東縁に位置する。直径一一〜一四《メートル》ほどの小さな古墳で、盗掘や開墾のために、埋葬施設は破壊されていたけれども、金製の垂飾付耳飾りが出土している（香春町教育委員会　一九九八）。

主環＋遊環＋鎖＋横長の心葉形の垂れ飾りという構成である。これと同じような耳飾りは、新羅圏の北部を中心にいくつか確認できる。素朴な構成の資料なので、もしかすると百済や大加耶にもおなじようなものが出土するかもしれないと、かつて九州の垂飾付耳飾

図87　長畑1号墳の耳飾りと類例
1：長畑1号墳（香春町教育委員会）　2：伝 慶州（国立慶州博物館）　3：江陵柄山洞14号墳（同）　4：尚州新興里ラ地区28号墳（同）

りについてまとめた時には考えていた（高田　二〇〇三）。けれども、いまだ出土例はほぼ新羅に限られるので、新羅系と把握できそうである。ただ、つくられた時期は五世紀後半にさかのぼるかもしれない。

田川盆地一帯は、第三章3節で紹介したように、新羅を主として朝鮮半島とのつながりが深い地域である。また、『豊前国風土記』逸文には、この地におもむいた新羅系の渡来

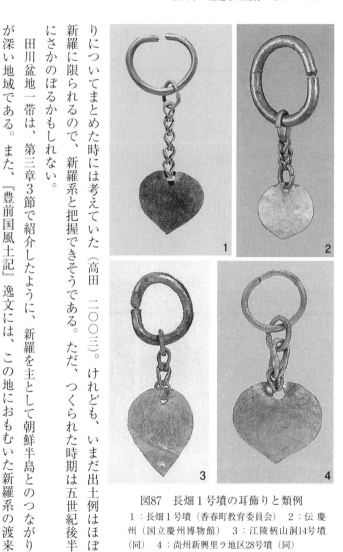

人に関する記録も載っていて、文献資料と考古学的資料の状況が一致をみせている（亀田二〇〇四など）。

**大加耶系の耳飾りのひろがりが語ること**

次に、六世紀前半の北部九州において、大加耶系の耳飾りが独特なひろがりをみせることだ。第二章4節や第三章4節でみてきたように、大加耶系の耳飾り、それに「倭風」のアレンジを加えた長鎖の耳飾りは、五世紀の倭でひろく流行する。九州中部、紀伊、若狭、越前、東京湾東岸、武蔵、そして上毛野など、倭各地の有力な地域社会で出土している。

しかしながら、玄界灘沿岸を中心とした北部九州では、その出土例が確認されていない。特に、熊本県江田船山古墳の長鎖の耳飾りをはじめとして、いくつかの大加耶系の耳飾りが出土する九州中部、有明海・八代海沿岸地域とは、対照的である。

第三章5節で紹介したように、五世紀の倭の対朝鮮半島交渉には、倭王権を中心として地域社会が呉越同舟のような関係の中で、朝鮮半島の諸社会と交渉をおこなう、という形があった。その中で、各地の有力者は、大加耶系の長鎖の耳飾りを入手することがあった。

おそらく、北部九州はこの動きにあまり積極的ではなかったようだ。倭王権を介さない独自の対朝鮮半島交渉の比重が、ほかの地域社会に比べて高かったのだろうし、新羅との付き合いが深かったようである。だから倭王権は、「磐井の乱」の経過の③のような要求

図88　山梔子形の垂れ飾りをもつ耳飾り
1：立山山８号墳（八女市教育委員会）
2：伝　日拝塚古墳（春日市教育委員会）

をつけることで、北部九州の独自の交渉を規制することをもくろんだ。

そして、「磐井の乱」の前後、六世紀前半になると、磐井の本拠地とされる福岡県八女市の八女古墳群（立山山《たちやまやま》八号墳）や、玄界灘沿岸地域（佐賀県唐津市半田《はんだ》宮《みや》の上《うえ》古墳、福岡県春日市日拝塚《ひはいづか》古墳）などに、大加耶系の山梔子形の垂れ飾りをもつ耳飾りが副葬される（図88）。北部九州の対朝鮮半島交渉をめぐる何らかの変動があったと考えられそうだ。

当時の倭王権が友好的な関係を維持していたのは百済であり、そして大加耶だった。一歩踏みこめば、「磐井の乱」を前後して、北部九州の有力者たちも倭王権の外交政策に沿うような形で、活動するようになった結果、大加耶系の耳飾りが北部九州に突如としてひろまったのではないか。

逆にいえば、倭王権が北部九州の対朝鮮半島交渉のコネクションをみずからの手に入れることで（「磐井の乱」の経過の⑦）、ひとまずは外交権の一元化を達成したといえよう。

このように、北部九州の垂飾付耳飾りの状況からも、「磐井の乱」の経過と背景、倭王権による外交権の一元化の一端にせまることができそうである。

# 7　沖ノ島に奉献された新羅の指輪

## 沖ノ島

沖ノ島は福岡市の博多港から約七七キロ、韓国の釜山港から約一四五キロ、玄界灘の海原に浮かぶ絶海の孤島である（図89）。いにしえより、日本列島と朝鮮半島、そして中国を往来する航海の道しるべとしての役割を果たした。倭王権の外交がさかんとなる四世紀から、古代日本の体制がゆらぐ九世紀にかけて、航海安全を祈念する祭祀が執りおこなわれ、さまざまな文物が奉献された。その祭場は、沖ノ島の中腹、沖津宮《おきつみや》社殿の北側に巨岩が累々とそびえたつ地を中心としてひろがっていた（福嶋　二〇一四）。

今も宗像《むなかた》三女神の一人、田心姫《たごりひめ》を奉祀した沖津宮として宗像大社の管理下にあり、祭祀がつづく。

## 七号祭祀遺跡の指輪

倭王権が外交権を掌握した六世紀中ごろから後半にかけて、沖ノ島では、巨岩の陰で祭祀がおこなわれていた。その代表的な祭場が、七号祭祀遺跡である。発掘調査によって、多種多量の武器、武具、馬具などの奉献品や、

図89　沖ノ島（「神宿る島」宗像・沖ノ島と関連遺産群保存活用協議会）

図90　沖ノ島7号祭祀遺跡の指輪（宗像大社）

ミニチュアの鉄器や玉類などの祭祀具が出土した。その中に、ひとつの指輪がふくまれていた（図90）。

金製で、輪の中心が幅ひろく菱形状になっている。そこを座にして花弁のような中心飾りをほどこす。さらに輪にそって小さな円環をならべ、輪の縁にこまかい蛇腹《じゃばら》のような刻みをいれている。金工技術の粋をあつめた華麗な指輪だ。

このような指輪は倭では希少で、ほかには、第二章3節で紹介した奈良県新沢千塚一二六号墳の死者が身に着けていたくらいである（図46－6）。

これはおそらく新羅でつくられたものだ。朝鮮半島諸社会の中で、指輪がひろまっていたのは新羅であり、王陵や有力者の墳墓から出土する。七号祭祀遺跡の指輪のように、菱形状の座に花弁の中心飾りをほどこしたものも多い。たとえば、慶州路西里《ノソリ》二一五番地古墳の指輪（図32）がよく似ている。

**指輪が奉献されたのはなぜか**

なぜ、新羅の指輪が奉献されたのか。手がかりのひとつは、奉献品の中の馬具にある。七号祭祀遺跡には、ヒイラギのようなとげのある葉の形をした馬にさげるペンダント（棘葉形杏葉《きょくようがたぎょうよう》）が奉献された。これも新羅に同じようなものが確認できる。新羅で製作されたものと、その意匠をまねて倭でつくられたものがあるようだ（諫早　二〇一二b）。六世紀中ごろから後半の新羅と倭のつながりをしめす文物である。

二つめの手がかりは、当時の新羅の国際環境だ。当時、加耶への進攻や漢城の地の領有をめぐって、新羅は百済、高句麗、そして倭との対立を深め、国際的に孤立した状態にあった。それを避ける方策のひとつとして、倭王権とのつながりを、表面的ではあっても、修復しようとしたようである。実際、五六〇、五六一年を皮切りとして倭にあいついで使者を送っている。

このような状況からみると、六世紀中ごろから後半の倭と新羅の交渉の中で、それぞれに帰属する人びとが、政治的な思惑を秘めながらも、一緒に沖ノ島で航海安全の祭祀を執りおこなったとみることもできそうである。

新羅の使節団の代表のような人物が、祭祀のさなか、みずからの指からそっと指輪をはずして、神にささげたのだろうか。

# 8　百済と倭の官人が身に着けた耳飾り

### 国立羅州文化財研究所での研修

二〇一三年一〇月二三日の午後、国立羅州文化財研究所の調査室にいた。一〇日間の予定で研修に来ていて、その最終日だった。

研修の目的は、栄山江流域の有力な集団の墓地、羅州伏岩里《ボグアンリ》古墳群に属する丁村《ジョンチョン》古墳の発掘調査に参加することだった。ほかにも、倭との交流をしめす各地の古墳を踏査するなど、充実した日々をすごした。あっという間に最終日、という感じだった。

午前中、丁村古墳の調査に参加し、午後は資料調査をお願いしていた。それは古墳群の近くにひろがる生活遺跡、伏岩里遺跡（国立羅州文化財研究所　二〇一〇）の一号竪穴から出土した耳飾りである（図91）。長らく実物を観察したいと思っていた。一ミリ方眼紙の上に耳飾りをのせて、蛍光灯スタンドを近づけ、ルーペを取り出し、観察をはじめた。

材質は、表面の金のはげ方からみて、青銅に鍍金した金銅製だった。主環と遊環は失われていたが、中間飾りと心葉形垂れ飾り（副飾りを表裏にそなえる）は、ほぼ完形だった。

**伏岩里遺跡の耳飾り**

中間飾りは一見すると、空球に軸を通したようにみえるが、そうではない。小環＋棒＋空球＋棒＋小環と、それぞれの部品をロウづけして一体でつくりだしている（薬研車《やげんぐるま》形の中間飾り）。上の小環に遊環を、下の小環に垂れ飾りを取りつける。読者へ最後の質問だ。これはどこの耳飾りだろうか。第一章1節をひっくり返してほしい。

図91　羅州伏岩里遺跡の耳飾り
（国立羅州文化財研究所）

答えは、百済。五三八年に王都を扶余に移した後の泗沘《サビ》期の垂飾付耳飾りである。これが、栄山江流域で出土したことが重要だった。

## 百済の官人たちが身に着ける

薬研車形の中間飾りをもつ耳飾りは、王都たる扶余を中心として、朝鮮半島中西部に分布する。これまで一〇例あまりが出土している（李漢祥　二〇二〇）。その意匠やつくり方に統一感が強く、泗沘期に整備された官位制があてはまるような人びと、いうなれば百済の官人たちが身に着けていたようだ。それなので、伏岩里遺跡から出土した耳飾りもまた、栄山江流域におもむいた、もしくは現地で登用された百済の官人が身に着けていた、とみるのが自然だ。

耳飾りが出土した一号竪穴には、当時の文書記録たる木簡が、七世紀初めころに多数廃棄されていて、近くに地方行政をつかさどる役所があったと考えられている。耳飾りを身に着けた人物が、そこに勤めていた可能性もある。

4節で紹介したように、栄山江流域社会は六世紀中ごろから後半にかけて、百済に統合される。その後、この地の地方行政にたずさわる人物が身に着けたアクセサリー、それを確認することが、資料調査の目的だった。

## 倭で唯一の泗沘期百済の耳飾り

もうひとつ、調査の理由があった。日本列島で同じ種類の耳飾りがひとつだけ確認されていて、それと比較するためだった。岡山市八幡大《やはたおお》塚《つか》二号墳に副葬されたもの（図92）で、図面と写真を持参していた。それを取りだして、両者の特徴をひとつひとつ対照させていった。

図92　八幡大塚２号墳の耳飾り（岡山県立博物館）

主環＋遊環＋薬研車形の中間飾り＋副飾りを表裏にそなえた心葉形垂れ飾り、という構成は、伏岩里のものとおなじだ。材質だけがちがっていた。八幡大塚二号墳の資料は、主環だけが金銅製で、それ以外の部品は金製である。泗沘期百済に、このような例はいくつかある。倭に持ちこまれた唯一の泗沘期百済の耳飾りにまちがいはない、と判断した。

## 八幡大塚二号墳

八幡大塚二号墳は岡山県南部の児島半島に位置する。瀬戸内海に面するこの一帯はもともと、北に内海がひろがる、文字通りの島だった。内海は穴海《あなうみ》、阿知潟《あちがた》、児島水道などとよばれ、倭の有力な地域社会、吉備の対外交渉の拠点、天然の良港だった。

この児島の北岸に八幡大塚二号墳はきずかれた。時期は六世紀後半ごろ、直径三〇《メートル》ほどの円墳である。埋葬施設の横穴式石室に家形石棺が安置され、その中から耳飾りと、空球をビーズにした首飾りが出土している（鎌木・亀田　一九八六）。首飾りもまた百済から持ちこまれたものと考えられる。百済系のアクセサリーをまとって葬られた人物は、どのような性格だったのか。

## 児島屯倉の運営にたずさわった百済系の官人

その手がかりは、五五六年、この地に設置された「児島屯倉《こじまのみやけ》」にある。「ミヤケ」についてはさまざまな議論があるが、一言でいえば、倭王権が各地に置いた政治経済的な拠点である。その機能のひとつに、朝鮮半島からの物資流通の管理があった。

吉備は、五世紀に主体的な対朝鮮半島交渉をくりひろげた地域社会だったが、いわゆる「吉備の反乱」として『日本書紀』に記録された倭王権とのいくどかの対立のすえ、その動きは封じこまれていく（高田　二〇一七）。その後、「磐井の乱」を経て、倭王権がひとまず外交権を掌握すると、「児島屯倉」が設置された。

長年にわたって吉備古代史をリードした吉田晶氏は、設置の目的を次の二点にまとめる

（吉田　二〇〇五a、六一頁）。

・児島屯倉は、吉備一族の海上交通の喉元に設置された。倭王権が吉備一族の活動を海上から監視し抑制する絶好の位置にあり、王権による吉備支配を確実なものにすることが目的だった。

・瀬戸内海交通の要地を王権の直接支配下に置くことを通じて、王権による海上交通を安定的なものにした。

そして、八幡大塚二号墳に葬られた人物を、「畿内勢力と関係の深い児島屯倉の管理業務に携わった官人の一人とみるのが妥当」（吉田　二〇〇五a、六六頁）と指摘した。筆者も同感だ。

さらに百済のアクセサリー、それも百済の官人の耳飾りを身に着けていたということは、百済との血縁関係をもつ、もしくは百済から倭に派遣された渡来系の有力な官人だったとみることができそうだ。

## 似て非なるもの

百済と倭の王権にそれぞれ服属した、栄山江流域と吉備の地で出土した耳飾り。いずれも、地方行政を担う人びとが身に着けたものだった。

六世紀後半になると、百済の上位官人たちは耳飾りのほかに、第一章で紹介した銀花冠飾り（図19）や逆心葉形帯金具などを身に着けることがあった（山本　二〇一七）。それはそれなりに「美」を発している。けれども、画一的で、横並びで、個性があまり感じられない。同じころの新羅でもよく似ている。

倭では、七世紀にはいるころまで、「倭風」化がすすんだ金銀のアクセサリーがさかんにつくられる。独特な広帯二山式冠のようなものも創り出された。けれども、倭の社会の中だけで通用するようなアクセサリーであり、朝鮮半島諸社会とのつながりを演出するようなものではなくなりつつあった。有力者の力や貴さを誇示することに特化した――表現がすぎるかもしれないが――グロテスクなまでに加飾されたものだった。飛鳥時代にはいると、それも姿を消していく。

伏岩里の耳飾りを観察する間、どの社会でも六世紀後半以降のアクセサリーは、それ以前の社会や集団、個人のつながりをつむぐアクセサリーとは、なにか異質なものだなあ、という思いが、つきまとっていた。

# アクセサリーがつむぐもの――エピローグ

**細やかなつながりを、ありのままに**

ここまで、四世紀後半から六世紀にかけての日朝関係の生き生きとしたさまをつたえるアクセサリーを紹介してきた。それを身に着けた人びとの群像を描いてきた。

みなさんにぜひ知ってほしいと思っていたアクセサリーの、すべてではなくても、ほとんどを取りあげることができたし、紙幅もそろそろ尽きる。まとめにはいろう、と思った。けれども、なかなか書けなかった。なぜだろうと、とまどい思いあぐねた。

プロローグを読みなおして、ようやく理由がはっきりとした。こういうことだ。

筆者は二〇年近くの研究を通して、古墳時代の日朝関係を次のように考えている。

日本列島と朝鮮半島という環海地域のなかで、倭、新羅、百済、加耶、栄山江流域などそれぞれの社会が、みずからの国際情勢を有利に展開させるために、ほかの社会との交渉をつみ重ねた。王権による外交だけではなくて、地域社会も主体的に交渉をおこなっていた。それにたずさわった集団や個人が存在していた。けれども、六世紀後半までには、倭、新羅、百済それぞれの王権が外交権を掌握した。その後の日朝関係は、とりあえずは王権間の外交が大きな比重を占めるようになった。

二〇一七年、古墳時代の日朝関係の通史をまとめた（高田 二〇一七）。研究の成果を世に問えたことはうれしかった。でも、倭、新羅、百済、加耶、栄山江流域という社会を単位とした交渉史の「大状況」が、叙述の中心だった。実際に社会をつないだ集団や個人の多様な動き、「小状況」は、それが大状況の根拠となる場合にかぎって、簡単にしか紹介できなかった。物足りなさやもどかしさを感じた。

このことをすこしでも克服したい、アクセサリーがつむいだ交流の細やかさをできるだけありのままに紹介したい、と模索したのが、本書のはずだった。

それなので、ここまで紹介してきた、アクセサリーを創り出してやりとりした社会や、それを身に着けて活動した人びとの姿をふりかえることで、本書を閉じる。

## アクセサリーと社会

五、六世紀には、貴金属のアクセサリーが放つ「美」に着目して、社会の統合の表象とする王権の姿があった。新羅にその動きが顕著だったし、百済や大加耶にも認められる。朝鮮半島の諸社会からさまざまなアクセサリーが贈られた倭も、しだいに「倭風」のアクセサリーを創り出した。それを有力者がともに身に着けることで、政治的なまとまりを強めていった。

技術の粋を結集したアクセサリーをやりとりすることが、それぞれの社会にとって友好関係の確認につながった。時には百済の武寧王のように、社会のトップがほかの社会（新羅）のブランドのアクセサリーを身に着けることもあった。

大加耶の玉田（多羅）と新羅の昌寧（比斯伐）の地で共有されたハイブリッドな耳飾りは、緊迫した情勢の中でも、二つの社会が——たとえ一時的としても——関係の維持を演出しようと創り出し、共有したものだった。

## アクセサリーを身に着けた人びと

アクセサリーの入手や分配を通して社会をまとめようとする王権の意図を察して、それを身に着けながら、王権の外交の一翼を担う地域の有力者がいた。倭の代表例は、熊本県江田船山古墳や滋賀県鴨稲荷山古墳に葬られた人物だろう。

日本列島各地の有力者は、倭王権を中心とした呉越同舟のような関係の中で、時には協力し時には競い合いながら、朝鮮半島の諸社会と交渉をくりひろげた。彼（彼女）らは、倭のトレンドとなった長鎖の耳飾りを身に着けることが多かった。その中には、群馬県梁瀬二子塚古墳など、東日本地域の有力者もいた。

倭王権が主体となる外交では、実際の任務を担った官人のさきがけのような人物や、王権周縁の河川、湖上交通に長けた集団の有力者たちが、外交組織に編成されることがあった。龍文透彫製品を副葬した古墳がそのことをしめす。

倭王権との連携とは別に、独自に朝鮮半島の諸社会とつながろうとする各地の有力者も多くいた。その傘下には、朝鮮半島のコネクションを武器にして、有力者たちの対外交渉を実際に担う人びとがいた。福岡県堤蓮町一号墳や、同櫨山古墳、兵庫県宮山古墳などが彼（彼女）らの墓である。

みずからの政治的な主体性を守ろうと、あえてつながりの深い複数の社会のアクセサリーを組み合わせて身に着けた有力者もいた。たとえば朝鮮半島の前方後円墳のひとつ、咸平新徳一号墳に葬られた人物だ。

ふたつの社会のはざまで、多角的な対外交渉を重ね、それをアクセサリーで演出する集団の有力者もいた。新羅と金官加耶のはざまに位置した釜山福泉洞（東）一号墳や、百済と大加耶のはざまに位置した南原斗洛里三二号墳、順天雲坪里古墳群などに、政治的な境界を生きた集団の有力者の姿が読みとれる。

交渉先の社会に渡り、みずからが帰属する社会の意向をつたえて調整をはかる、外交官のような人物もいた。倭と新羅のつながりを例に取れば、奈良県新沢千塚一二六号墳に葬られた人物が当てはまる。

いくつかの社会の境界を往来しながら、それぞれを取りむすぶ役割を果たした人びともいた。香川県女木島丸山古墳や高興吉頭里雁洞古墳に葬られた人物は、倭や百済から、その活動に大きな期待をかけられていた。けれども、航海のさなか異郷の地で死をむかえたようだ。

倭に定着しても故郷のアクセサリーを手放さなかった朝鮮半島系の人びともいた。特に「技術革新の世紀」である五世紀に、彼（彼女）らは地域社会の振興に大きな役割を果たした。群馬県剣崎長瀞西遺跡の積石塚に葬られた集団は、当時の有力な地域社会、上毛野地域にさまざまな文化をもたらした。一〇号墳に葬られたリーダー格の人物は、大加耶の耳飾りを身に着けていた。

異なる社会の人びとが交流を重ねる中で、航海安全の祭祀をともに執りおこなうこともあった。沖ノ島七号祭祀遺跡の指輪は、おそらく倭へ向かう（もしくは倭から帰る）新羅の使節が、神にささげたものだろう。

王権の社会統合がある程度達成された後に、地方行政にたずさわった官人たちも、アクセサリーを身に着けることがあった。羅州伏岩里遺跡一号竪穴や岡山県八幡大塚二号墳の耳飾りがそれだ。

このようなアクセサリーを身に着けた人びとの意志、選択、活動がつみ重なって、当時の日朝関係は躍動的なものとなった。

四世紀後半から六世紀に、倭、新羅、百済、大加耶で流行し、やり取りされた貴金属のアクセサリーひとつひとつが、当時の日朝関係を動かした人びとの姿をうつしだしている。本書が、その群像と、彼（彼女）らがつむぐ人びとや社会のつながりに、すこしでも光を照らす歴史叙述となっていることを願ってやまない。

## アクセサリーにこめられた想い

最後に一言。本書が対象とした時期よりも、今では、はるかに多くの人びとが、国や地域の垣根をこえて行き来し、交流している。筆者も韓国の研究者たちとの共同研究などで、一年に一〇回近く韓国を訪れていた。けれども、その垣根をこえたつながりには、たやすく途切れてしまうもろさもあった。そのことを、コロナ禍を通して痛感した。

それでも、実際に会いに行かなくても、「会う」ことはできる。インターネットやＳＮＳがある。日本に住む妻と韓国に住む義妹《いもうと》のように、遠く離れた人どうしがつながるためには、かけがえのないツールだ。物事に対する共感の輪がリアルタイムでうまれ、社会を動かす大きな力になることもしばしばだ。ただ、その流れの速さについていけない人――

筆者もそのひとり――もいる。せっかくの共感の輪が、暴力や差別を秘めたものに化けてしまうこともある。

そして、国や地域、民族、人種、宗教、性差などの大きな主語だけをつかって、相手を批評する人が増えている。その言説の中では、まとまりに帰属する――帰属させられている――ひとりひとりの多様性が、かえりみられることは、すくない。

近しい人と、息づかいを感じながら直にふれあうことや、他者との新しいつながりを、たがいの人となりを理解しあいながら、時間をかけてつむいでいくことは、むしろ難しくなりつつあるようだ。

こんな今だから、まわりの人や遠く離れても近しい人と、細やかにつながっていること、そのような他者とのつながりを、みんなが育んでいることに、ちょっと想いをはせてみたい。

今、身に着けていたり、大事にしまっているお気に入りのアクセサリーを取り出して、しずかにみつめてほしい。あるいは、アクセサリーをだれかに贈った（もらった）時のことをふりかえってみてほしい。それを買ったり、つくったり、贈ったり、もらったり、はじめて身に着けた時の情景や記憶を、ゆっくりと呼び起こしてほしい。

そこには、よろこびやうれしさばかりではなく、さみしさや悲しみ、ほろ苦さ、痛みもふくまれているかもしれない。でもきっと、そのアクセサリーには、誰かとつながっていた、つながっている、つながりたいという想いがこめられていた——今もこめられている——はずだ。

その想いは、とても大切なものだと思う。

妻に贈ったネックレス、どこにしまってあるのか、聞いてみようかな。

# あとがき

本書は、コロナ禍の中で執筆した。

数年かけて準備した韓国国立中央博物館との共催展示が、開催直前で延期になった。韓国研究者たちとの共同研究も、中断を余儀なくされた。日々の生活や仕事では、何事もないようにふるまったけれども、目標をうしない動揺していた。

ある市民講座で、ほぼできあがっていた図録のゲラをみせながら、延期した展示の内容を紹介する機会があった。話の最後に「何とか展示が実現したら、ぜひお出でください」とあいさつしようとした。どうしようもなく胸が詰まった。言葉がふるえた。こんなことは、はじめてだった。

歴史研究を「職業」とする者として、現在の状況に対して何か発信できることはないか、と考えた。でも、感染症や公衆衛生の歴史、近現代史などを専門としない自分にできることはあるのか、と無力感におそわれた。

コロナ禍で途方に暮れる多くの人びとを思えば、軽々しく口に出せないけれども、精神的につらかった。いろいろと協力できるはずの日本と韓国の政治関係が、行き詰まりをみせていることもまた、心を重くした。

そんな折、韓国に住む義妹《いもうと》とオンラインで会話する妻の横に座っていた。とかく仲の良い姉妹は、たあいもない世間話を楽しんでいた。でも時々、さみしそうな表情を浮かべた。直接触れあうことはどうしたってできないからなあ、となんとなく思っていた時に、「人と人のつながり」ということが頭に浮かんだ。

コロナ禍によって、インターネットやSNSの普及によって、国家、人種、宗教など大きなまとまりの対立が顕在化する中で、人びとのつながり方は大きく変わろうとしている。このような現在を考える糸口として、いにしえの人びとのつながり、それも社会や国家を単位としたものではなく、よりミクロな集団や個人の多様なつながりを描いてみてはどうか。コロナ禍の今だからこそ、より意味のある仕事になるのでは、そう思った。

ちょうど、吉川弘文館の石津輝真さんから、古墳時代のアクセサリーについて一冊にまとめてみてください、というお誘いを受けていた。意を決して、アクセサリーを身に着けながら海を越えて交流を重ねた人びとの群像を描いてみたい、と提案した。快諾してくれた石津さんに深く感謝したい。研究者としてささやかながらも、現在との接点をみつけることができた。

これが本書執筆の極私的な動機である。プロローグとエピローグには私的なことがらや現代的な視点を取り入れた。第一章から第四章は、むろん考古学による学術的な内容だけれども、そこまでは言えないのではないか、というところもあえて一歩、二歩踏みこんで叙述した。現在との比較の中で読んでほしい、という想いゆえである。その想いが本書に反映されているかどうかは、読者の判断にゆだねたい。

ひとつ誤算があった。当初は、古墳時代の日朝関係の通史について極力筆を省くつもりだった。けれども、書き進めていく中で、アクセサリーを身に着けた人びとの多彩な活動を歴史的に意義づけるためには、思ったよりも、倭と古代朝鮮の交渉史の鳥瞰的な流れをふまえる必要があった。それだけ、社会や王権のつながり（大状況）と集団や個人のつながり（小状況）が複雑にからみあっているわけだが、前著と重複する叙述が予想以上に多くなってしまった。この点をおわびしたい。

古墳時代のアクセサリーについての研究はライフワークだけれども、現在のアクセサリー事情には、とんと疎《うと》い。職場で手当たり次第に、アクセサリーへの思い入れといったものをたずねまわった。いやな顔ひとつしないで、いろいろと思い出話を打ち明けてくれたみなさんに、心から御礼申し上げたい。そのおひとり、横田あゆみさんがおっしゃった

「不安定な関係だから、アクセサリーを贈りあったり、一緒に着けたりするのではないですか」という言葉に、大きな示唆を受けた。

草稿を読んで貴重なアドバイスをいただいた松木武彦さんと上野祥史さん、ていねいに校閲してくださった木村尚子さんにも、心より御礼申し上げたい。常日ごろあたたかく接してくれる同僚である。

アクセサリーの細やかな特徴の記述は、実際の資料を観察できたからこそ可能だった。貴重な資料の調査をお許しいただき、写真もご提供いただいた日韓の諸機関に、厚く御礼を申し上げたい。

ほかにも多くの方々のお世話になった。お名前をすべて記すことはかなわないけれども、おひとりだけ……、日韓の学術交流の灯を絶やすまいと、去年の十二月から国立歴史民俗博物館に六ヶ月間の研修に訪れている、韓国国立中央博物館の金大煥さん――第二章2節に登場してくれた友――に感謝する。

最後に、本書を妻の朴宣映にささげたい。出会ってから二〇年、わがままでずぼらな私に愛想をつかさず、ともに歩んでくれている。

あなたがいなければ、今の私はなかった。ありがとう。

二〇二一年三月

高田貫太

※本書は国立歴史民俗博物館共同研究「古墳時代・三国時代の日朝関係における交渉経路と寄港地に関する日韓共同研究」の成果の一部である。

# 参考文献

※最近の成果を中心に挙げている。遺跡の発掘調査報告書は主要なものに限った。

## （日本語）五十音順


甘木市教育委員会　一九九九『堤蓮町遺跡』
安中市教育委員会　二〇〇三『簗瀬二子塚古墳　簗瀬首塚古墳』
諫早直人　二〇一二a『東北アジアにおける騎馬文化の考古学的研究』雄山閣
諫早直人　二〇一二b「九州出土の馬具と朝鮮半島」『沖ノ島祭祀と九州諸勢力の対外交渉』第一五回九州前方後円墳研究会　北九州大会実行委員会
李成市　二〇〇二「新羅の国家形成と加耶」『日本の時代史二　倭国と東アジア』吉川弘文館
井上直樹　二〇〇〇「高句麗の対北魏外交と朝鮮半島情勢」『朝鮮史研究会論文集』三八　朝鮮史研究会
李熙濬（諫早直人訳）二〇一九『新羅考古学研究』雄山閣
上野祥史　二〇一九「朝鮮半島南部の鏡と倭韓の交渉」『国立歴史民俗博物館研究報告』二一七
加古川市教育委員会　一九九七『行者塚古墳発掘調査概報』
橿原市千塚資料館　二〇〇二『国指定重要文化財　新沢千塚一二六号墳出土品における復元模造品作成図録』
鎌木義昌・亀田修一　一九八六「八幡大塚二号墳」『岡山県史一八　考古資料』岡山県史編纂委員会

亀田修一　二〇〇四「豊前西部の渡来人—田川地域を中心に—」『福岡大学考古学論集—小田富士雄先生退職記念—』
香春町教育委員会　一九九八「長畑遺跡」『長畑遺跡　宮原遺跡　小倉古墳　才立横穴墓』
菊水町史編纂委員会編　二〇〇七『菊水町史　江田船山古墳編』
金宇大　二〇一七『金工品から読む古代朝鮮と倭—新しい地域関係史へ—』京都大学学術出版会
京都大学文学部考古学研究室編　一九九五『琵琶湖周辺の六世紀を探る』科学研究費補助金研究成果報告書
小浜　成　二〇〇二「龍文系帯金具からみた日本出土帯金具の製作と変遷」『究班』Ⅱ　埋蔵文化財研究会
小林行雄　一九五九『古墳の話』岩波新書
小林行雄　一九六二「古墳文化の形成」『岩波講座　日本歴史一　原始および古代（一）』岩波書店
齊藤大輔　二〇二〇「新羅系文物からみた磐井の乱前夜—セスドノ古墳出土偏円魚尾形杏葉を中心に—」『福岡大学考古学論集三—武末純一先生退職記念—』
早乙女雅博　一九九〇「政治的な装身具」『古代史復元七　古墳時代の工芸』講談社
嶋田光一　一九九一「福岡県櫨山古墳の再検討」『児島隆人先生喜寿記念論集　古文化論叢』
下垣仁志　二〇一二「考古学からみた国家形成論」『日本史研究』六〇〇　日本史研究会
鈴木一有　二〇一八「高興野幕古墳出土衝角付冑の編年的位置づけと武装具の評価」『高興野幕古墳出土冑の製作技術復元』国立羅州文化財研究所

高崎市教育委員会　二〇〇二『剣崎長瀞西遺跡』Ⅰ
高田貫太　一九九八「垂飾付耳飾をめぐる地域間交渉」『古文化談叢』四一　九州古文化研究会
高田貫太　二〇〇三「垂飾付耳飾をめぐる地域間交渉―九州地域を中心に―」『熊本古墳研究』創刊号　熊本古墳研究会
高田貫太　二〇一二「朝鮮三国時代と古墳時代の接点」『季刊考古学』一一七　雄山閣
高田貫太　二〇一三「古墳出土龍文透彫製品の分類と編年」『国立歴史民俗博物館研究報告』一七八
高田貫太　二〇一四『古墳時代の日朝関係―新羅・百済・大加耶と倭の交渉史―』吉川弘文館
高田貫太　二〇一六「簗瀬二子塚古墳の副葬品をめぐる地域間交渉」『簗瀬二子塚古墳の世界』安中市学習の森ふるさと学習館
高田貫太　二〇一七『海の向こうから見た倭国』講談社現代新書
高田貫太　二〇一九a『「異形」の古墳　朝鮮半島の前方後円墳』角川選書
高田貫太　二〇一九b「咸平新徳古墳出土の冠と飾履」『咸平礼徳里古墳群史跡指定推進国際学術大会』国立光州博物館・大韓文化財研究院
高松雅文　二〇一〇「継体大王の時代を読み解く」『継体大王の時代　百舌鳥・古市古墳群の終焉と新時代の幕開け』大阪府立近つ飛鳥博物館
武末純一　二〇〇九「三韓と倭の交流―海村の視点から」『国立歴史民俗博物館研究報告』一五一
田添夏喜　一九六七「熊本県玉名郡大坊古墳調査報告」『熊本史学』三二　熊本史学会
田中俊明　一九九二『大加耶連盟の興亡と「任那」』吉川弘文館

田中俊明　二〇〇二「韓国の前方後円形古墳の被葬者・造墓集団に対する私見」朝鮮学会編『前方後円墳と古代日朝関係』同成社
田中俊明　二〇一三「朝鮮三国の国家形成と倭」『岩波講座　日本歴史第一巻　原始・古代I』岩波書店
辻田淳一郎　二〇一五「総括と課題」『山の神古墳の研究』九州大学院人文科学研究院考古学研究室
土屋隆史　二〇一八『古墳時代の日朝交流と金工品』雄山閣
露木　宏編　二〇〇八『日本装身具史　ジュエリーとアクセサリーの歩み』美術出版社
天神山古墳群研究会　二〇一七『福井市天神山古墳群再考　シンポジウム資料集』
奈良県立橿原考古学研究所編　一九七七『新沢千塚一二六号墳』奈良県教育委員会
新納　泉　二〇〇五「経済モデルからみた前方後円墳の分布」『考古学研究』五二―一　考古学研究会
仁藤敦史　二〇〇四「文献よりみた古代の日朝関係　質・婚姻・進調」『国立歴史民俗博物館研究報告』一一〇
野上丈助　一九八三「日本出土の垂飾付耳飾について」『藤澤一夫先生古稀記念　古文化論叢』
橋本達也　二〇一二a「古墳築造周縁域における境界形成―南限社会と国家形成―」『考古学研究』五八―四　考古学研究会
橋本達也　二〇一二b「東アジアにおける眉庇付冑の系譜―マロ塚古墳出土眉庇付冑を中心として―」『国立歴史民俗博物館研究報告』一七三
橋本達也　二〇二〇「下北方五号地下式横穴墓出土の武装具の評価と被葬者像」『下北方五号地下式横

穴墓』宮崎市教育委員会
濱下武志　一九九七「歴史研究と地域研究―歴史にあらわれた地域空間」『地域の世界史一　地域史とは何か』山川出版社
春成秀爾　一九九七『歴史発掘四　古代の装い』講談社
姫路市埋蔵文化財センター編　二〇一六『国指定重要文化財　宮山古墳出土品』姫路市教育委員会
福嶋真貴子　二〇一四「沖ノ島祭祀と宗像三女神信仰」『宗像大社国宝展』出光美術館
藤井康隆　二〇〇二「晋式帯金具の製作動向について―中国六朝期の金工品生産を考える―」『古代』一一一　早稲田大学考古学会
堀田啓一　一九六七「冠・垂飾付耳飾の出土した古墳と大和政権」『古代学研究』四九　古代学研究会
町田　章　一九七〇「古代帯金具考」『考古学雑誌』五六―一　日本考古学会
宮崎市教育委員会　二〇二〇『下北方五号地下式横穴墓』
森井　正　一九六六「高松市女木島丸山古墳」『香川県文化財調査報告』八　香川県教育委員会
森下章司　二〇一〇「広帯二山式冠・半筒形金具の原型」『大手前大学史学研究所紀要』八　大手前大学史学研究所
山尾幸久　一九九九『筑紫君磐井の戦争―東アジアのなかの古代国家―』新日本出版社
山本孝文　二〇一七『古代朝鮮の国家体制と考古学』吉川弘文館
吉武孝礼　一九九九「まとめ」『堤蓮町遺跡』甘木市教育委員会
吉田　晶　一九九八『倭王権の時代』新日本新書

吉田　晶　二〇〇五a「児島と海の道」『古代を考える　吉備』吉川弘文館
吉田　晶　二〇〇五b『古代日本の国家形成』新日本出版社
若狭　徹　二〇一五『東国から読み解く古墳時代』吉川弘文館

**（韓国語文献）ㄱㄴㄷ順　日本語訳**

国立慶州博物館　二〇〇一『新羅黄金』
国立公州博物館　二〇一七『百済の冠』
国立羅州文化財研究所　二〇一〇『羅州伏岩里遺跡』Ⅰ
金跳咏　二〇二〇「古墳時代帯金具の展開と特質」『韓日関係史研究』六七　韓日関係史学会
金龍星　一九九八『新羅の高塚と地域集団―大邱・慶山の例』春秋閣
大成洞古墳博物館　二〇一五『金海大成洞古墳群―八五号墳～九一号墳―』
東亜大学校博物館　一九七〇『東萊福泉洞第一号古墳発掘調査報告』
パクヨンボク・キムソンミョン　一九九〇「中部地域発見の高句麗系耳飾り」『昌山　金正基博士華甲紀念論叢』
朴天秀　二〇〇七『新たに叙述する古代韓日関係史』社会評論
福泉博物館　二〇一八『古代人の美　耳飾』
順天大学校博物館　二〇〇八・二〇一〇・二〇一四『順天雲坪里遺跡』Ⅰ～Ⅲ
篠原啓方　二〇〇〇「『中原高句麗碑』の釈読と内容の意義」『史叢』五一　高麗大学校歴史研究所

申敬澈　一九九五「三韓・三国時代の東萊」『東萊区誌』東萊区
嶺南大学校博物館　二〇〇五『慶山林堂地域古墳群』Ⅷ
吉井秀夫　一九九六「金銅製飾履の製作技術」『碩晤尹容鎭教授停年退任紀念論叢』
李漢祥　一九九九「三国時代における耳飾と帯金具の分類と編年」『三国時代装身具と社会相』釜山広域市立博物館福泉分館
李漢祥　二〇〇一「日本出土百済耳飾の年代」『古代研究』八　古代研究会
李漢祥　二〇〇九『装身具の賜与体制からみた百済の地方支配』書景文化社
李漢祥　二〇二〇「八幡大塚二号墳耳飾についての検討」『福岡大学考古学論集三―武末純一先生退職記念―』
李熙濬　二〇〇二「四～五世紀における新羅古墳被葬者の副葬品着装の定型」『韓国考古学報』四七　韓国考古学会
李熙濬　二〇一七『大加耶考古学研究』社会評論
全北大学校博物館・南原市　二〇一五『南原酉谷里・斗洛里三二号墳』
全北大学校博物館・全羅北道南原郡　一九八九『斗洛里　発掘調査報告書』
全南大学校博物館・湖南文化財研究院・文化財庁・高興郡　二〇一五『高興吉頭里雁洞古墳』
中原文化財研究院・忠州市　二〇一〇『忠州豆井里遺跡』
咸舜燮　一九九七「小倉 collection 金製帯冠の製作技法とその系統」『古代研究』五　古代研究会

# 写真提供機関

写真の掲載にあたっては次に列挙する機関からご高配を賜った。深く感謝いたします。

**日本（五十音順）**

朝倉市教育委員会　安中市教育委員会　岡山県立博物館　加古川市教育委員会　春日市教育委員会　「神宿る島」宗像・沖ノ島と関連遺産群保存活用協議会　香春町教育委員会　京都大学総合博物館　滋賀県立安土城考古博物館　高崎市教育委員会　高松市歴史資料館　玉名市歴史博物館こころピア　東京国立博物館（国立文化財機構所蔵品統合検索システム）　姫路市教育委員会　福井市立郷土歴史博物館　宮崎市教育委員会　宗像大社　八女市教育委員会　若狭町歴史文化館

**韓国（ㄱㄴㄷ順）**

慶尚大学校博物館　国立慶州博物館　国立公州博物館　国立光州博物館　国立金海博物館　国立羅州文化財研究所　国立羅州博物館　国立大邱博物館　国立扶余博物館　国立益山博物館　国立全州博物館　国立中央博物館　大加耶博物館　大成洞古墳博物館　順天大学校博物館　嶺南大学校博物館　全南大学校博物館　全北大学校博物館　中原文化財研究院　咸安博物館

## 著者紹介

一九七五年、福島県に生まれる
一九九九年、岡山大学大学院文学研究科史学専攻修士課程修了
二〇〇五年、大韓民国慶北大学校考古人類学科博士課程修了
現在、国立歴史民俗博物館教授・総合研究大学院大学教授、文学博士


〔主要著書〕
『古墳時代の日朝関係―新羅・百済・大加耶と倭の交渉史―』(二〇一四年、吉川弘文館)
『海の向こうから見た倭国』(二〇一七年、講談社)
『「異形」の古墳　朝鮮半島の前方後円墳』(二〇一九年、KADOKAWA)


歴史文化ライブラリー
522

アクセサリーの考古学
倭と古代朝鮮の交渉史

二〇二一年(令和三)五月一日　第一刷発行

著　者　高《たか》田《た》貫《かん》太《た》
発行者　吉川道郎
発行所　株式会社 吉川弘文館
東京都文京区本郷七丁目二番八号
郵便番号一一三―〇〇三三
電話〇三―三八一三―九一五一〈代表〉
振替口座〇〇一〇〇―五―二四四
http://www.yoshikawa-k.co.jp/
印刷＝株式会社 平文社
製本＝ナショナル製本協同組合
装幀＝清水良洋・宮崎萌美



© Kanta Takata 2021. Printed in Japan


ISBN978-4-642-05922-0



JCOPY 〈出版者著作権管理機構 委託出版物〉
本書の無断複写は著作権法上での例外を除き禁じられています．複写される場合は，そのつど事前に，出版者著作権管理機構(電話 03-5244-5088，FAX 03-5244-5089，e-mail: info@jcopy.or.jp)の許諾を得てください．

歴史文化ライブラリー

1996.10

# 刊行のことば

現今の日本および国際社会は、さまざまな面で大変動の時代を迎えておりますが、近づきつつある二十一世紀は人類史の到達点として、物質的な繁栄のみならず文化や自然・社会環境を謳歌できる平和な社会でなければなりません。しかしながら高度成長・技術革新にともなう急激な変貌は「自己本位な刹那主義」の風潮を生みだし、先人が築いてきた歴史や文化に学ぶ余裕もなく、いまだ明るい人類の将来が展望できていないようにも見えます。このような状況を踏まえ、よりよい二十一世紀社会を築くために、人類誕生から現在に至る「人類の遺産・教訓」としてのあらゆる分野の歴史と文化を「歴史文化ライブラリー」として刊行することといたしました。

小社は、安政四年（一八五七）の創業以来、一貫して歴史学を中心とした専門出版社として書籍を刊行しつづけてまいりました。その経験を生かし、学問成果にもとづいた本叢書を刊行し社会的要請に応えて行きたいと考えております。

現代は、マスメディアが発達した高度情報化社会といわれますが、私どもはあくまでも活字を主体とした出版こそ、ものの本質を考える基礎と信じ、本叢書をとおして社会に訴えてまいりたいと思います。これから生まれでる一冊一冊が、それぞれの読者を知的冒険の旅へと誘い、希望に満ちた人類の未来を構築する糧となれば幸いです。

吉川弘文館

## 歴史文化ライブラリー

### 考古学

タネをまく縄文人 最新科学が覆す農耕の起源―小畑弘己
老人と子供の考古学―山田康弘
顔の考古学 異形の精神史―設楽博己
〈新〉弥生時代 五〇〇年早かった水田稲作―藤尾慎一郎
文明に抗した弥生の人びと―寺前直人
樹木と暮らす古代人 木製品が語る弥生・古墳時代―樋上 昇
アクセサリーの考古学 倭と古代朝鮮の交渉史―高田貫太
古 墳―土生田純之
東国から読み解く古墳時代―若狭 徹
埋葬からみた古墳時代 女性・親族・王権―清家 章
神と死者の考古学 古代のまつりと信仰―笹生 衛
土木技術の古代史―青木 敬
国分寺の誕生 古代日本の国家プロジェクト―須田 勉
東大寺の考古学 よみがえる天平の大伽藍―鶴見泰寿
海底に眠る蒙古襲来 水中考古学の挑戦―池田榮史
銭の考古学―鈴木公雄
ものがたる近世琉球 喫煙・園芸・豚飼育の考古学―石井龍太

### 古代史

邪馬台国の滅亡 大和王権の征服戦争―若井敏明
日本語の誕生 古代の文字と表記―沖森卓也
日本国号の歴史―小林敏男
日本神話を語ろう イザナキ・イザナミの物語―中村修也
六国史以前 日本書紀への道のり―関根 淳
東アジアの日本書紀 歴史書の誕生―遠藤慶太
〈聖徳太子〉の誕生―大山誠一
倭国と渡来人 交錯する「内」と「外」―田中史生
大和の豪族と渡来人 葛城・蘇我氏と大伴・物部氏―加藤謙吉
白村江の真実 新羅王・金春秋の策略―中村修也
よみがえる古代山城 国際戦争と防衛ライン―向井一雄
よみがえる古代の港 古地形を復元する―石村 智
古代豪族と武士の誕生―森 公章
飛鳥の宮と藤原京 よみがえる古代王宮―林部 均
出雲国誕生―大橋泰夫
古代出雲―前田晴人
古代の皇位継承 天武系皇統は実在したか―遠山美都男
古代天皇家の婚姻戦略―荒木敏夫

## 歴史文化ライブラリー

壬申の乱を読み解く——早川万年
戸籍が語る古代の家族——今津勝紀
地方官人たちの古代史 律令国家を支えた人びと——中村順昭
古代の都はどうつくられたか 中国・日本・朝鮮・渤海——吉田 歓
平城京に暮らす 天平びとの泣き笑い——馬場 基
平城京の住宅事情 貴族はどこに住んだのか——近江俊秀
すべての道は平城京へ 古代国家の〈支配の道〉——市 大樹
都はなぜ移るのか 遷都の古代史——仁藤敦史
聖武天皇が造った都 難波宮・恭仁宮・紫香楽宮——小笠原好彦
天皇側近たちの奈良時代——十川陽一
藤原仲麻呂と道鏡 ゆらぐ奈良朝の政治体制——鷺森浩幸
遣唐使の見た中国——古瀬奈津子
古代の女性官僚 女官の出世・結婚・引退——伊集院葉子
〈謀反〉の古代史 平安朝の政治改革——春名宏昭
平安朝 女性のライフサイクル——服藤早苗
平安貴族の住まい 寝殿造から読み直す日本住宅史——藤田勝也
平安京のニオイ——安田政彦
平安京の災害史 都市の危機と再生——北村優季
平安京はいらなかった 古代の夢を喰らう中世——桃崎有一郎
天神様の正体 菅原道真の生涯——森 公章
平将門の乱を読み解く——木村茂光
安倍晴明 陰陽師たちの平安時代——繁田信一
平安時代の死刑 なぜ避けられたのか——戸川 点
古代の神社と神職 神をまつる人びと——加瀬直弥
古代の食生活 食べる・働く・暮らす——吉野秋二
大地の古代史 土地の生命力を信じた人びと——三谷芳幸
時間の古代史 霊鬼の夜、秩序の昼——三宅和朗

各冊一七〇〇円〜二〇〇〇円（いずれも税別）
▽残部僅少の書目も掲載してあります。品切の節はご容赦下さい。
▽品切書目の一部について、オンデマンド版の販売も開始しました。
詳しくは出版図書目録、または小社ホームページをご覧下さい。